教育部　财政部职业院校教师素质提高计划职教师资培养资源开发项目

Qiche Fadongji Gouzao yu Chaizhuang

汽车发动机构造与拆装

黄雄健　主　编

叶燕帅　罗建斌　王万维　副主编

人民交通出版社股份有限公司
China Communications Press Co.,Ltd.

内 容 提 要

本书为教育部、财政部职业院校教师素质提高计划成果系列丛书。本书编写采用理论-技能训练(实践)的模式,教学内容设置了汽车发动机的总体结构与工作原理、曲柄连杆机构、配气机构、汽油机燃油供给系统、柴油机燃油供给系统、点火系统、发动机润滑系统、发动机冷却系统、发动机起动系统九个项目。本教材侧重于实操方法的介绍,注重科学性与师范性,知识性与操作性兼顾的原则,采用图文并茂,以图代文等形式直观地呈现教材中课程内涵,突出职教师资培养特色,满足职教师资的教学要求。

本书可用于职教师资车辆工程专业及相关专业的教材,也可作为成人高等教育相关课程的教材,还可供汽车修理工、汽车行业工程技术人员阅读参考。

图书在版编目(CIP)数据

汽车发动机构造与拆装 / 黄雄健主编. —北京:人民交通出版社股份有限公司, 2017.1

ISBN 978-7-114-13320-6

Ⅰ.①汽… Ⅱ.①黄… Ⅲ.①汽车—发动机—构造高等职业教育—教材 ②汽车—发动机—装配(机械)—高等职业教育—教材 Ⅳ.①U464

中国版本图书馆 CIP 数据核字(2016)第 219189 号

书　　名: 汽车发动机构造与拆装
著 作 者: 黄雄健
责任编辑: 夏　韡
出版发行: 人民交通出版社股份有限公司
地　　址: (100011)北京市朝阳区安定门外外馆斜街 3 号
网　　址: http://www.ccpress.com.cn
销售电话: (010)59757973
总 经 销: 人民交通出版社股份有限公司发行部
经　　销: 各地新华书店
印　　刷: 北京市密东印刷有限公司
开　　本: 787×1092　1/16
印　　张: 13.25
字　　数: 311 千
版　　次: 2017 年 1 月　第 1 版
印　　次: 2017 年 1 月　第 1 次印刷
书　　号: ISBN 978-7-114-13320-6
定　　价: 32.00 元

项目专家指导委员会

主　任: 刘来泉

副主任: 王宪成　郭春鸣

成　员: (按姓氏笔画排列)

刁哲军　王继平　王乐夫　邓泽民　石伟平

卢双盈　汤生玲　米　靖　刘正安　刘君义

孟庆国　沈　希　李仲阳　李栋学　李梦卿

吴全全　张元利　张建荣　周泽扬　姜大源

郭杰忠　夏金星　徐　流　徐　朔　曹　晔

崔世钢　韩亚兰

教育部　财政部职业院校教师素质提高计划成果系列丛书

《车辆工程》专业职教师资培养资源开发(VTNE012)项目组

项目牵头单位:广西科技大学

项 目 负 责 人:廖抒华

出版说明

《国家中长期教育改革和发展规划纲要(2010—2020年)》颁布实施以来，我国职业教育进入到加快构建现代职业教育体系、全面提高技能型人才培养质量的新阶段。加快发展现代职业教育，实现职业教育改革发展新跨越，对职业学校“双师型”教师队伍建设提出了更高的要求。为此，教育部明确提出，要以推动教师专业化为引领，以加强“双师型”教师队伍建设为重点，以创新制度和机制为动力，以完善培养培训体系为保障，以实施素质提高计划为抓手，统筹规划，突出重点，改革创新，狠抓落实，切实提升职业院校教师队伍整体素质和建设水平，加快建成一支师德高尚、素质优良、技艺精湛、结构合理、专兼结合的高素质专业化的“双师型”教师队伍，为建设具有中国特色、世界水平的现代职业教育体系提供强有力的师资保障。

目前，我国共有60余所高校正在开展职教师资培养，但由于教师培养标准的缺失和培养课程资源的匮乏，制约了“双师型”教师培养质量的提高。为完善教师培养标准和课程体系，教育部、财政部在“职业院校教师素质提高计划”框架内专门设置了职教师资培养资源开发项目，中央财政划拨1.5亿元，系统开发用于本科专业职教师资培养标准、培养方案、核心课程和特色教材等系列资源。其中，包括88个专业项目，12个资格考试制度开发等公共项目。该项目由42家开设职业技术师范专业的高等学校牵头，组织近千家科研院所、职业学校、行业企业共同研发，一大批专家学者、优秀校长、一线教师、企业工程技术人员参与其中。

经过三年的努力，培养资源开发项目取得了丰硕成果。一是开发了中等职业学校88个专业(类)职教师资本科培养资源项目，内容包括专业教师标准、专业教师培养标准、评价方案，以及一系列专业课程大纲、主干课程教材及数字化资源；二是取得了6项公共基础研究成果，内容包括职教师资培养模式、国际职教师资培养、教育理论课程、质量保障体系、教学资源中心建设和学习平台开发等；三是完成了18个专业大类职教师资资格标准及认证考试标准开发。上述成果，共计800多本正式出版物。总体来说，培养资源开发项目实现了高效益：形成了一大批资源，填补了相关标准和资源的空白；凝聚了一支研发队伍，强化了教师培养的“校—企—校”协同；引领了一批高校的教学改革，带动了“双师型”教师的专业化培养。职教师资培养资源开发项目是支撑专业化培养的一项系统化、基础性工程，是加强职教教师培养培训一体化建设的关键环节，也是对职教师资培养培训基地教师专业化培养实践、教师教育研究能力的系统检阅。

自2013年项目立项开题以来，各项目承担单位、项目负责人及全体开发人员做了大量深入细致的工作，结合职教教师培养实践，研发出很多填补空白、体现科学性和前瞻性的成果，有力推进了“双师型”教师专门化培养向更深层次发展。同时，专家指导委员会的各位专家以及项目管理办公室的各位同志，克服了许多困难，按照两部对项目开发工作的总体要求，为实施项目管理、研发、检查等投入了大量时间和心血，也为各个项目提供了专业的咨询和指导，有力地保障了项目实施和成果质量。在此，我们一并表示衷心的感谢。

编写委员会
2016年3月

前言

百年大计，教育为本。强国富民，教育为先。职业教育是与基础教育、高等教育和成人教育地位平行的四大教育板块之一，职业教育受益于社会，社会也可受益于职业教育，促进社会发展是职业教育的应有之义和神圣职责。《国家中长期教育改革和发展规划纲要(2010—2020年)》发布之后，职业教育向科学化发展，对中等职业学校教师队伍建设提出了更高的要求。

2012年11月教育部、财政部在“职业院校教师素质提高计划”框架内专门设置了100个培养资源开发项目，系统开发应用于本科专业职教师资培养的专业教师标准、专业教师培养标准、评价方案，以及一系列专业课程大纲、主干课程教材及数字化资源。特色教材《汽车发动机构造与拆装》属于车辆工程专业职教师资培养资源开发项目课题中的子课题。

作为车辆工程专业职教师资培养的重要教学资料，针对学生是未来中职教师这一特点，根据职业教师培养目标和行业人才能力要求，以设计的课程大纲为基础，以岗位需求为依据，按照项目、任务、教学设计能力拓展训练的编写模式，以任务为载体，按结构类型、组成、工作原理、拆装、常见故障维修、教学设计能力训练等要求进行编写，理论教学与技能训练相结合，紧扣理实一体化教学模式，培养具有技术性、师范性、职业性三性融合一体的专业人才，构建适应车辆工程专业职教师资培养需求的专业教材。

本教材的特色，充分考虑职业技术师范生的职业培养目标与应具备的教学能力要求，增设了《教学设计能力拓展训练》模块内容，在对应相关项目单元中穿插了课程项目的教学目标设计、教学方法设计、教学内容设计、教学过程设计、教学评价设计等教学设计能力训练内容。从而使职业技术师范生通过本课程的学习训练后，能初步掌握本课程的教学设计方法、思路，为其今后从事职业技术教学打下坚实的基础，从而彰显了教材的师范性。

本书条理清晰，层次分明，语言简练，图文并茂，内容宽泛，重点突出，简明扼要的反映了现代汽车发动机新知识、新技术，是一本具有鲜明特色的实用教材。

本书由广西科技大学黄雄健主编，负责完成项目一～三的编写；叶燕帅(广西科技大学)负责项目四～六的编写；罗建斌(广西科技大学)负责项目七～九的编写；王万维

(柳州市第一职业技术学校)负责与相关项目配套的教学设计能力拓展训练1~5的编写。

本书在编写过程中还得到了许平(柳州市第一职业技术学校)、王龙(广西科技大学)、卢红(广西科技大学)、朱映红(广西科技大学)、葛勤(柳州五菱汽车工业有限公司)、潘琳(柳州五菱汽车工业有限公司)等同志的帮助和指导。在此,对他们表示衷心的感谢。

由于编者水平有限,书中难免出现缺点和错误,敬请广大读者对书中误漏之处予以批评指正。

编者

2016年3月

目录

项目一　汽车发动机的总体结构与工作原理

知识目标

通过系统学习,要求学生掌握以下知识:

1. 掌握汽车发动机的作用、类型、基本结构。
2. 掌握往复活塞式发动机的工作原理。
3. 掌握汽车发动机的型号编制规则。

能力目标

通过系统学习,要求学生具备以下能力:

1. 理解汽油机与柴油机的区别。
2. 认识发动机常用拆装工具。
3. 认识发动机总体结构。

任务一　发动机的分类

发动机是将某一种形式的能量转换为机械能的机器。发动机是汽车的动力源,汽车发动机大多是热能动力装置,简称热力机。热力机是借助工质的状态变化将燃料燃烧产生的热能转变为机械能的。发动机还广泛应用于交通运输机械、农业机械、工程机械和发电机组等各个方面。

热力机分内燃机和外燃机两种。直接以燃料燃烧所生成的燃烧产物为工质的热力机为内燃机,反之则为外燃机。内燃机包括活塞式内燃机和燃气轮机,外燃机包括蒸汽机、汽轮机和热气机(也称斯特灵发动机)等。内燃机与外燃机相比,具有结构紧凑、体积小、质量轻和容易起动等优点。因此,内燃机尤其是活塞式内燃机被广泛地用作汽车的动力装置。本书以后内容所涉及的发动机均指活塞式内燃机。

一、按照所用燃料分类

内燃机按照所使用燃料的不同可以分为汽油机和柴油机两大类(图 1-1)。使用汽油为燃料的内燃机称为汽油机;使用柴油为燃料的内燃机称为柴油机。汽油机与柴油机比较各有特点,汽油机转速高,质量小,噪声小,起动容易,制造成本低;柴油机压缩比大,热效率高,经济性能和排放性能都比汽油机好。

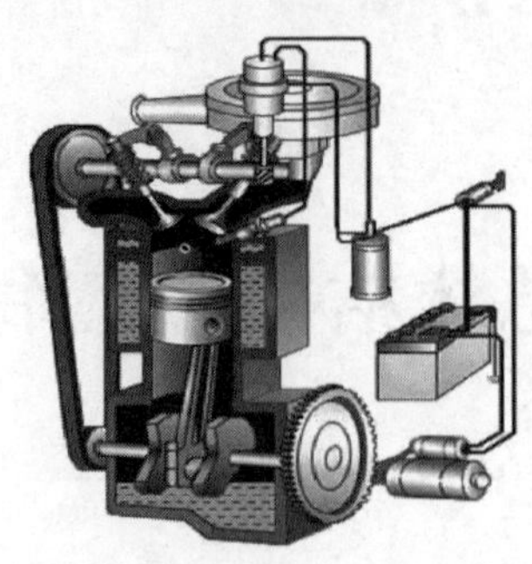
a)汽油机

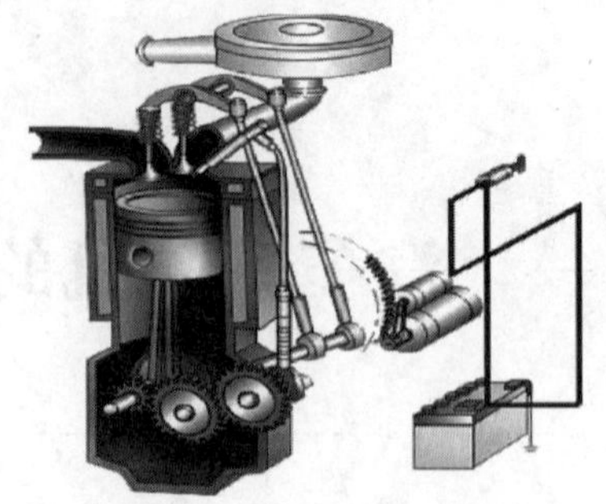
b)柴油机

图 1-1　按照使用燃料分类

二、按照行程分类

内燃机按照完成一个工作循环所需的行程数可分为四冲程内燃机和二冲程内燃机(图 1-2)。把曲轴转两圈(720°),活塞在汽缸内上下往复运动四个行程,完成一个工作循环的内燃机称为四冲程内燃机;而把曲轴转一圈(360°),活塞在汽缸内上下往复运动两个行程,完成一个工作循环的内燃机称为二冲程内燃机。汽车发动机广泛使用四冲程内燃机。

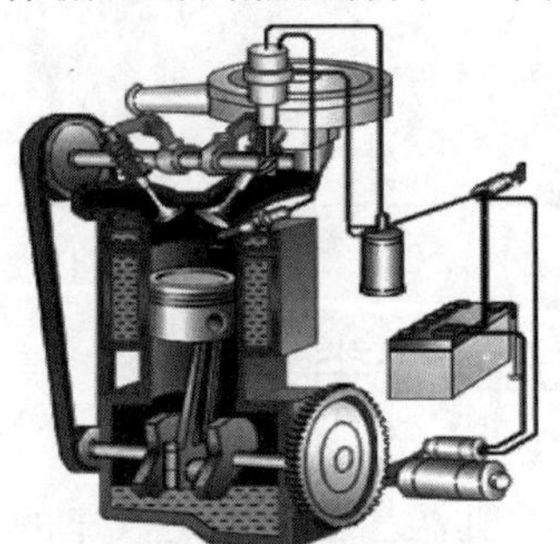
a)四冲程内燃机

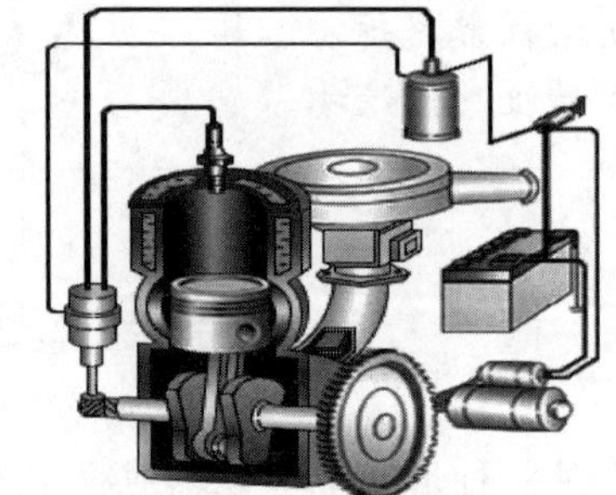
b)二冲程内燃机

图 1-2　按照行程分类

三、按照冷却方式分类

内燃机按照冷却方式不同可以分为水冷发动机和风冷发动机(图 1-3)。水冷发动机是利用在汽缸体和汽缸盖冷却水套中进行循环的冷却液作为冷却介质进行冷却的;而风冷发动机是利用流动于汽缸体与汽缸盖外表面散热片之间的空气作为冷却介质进行冷却的。水冷发动机冷却均匀,工作可靠,冷却效果好,被广泛地应用于现代车用发动机。

四、按照汽缸数目分类

内燃机按照汽缸数目不同可以分为单缸发动机和多缸发动机(图 1-4)。仅有一个汽缸的发动机称为单缸发动机;有两个以上汽缸的发动机称为多缸发动机。如双缸、三缸、四缸、五缸、六缸、八缸、十二缸等都是多缸发动机。现代车用发动机多采用四缸、六缸、八缸发动机。

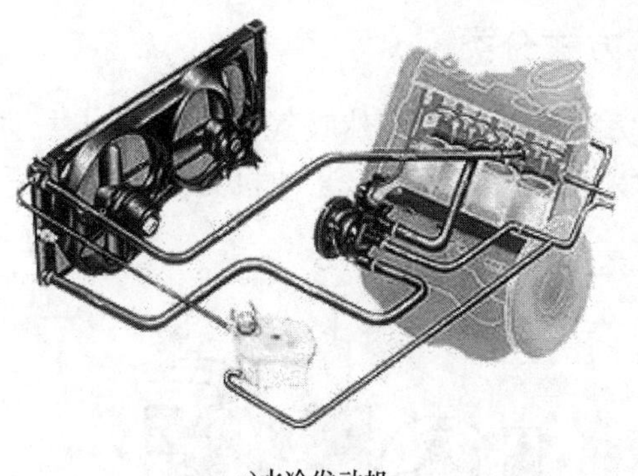
a)水冷发动机

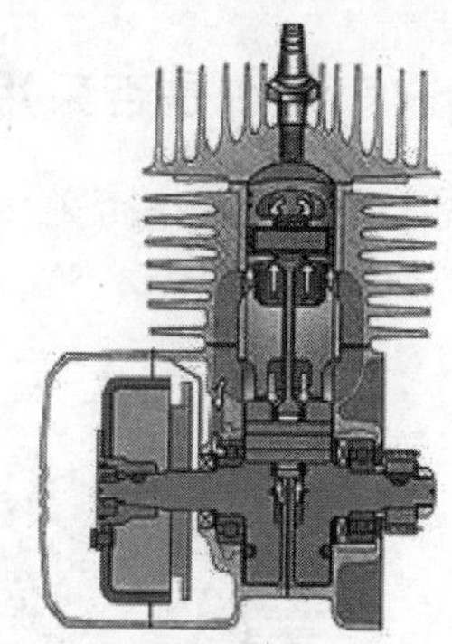
b)风冷发动机

图 1-3　按照冷却方式分类

a)单缸发动机

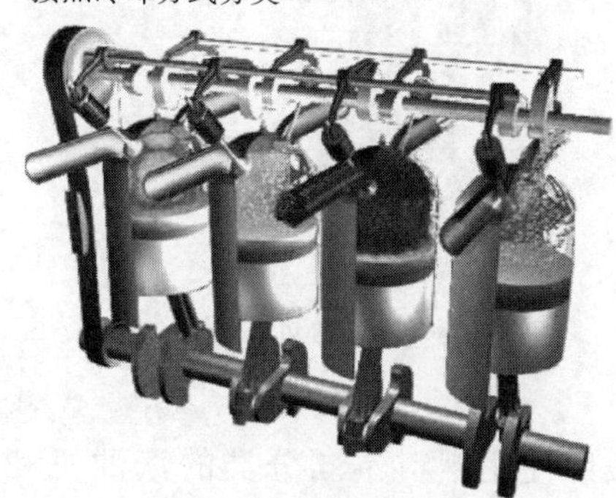
b)多缸发动机

图 1-4　按照汽缸数目分类

五、按照汽缸排列方式分类

内燃机按照汽缸排列方式不同可以分为单列式和双列式(图 1-5)。单列式发动机的各个汽缸排成一列,一般是垂直布置的,但为了降低高度,有时也把汽缸布置成倾斜的甚至水平的;双列式发动机把汽缸排成两列,若两列之间的夹角等于 90°称为 V 型发动机,若两列之间的夹角等于 180°称为对置式发动机。

a)直列发动机

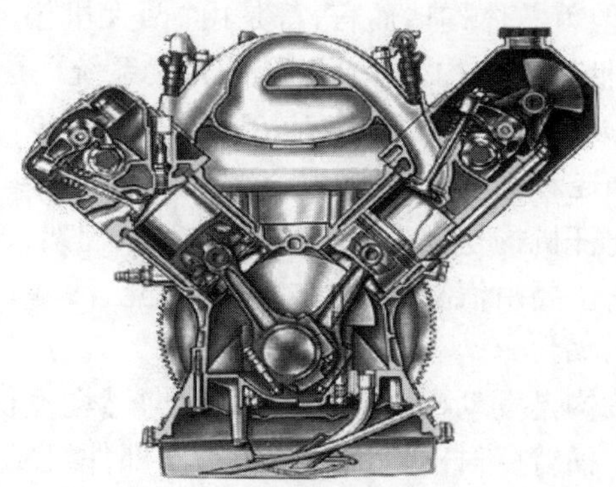
b)V型发动机

图 1-5　按汽缸排列方式分类

六、按照进气系统是否采用增压方式分类

内燃机按照进气系统是否采用增压方式可以分为自然吸气（非增压）式发动机和强制进气（增压式）发动机（图 1-6）。汽油机常采用自然吸气式；柴油机为了提高功率有采用增压式的。

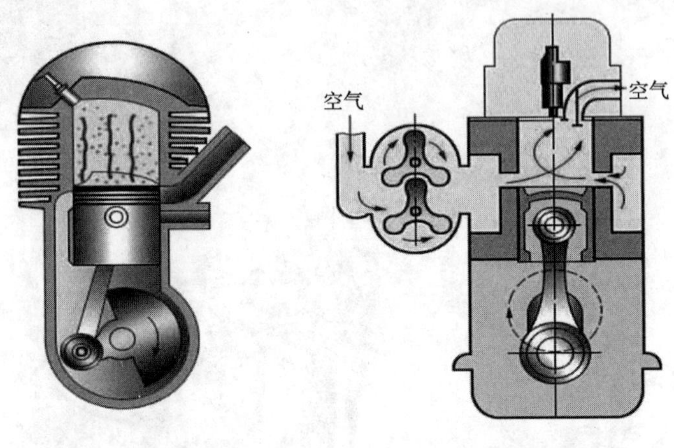

a)自然吸气发动机　　b)增压发动机

图 1-6　按进气是否增压分类

另外，上述按照使用燃料不同分类的汽油机和柴油机，它们的点火方式分别为点燃式（利用高压电火花点燃汽缸内混合气实现燃烧做功）和压燃式（利用高温、高压使汽缸内的混合气自行燃烧来实现燃烧做功），因此，又可以用点火方式予以分类。

任务二　发动机总体结构与常用术语

一、发动机的一般构造

发动机是汽车的心脏，它是由多个机构和系统组成的复杂机器。现代汽车发动机结构形式多样，但就总体构造而言，都是由“两大机构、五大系统”组成，如图 1-7 所示。“两大机构”是指曲柄连杆机构、配气机构；“五大系统”是指燃料供给系统、冷却系统、润滑系统、起动系统、点火系统（柴油机没有该系统）。

1. 曲柄连杆机构

曲柄连杆机构是发动机的安装基础和骨架，又是发动机实现运动转换和能量转换的核心机构。它主要由汽缸体、汽缸盖、油底壳、活塞、连杆、曲轴、飞轮等零部件组成。

2. 配气机构

配气机构是发动机实现定时、定量向燃烧室供“气”和排出废气的机构。它主要由进气门、排气口、摇臂、推杆、挺柱和凸轮等零部件组成。

3. 燃料供给系统

燃料供给系统是根据发动机工况需要，定时、定量为燃烧室提供标准燃料或可燃混合气的系统。它主要由油箱、油泵、燃油滤清器、电喷装置、空气滤清器等零部件组成。

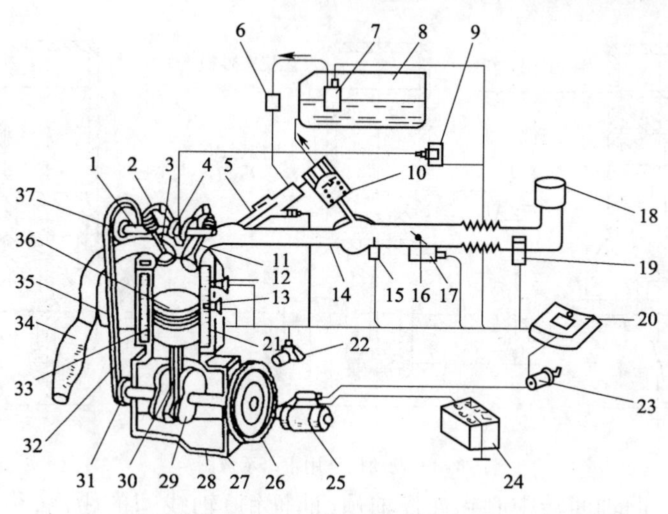

图 1-7　汽油发动机总体结构示意图

1-凸轮轴;2-摇臂;3-排气门;4-火花塞;5-电控喷油器;6-燃油滤清器;7-电动燃油泵;8-燃油箱;9-点火线圈组件;10-燃油压力调节阀;11-进气门;12-冷却液温度传感器;13-爆燃传感器;14-进气管;15-进气温度传感器;16-节气门;17-节气门位置传感器;18-空气滤清器;19-空气质量计;20-控制单元(ECU);21-冷却液套;22-发动机转速传感器;23-点火开关;24-蓄电池;25-起动机;26-飞轮;27-油底壳;28-机油;29-曲轴;30-连杆;31-曲轴带轮;32-传动带;33-汽缸;34-排气三元催化转化器;35-氧传感器;36-活塞;37-凸轮轴带轮

4. 点火系统

点火系统是按照发动机工作需要,定时、可靠点燃汽缸内的混合气的系统。它主要由蓄电池、发电机、点火线圈、分电器、点火模块、传感器及电控单元、火花塞等组成。

5. 润滑系统

润滑系统是保证发动机各配合副以最小的摩擦阻力和最低的磨损量进行工作的系统。它主要由集滤器、机油泵、润滑油道、限压阀、机油滤清器等零部件组成。

6. 冷却系统

冷却系统是按照发动机工作需要,保证其在最适宜的温度下工作的系统。它主要由散热器、节温器、冷却水套、风扇等零部件组成。

7. 起动系统

起动系统是使发动机由静止状态进入到正常工作状态的系统。它主要由起动机及其附属装置等组成。

二、常用术语

如图 1-8 所示,发动机的常用术语如下。

(1)上止点。指活塞上行至距离曲轴回转中心最远处时,活塞顶在汽缸中所处的位置称为上止点。

(2)下止点。指活塞下行至距离曲轴回转中心最近处时,活塞顶在汽缸中所处的位置称为下止点。

(3)活塞行程。活塞从一个止点到另一个止点移动的距离称为活塞行程,用 S 来表示。对应一个活塞行程,曲轴旋转 180°,如图 1-8 所示。

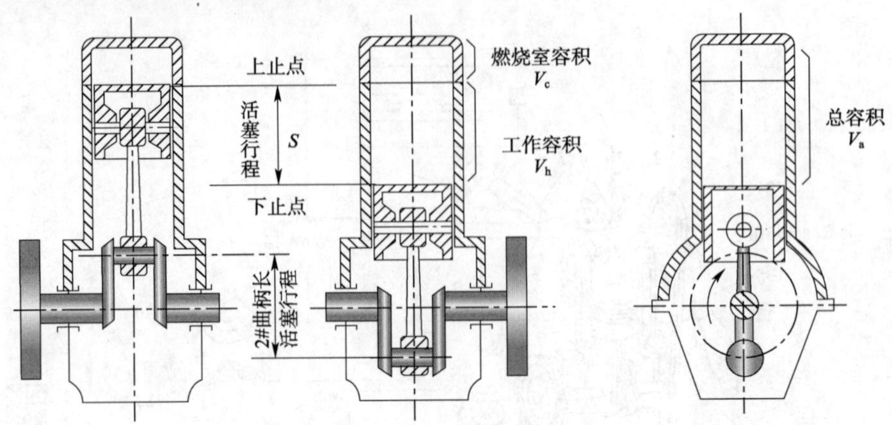

图 1-8　发动机常用术语示意图

(4)曲柄半径。曲轴回转中心到连杆轴颈(曲柄销)轴线间的距离,称为曲柄半径,用 R 来表示。曲柄半径也称曲柄销回转半径。活塞行程 S 等于曲柄半径 R 的 2 倍,即 $S=2R$。

(5)燃烧室容积。活塞在上止点时,活塞顶与汽缸盖之间的容积,称为燃烧室容积,用 V_C 表示。

(6)汽缸工作容积。活塞从一个止点移动到另一个止点所扫过空间的容积,称为汽缸的工作容积,用 V_h 表示。

(7)汽缸总容积。活塞在下止点时,活塞顶上方整个空间的容积,称为汽缸总容积,用 V_a 表示。显然,汽缸总容积等于汽缸燃烧室容积与工作容积之和。

(8)压缩比。汽缸总容积与燃烧室容积的比值,用 ε 表示,$\varepsilon = V_a/V_C$。压缩比是表示汽缸内气体被压缩程度的指标。压缩比越大,压缩终了时,汽缸内的气体压力和温度越高。

(9)发动机排量。多缸机汽缸工作容积之和称为排量,用 V_L 表示,$V_L = V_h \times i$,i 为汽缸数。

(10)工作循环。发动机每完成一个进气、压缩、做功和排气的工作过程,称为发动机一个工作循环。

(11)二冲程发动机。曲轴转一周完成一个工作循环的发动机。

(12)四冲程发动机。曲轴转两周完成一个工作循环的发动机。

(13)工况。指发动机在某一时刻所处的工作状况。一般用发动机的转速和负荷来表示。

任务三　往复活塞式发动机工作原理

一、四冲程汽油机的工作原理

四冲程汽油机每完成一个工作循环,都要经过进气、压缩、做功和排气 4 个行程,周而复始,使曲轴连续运转。

四冲程汽油机的工作原理如图 1-9 所示,工作过程中汽缸内压力变化规律如图 1-10 所示。

(1)进气行程。如图 1-9a)、图 1-10a)所示,进气过程中,排气门关闭,进气门打开。活塞在曲轴的带动下由上止点下移,因汽缸内容积逐渐增大而产生真空吸力,可燃混合气通过进气门被吸入汽缸，直至活塞向下运动到下止点。在进气过程中，受空气滤清器、进气管道、进气门等产生的阻力的影响，进气终了时，汽缸内气体压力略低于大气压，约为 0.075～0.09MPa，同时受到残余废气和高温机件加热的影响，温度达到 370～400K。实际上，汽油机的进气门是在活塞到达上止点之前打开，并且延迟到下止点之后关闭，以便吸入更多的可燃混合气。

2
3
4
5
6
7
1
8
a)进气
b)压缩
c)做功
d)排气

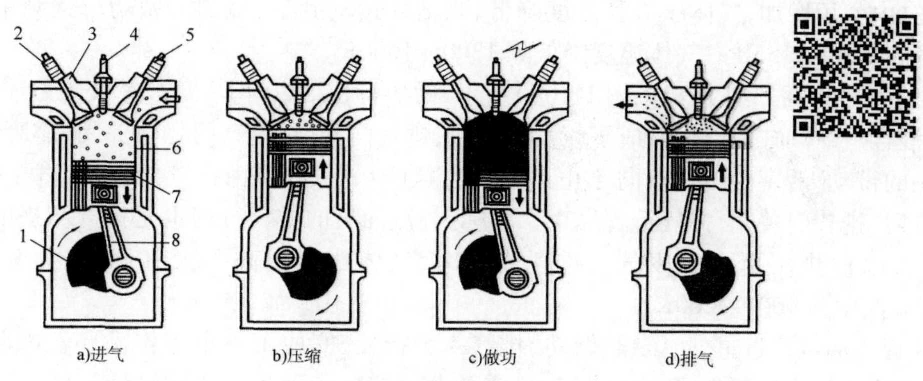

图 1-9　四冲程汽油机工作原理示意图

1-曲轴；2-排气门；3-汽缸盖；4-火花塞；5-进气门；6-汽缸；7-活塞；8-连杆

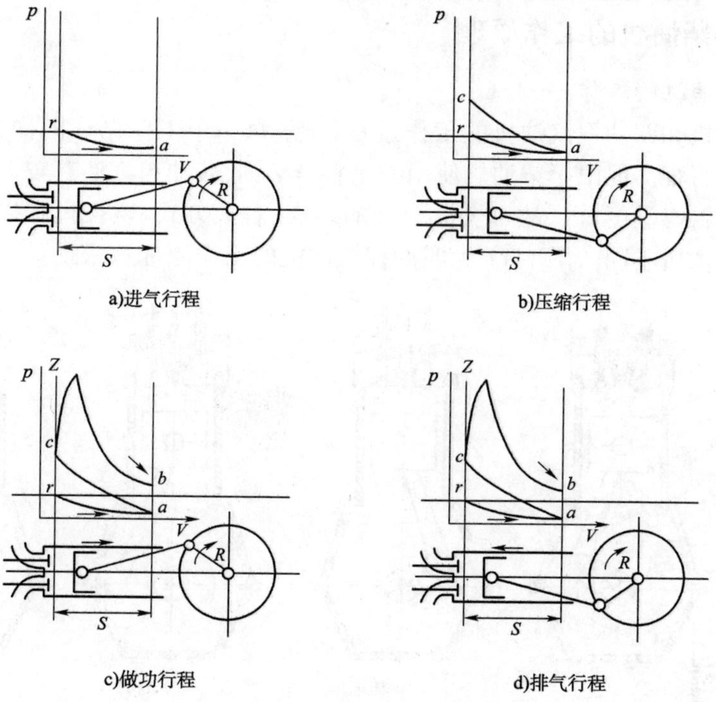

p
r
a
V
R
S
a)进气行程
c
b)压缩行程
Z
b
c)做功行程
d)排气行程

图 1-10　四冲程汽油机汽缸压力变化

（2）压缩行程。如图 1-9b）、图 1-10b）所示，进气行程结束后，曲轴继续旋转，带动活塞从下止点向上止点运动，这时进气门和排气门都关闭，汽缸内成为封闭容积，可燃混合气不断受到压缩，其温度和压力不断升高，当活塞到达上止点时压缩行程结束。此时可燃混合气压力可达 0.6～1.2MPa，温度可达 600～700K，为燃烧创造了良好的条件。

(3)做功行程。如图 1-9c)、图 1-10c)所示,做功行程也称燃烧和膨胀行程,在这一行程中,进气门和排气门仍然保持关闭,当活塞位于压缩行程接近上止点(即点火提前角)位置时,火花塞产生电火花点燃可燃混合气,可燃混合气燃烧后放出大量的热使汽缸内的气体温度和压力急剧升高,最高压力可达 3 ~ 5MPa,最高温度可达 2200 ~ 2800K。高温高压气体的膨胀,推动活塞从上止点向下止点运动,通过连杆使曲轴旋转并输出机械功。随着活塞向下运动,汽缸内容积增加;气体压力和温度降低,当活塞运动到下止点时,做功行程结束,气体压力降低到 0.3 ~ 0.5MPa,气体温度降低到 1300 ~ 1600K。

(4)排气行程。如图 1-9d)、图 1-10d)所示,做功行程结束时,活塞被燃气压力推至下止点,可燃混合气在汽缸内燃烧后成了废气。此时,排气门开启,进气门仍然关闭,靠废气的压力和曲轴的带动,活塞由下止点向上止点运动,汽缸中的废气经由排气门排出,直至活塞到达上止点后,排气门关闭,排气行程结束。实际上,汽油机的排气行程也是排气门提前打开,延迟关闭,以便排出更多的废气。排气终了时,气体压力仍高于大气压力,为 0.105 ~ 0.115MPa,温度为 900 ~ 1200K。

四冲程汽油机经过进气、压缩、做功、排气 4 个行程,完成了一个工作循环。这期间,活塞在上、下止点间往复运动了 4 个行程,相应的曲轴旋转了两周。曲轴继续旋转,活塞从上止点向下止点运动,又开始了下一个工作循环。

二、四冲程柴油机的工作原理

1. 四冲程柴油机的工作

四冲程柴油机和四冲程汽油机的工作过程相似,每一个工作循环同样包括进气、压缩、做功和排气 4 个行程。但由于柴油机使用的燃料是柴油,柴油与汽油有较大的差别(柴油黏度大,不易蒸发,自燃温度低),故可燃混合气的形成、着火方式、燃烧过程以及气体温度、压力的变化都和汽油机不同。图 1-11 为四冲程柴油机的工作原理示意图。

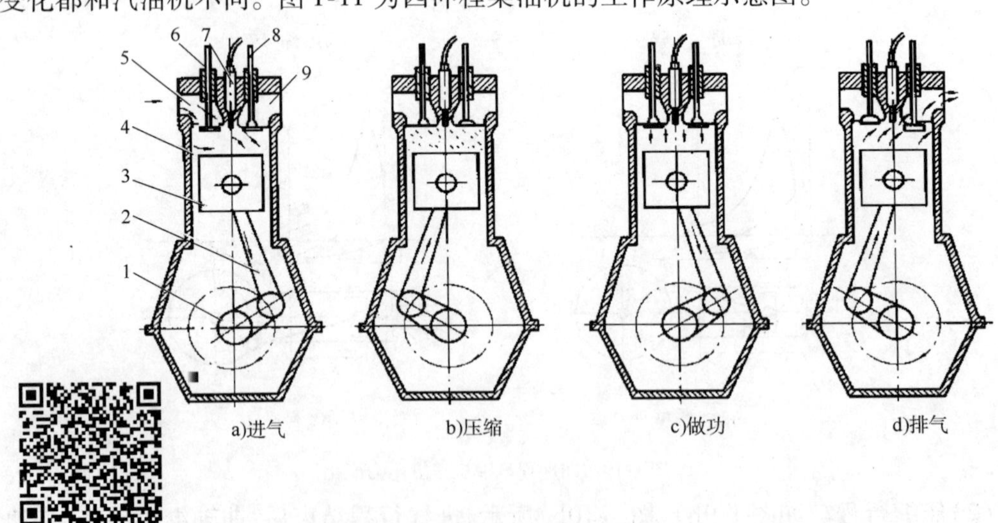

图 1-11 四冲程柴油机工作原理示意图

1-曲轴;2-连杆;3-活塞;4-汽缸;5-进气道;6-进气门;7-喷油器;8-排气门;9-排气道

(1)在进气行程中,柴油机吸入汽缸的是纯净空气而不是可燃混合气,进气阻力小。进气终了时,气体压力略比汽油机的高而气体温度略比汽油机的低。进气终了时气体压力为0.0785~0.0932MPa,气体温度为300~370K。

(2)压缩行程压缩的也是纯净空气,在压缩行程接近上止点时,喷油器将高压柴油以雾状喷入燃烧室,柴油和空气在汽缸内形成可燃混合气并着火燃烧。柴油机的压缩比比汽油机的压缩比大很多(一般为15~22),压缩终了时气体压力和温度都比汽油机高,压力为3.5~4.5MPa,温度为750~1000K,大大超过了柴油的自燃温度。因此,柴油机的可燃混合气压缩后是自燃着火的,不需要点火,故柴油机又称为压燃机。

(3)柴油喷入汽缸后,在很短的时间内与空气混合后便立即着火燃烧。柴油机的可燃混合气是在汽缸内部形成的,而不像汽油机那样是在汽缸外部形成的。柴油机燃烧过程中汽缸内出现的最高压力要比汽油机高得多,可高达6~9MPa,最高温度可达2000~2500K。做功行程终了时,气体压力为0.2~0.4MPa,气体温度为1200~1500K。

(4)柴油机的排气行程和汽油机一样,废气同样经排气管排入到大气中去。排气终了,汽缸内的气体压力为0.105~0.125MPa,气体温度为800~1500K。

2. 四冲程汽油机与四冲程柴油机的共同点

(1)每个工作循环都包含进气、压缩、做功和排气4个活塞行程,每个行程各占180°。曲轴转角,即曲轴每旋转两周完成一个工作循环。

(2)4个活塞行程中,只有1个做功行程,其余3个是耗功行程。显然,在做功行程中,曲轴旋转的角速度要比其他3个行程时大得多,即在一个工作循环内曲轴的角速度是不均匀的。为了改善曲轴旋转的不均匀性,可在曲轴上安装转动惯量较大的飞轮或采用多缸发动机并使其按一定的工作顺序依次进行工作。

3. 四冲程汽油机与四冲程柴油机的差别

(1)汽油机的可燃混合气在汽缸外部开始形成并延续到进气和压缩行程终了,时间较长。柴油机的可燃混合气在汽缸内部形成,从压缩行程接近终了时开始,并占小部分做功行程,时间很短。

(2)汽油机的可燃混合气用电火花点燃,柴油机则是自燃,所以汽油机又称为点燃式发动机,柴油机称为压燃式发动机。从性能上看,柴油机的压缩比高(一般为15~22,而汽油机为6~11),热效率高,燃油消耗率低。同时柴油价格较低,因此,柴油机的燃料经济性能好,而且柴油机的排气污染少,排放性能较好;它的主要缺点是转速低、质量大、噪声大、振动大、制造和维修费用高。

三、二冲程发动机的工作特点

活塞在汽缸内往复运动两个行程(相当于曲轴旋转一周)完成一个工作循环的发动机,称为二冲程发动机。图1-12为二冲程汽油机的工作原理示意图。

与四冲程发动机相比,二冲程发动机具有以下特点:

(1)四冲程发动机的进排气是两个分开的专门过程,而二冲程发动机单纯排气(或进气)时间极短,是一个几乎完全重叠的,以新鲜空气清扫废气的换气过程。这样的换气过程不可避免地会发生新鲜气体与废气混合,造成废气难以排净和新鲜气体随废气排出的后果。

(2)完成一个工作循环,二冲程发动机的曲轴只需旋转一圈,而四冲程发动机的曲轴需要转两圈。因此,当发动机工作容积、压缩比和转速相等时,从理论上讲,二冲程发动机的功率应为四冲程发动机的两倍。但实际上,只有 1.5~1.6 倍。这是由于二冲程发动机难以将废气排净,部分新鲜混合气随废气排出,另外,为了设置换气过程而较多地损失了高压气体的做功能力,这也使二冲程发动机比四冲程发动机的经济性差。

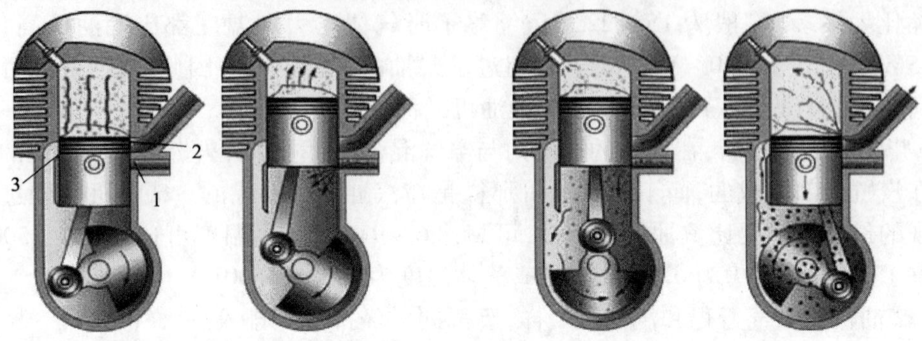

a)第一行程:压缩/进气　　b)第二行程:燃烧/排气

图 1-12　二冲程汽油机的工作原理示意图

1-扫气孔;2-排气孔;3-进气孔

(3)当转速相等时,二冲程发动机的做功次数比四冲程发动机多一倍。因此,二冲程发动机运转较平稳,这对单缸发动机来说更为明显。

(4)由于二冲程发动机没有气门或只有排气门,从而省去了传统形式的配气机构或使配气机构较为简单,简化了发动机的结构。

由于二冲程汽油机有混合气损失,其经济性较差,排放污染严重,在大中型汽车上的应用受到了限制。由于它结构简单、质量小、制造成本低等优点,轻便摩托和微型汽车的小排量发动机广泛采用,二冲程柴油机由于换气时进入汽缸的是纯空气,没有燃料损失,仍为一些汽车所采用。

任务四　发动机型号编制规则

为了便于内燃机的生产管理和使用,我国对《内燃机产品名称和型号编制规则》(GB/T 725—2008)重新进行了审定和颁布。该标准的主要内容如下:

(1)内燃机产品名称应符合 GB/T 1883.1 的规定,均按所采用的燃料命名,例如柴油机、汽油机、天然气机。

(2)内燃机型号由阿拉伯数字、汉语拼音字母或国际通用的英文缩略字母组成。

(3)内燃机型号由下列四部分组成(图 1-13):

①第一部分由制造商代号或系列符号组成。本部分代号由制造商根据需要选择相应 1~3 位字母表示。

②第二部分由汽缸数、汽缸布置形式符号(表 1-1)、冲程形式符号和缸径符号(亦可用发动机排量或功率数表示,其单位由制造商自定)组成。

③第三部分结构特征和用途特征符号,分别按表 1-2 和表 1-3 中的规定。燃料符号参见表 1-4。

汽缸布置形式符号

表 1-1

符　号	含　义	符　号	含　义
无符号	多缸直列及单缸	H	H 型
V	V 型	X	X 型
P	卧式		

注:其他布置形式符号见 GB/T 1883.1

结构特征符号

表 1-2

符　号	结构特征	符　号	结构特征
无符号	冷却液冷却	DZ	可倒转
F	风冷	Z	增压
N	凝气冷却	ZL	增压中冷
S	十字头式		

用途特征符号

表 1-3

符　号	用　途	符　号	用　途
无符号	通用型及固定动力(或制造商自定)	D	发电机组
T	拖拉机	C	船用主机,右机基本型
M	摩托车	CZ	船用主机,左机基本型
G	工程机械	Y	农用三轮车(或其他农用车)
Q	汽车	L	林业机械
J	铁路机车		

注:内燃机左机和右机的定义按 GB/T 726 的规定

用途特征符号

表 1-4

符　号	燃料名称	备　注
无符号	柴油	
P	汽油	
T	天然气(煤层气)	管道天然气
CNG	压缩天然气	
LNG	液化天然气	
LPG	液化石油气	
Z	沼气	各类工业化造沼气(农业有机废弃物、工业有机废水物、城市污水处理、城市有机垃圾)允许用 1 ~2 个字母的形式表示。如“ZN”表示农业有机废弃物产生的沼气
W	煤矿瓦斯	浓度不同的瓦斯允许用 1 个小写字母的形式表示。如“Wd”表示低浓度瓦斯
M	煤气	各类工业化煤气如焦炉煤气、高炉煤气等。允许在 M 后面加 1 个字母区分煤气的类型
S SCZ	柴油/天然气双燃料 柴油/沼气双燃料	其他双燃料用两种燃料的字母表示
M	甲醇	
E	乙醇	
DME	二甲醇	
FME	生物柴油	

注:1. 一般用 1 ~3 个拼音字母表示燃料,亦可用成熟的英文缩写字母表示。

2. 其他燃料允许制造商用 1 ~3 个字母表示。

④第四部分区分符号。同系列产品需要区分时，允许制造商选用适当符号表示。

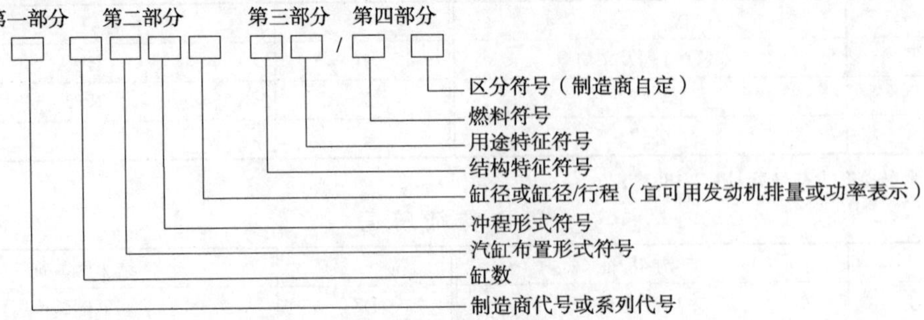

图 1-13　国产内燃机型号编制规则示意图

型号编制示例如下。

(1)柴油机型号：

①G12V190ZLD——12 缸、V 型、四冲程、缸径 190mm、冷却液冷却、增压中冷、发电用(G 为系列代号)；

②R175A——单缸、四冲程、缸径 75mm、冷却液冷却、(R 为系列代号、A 为区分符号)；

③YZ6102Q——6 缸、直列、四冲程、缸径 102mm、冷却液冷却、车用(YZ 为扬州柴油机厂代号)；

④8E150C-1——8 缸、直列、二冲程、缸径 150mm、冷却液冷却、船用主机、右机基本型(1 为区分符号)；

⑤JC12V260/320ZLC——12 缸、V 型、四冲程、缸径 260mm、行程 320mm、冷却液冷却、增压中冷、船用主机、右机基本型(JC 为济南柴油机股份有限公司代号)；

⑥12VE230/300ZCZ——12 缸、V 型、二冲程、缸径 230mm、行程 300mm、冷却液冷却、增压、船用主机、左机基本型；

⑦G8300/380ZDZC——8 缸、直列、四冲程、缸径 300mm、行程 380mm、冷却液冷却、增压可倒转、船用主机、右机基本型(G 为系列代号)。

(2)汽油机型号：

①IE65F/P——单缸、二冲程、缸径 65mm、风冷、通用型；

②492Q/P-A——4 缸、直列、四冲程、缸径 92mm、冷却液冷却、汽车用(A 为区分符号)。

(3)燃气机型号：

①12V190ZL/T——12 缸、V 型、四冲程、缸径 190mm、冷却液冷却、增压中冷、燃气为天然气；

②16V190ZLD/MJ——16 缸、V 型、四冲程、缸径 190mm、冷却液冷却、增压中冷、燃气为焦炉煤气。

(4)双燃料发动机：

①G12V190ZLS——12 缸、V 型、缸径 190mm、冷却液冷却、增压中冷、燃料为柴油/天然气双燃料(G 为系列代号)；

②12V260/320ZL/SCZ——12 缸、V 型、缸径 260mm、行程 320mm、冷却液冷却、增压中冷、燃料为柴油/沼气双燃料。

任务五　发动机常用拆装工具

一、常用的拆装工具

1. 普通扳手

(1)开口扳手(图1-14)。开口扳手是最常见的一种扳手。又称呆板手。其规格是以两端开口的宽度S(mm)来表示的,如8~10、12~14等;通常是成套装备,有8件一套、10件一套等。

(2)梅花扳子(图1-15)。梅花扳手其两端是环状的,与开口扳手相比,梅花扳手强度高,使用时不易滑脱。其规格是以闭口尺寸S(mm)来表示的,如8~10、12~14等;通常是成套装备,有8件一套、10件一套等。

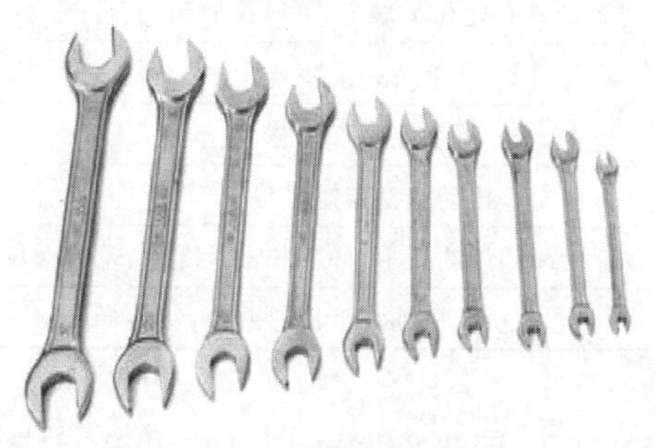

图1-14　开口扳手

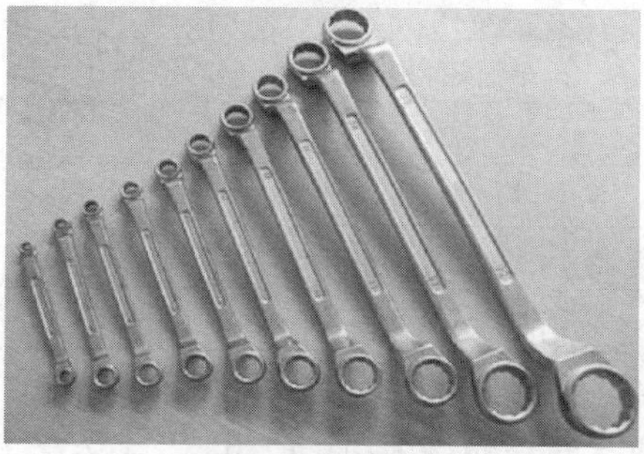

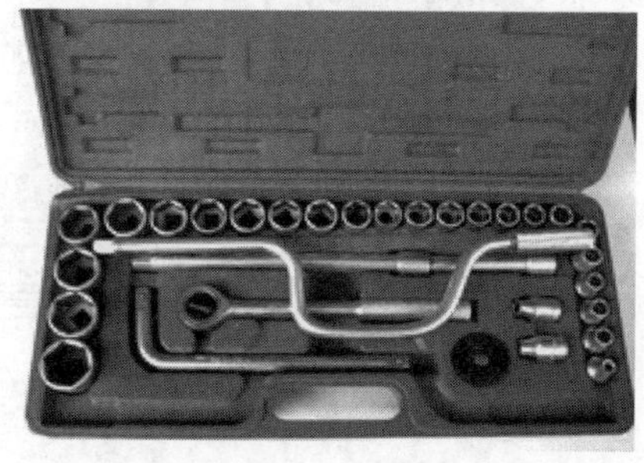

图1-15　梅花扳手

(3)套筒扳手(图1-16)。套筒扳手的材料、环孔形状与梅花扳手相同,适用于拆装位置狭窄或需要一定扭矩的螺栓或螺母。常用套筒扳子的规格是10~32mm。

(4)活动扳手(图1-17)。活动扳手其开口尺寸能在一定的范围内任意调整,使用场合与开口扳手相同,但活动扳手操作起来不太灵活。其规格足以"长度×最大开口宽度(mm)"来表示,一般规格有100×13~600×65。

图1-16　套筒扳手

(5)扭力扳手(图1-18)。扭力扳手是一种可读出所施力矩大小的专用工具。常用的有294N·m、490N·m两种;扭力扳手可以在紧固螺栓及螺母的同时测量正在施加的力矩(旋转力)。使用扭力扳手时需要装上套筒。

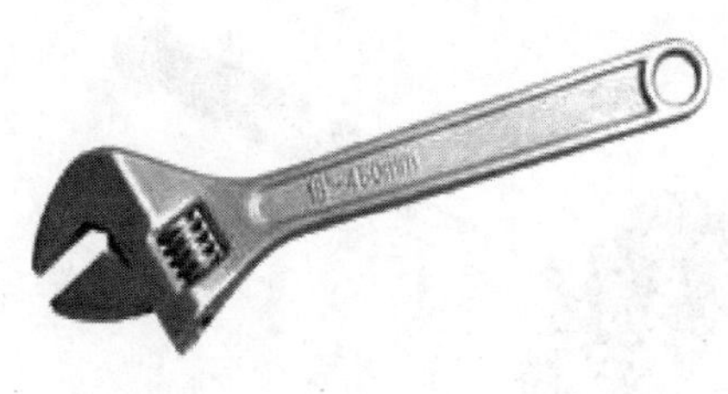

图1-17　活动扳手

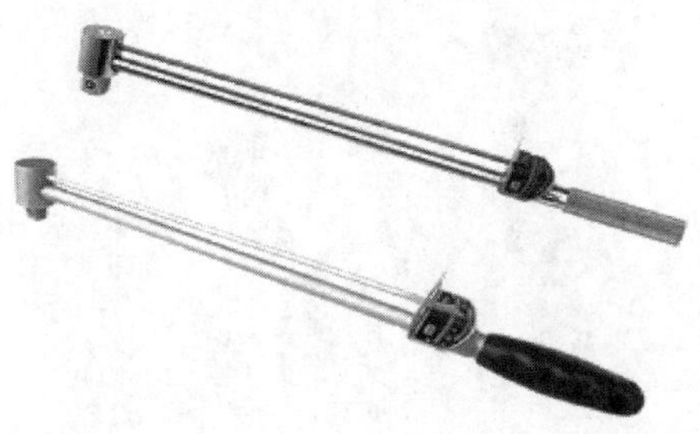

图1-18　扭力扳手

2. 专用扳手

专用扳手是一种用途较为单一的特殊扳手的通称，通常以其用途或结构特点来命名。每一种专用扳手，又可以按照不同的规格和尺寸进行分类。在使用专用扳手时，必须选用与零件相适应的扳手，以免扳手滑脱伤手或损坏零件。通常的专用扳手和用途见表1-5。

专用扳手和用途　　表1-5

扳手名称	主要用途
内六角扳手	扭动内六角头部的螺栓
圆螺母扳手	扭动槽型圆螺母
叉型凸缘及转向螺母套筒扳手	扭动轮毂轴承调整锁紧螺母
方扳手	扭动四棱柱头部的螺栓，如油底壳、变速器等放油螺塞
叉形扳手	扭紧圆柱孔定位的螺母，如减振器顶盖等
火花塞套筒扳手	拆装火花塞
气门芯扳手	拆装轮胎气门芯
钩形扳手	扭动槽型圆螺母等
专用套筒扳手	扭动特殊螺栓或螺母的扳手，如轮毂轴承螺栓、轮胎螺母
机油滤清器扳手	拆装机油滤清器总成

3. 螺丝刀（起子）

（1）一字形螺丝刀（图1-19a），称一字形螺钉旋具，用于旋紧或松开头部开一字槽的螺钉。其规格以刀体部分的长度表示，常用的规格有100mm、150mm、200mm、300mm等几种。

（2）十字形螺丝刀（图1-19b），又称十字槽螺钉旋具，用于旋紧或松开头部带十字沟槽的螺钉，材料和规格与一字形螺丝刀相同。

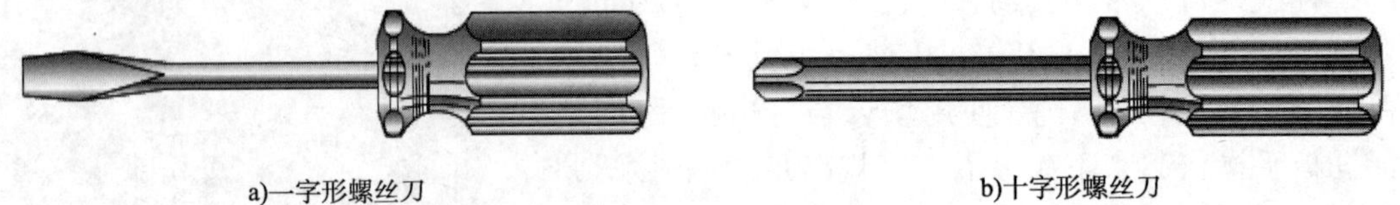
a)一字形螺丝刀　　b)十字形螺丝刀

图1-19　螺丝刀（起子）

4. 锤类工具

（1）钳工锤（图1-20），又称圆头锤。其锤头一端平面略有弧形，是基本工作面，另一端是球面，用来敲击凹凸形状的工件。规格以锤头质量来表示，以0.5～0.75kg的最为常用。

（2）橡胶锤（图1-21）。用于敲打容易损伤或不允许损伤的物件。

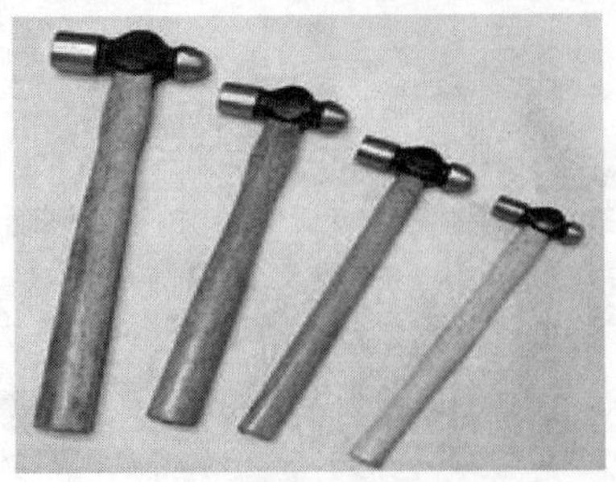
图1-20　钳工锤

图1-21　橡胶锤

5. 钳类工具

(1)尖嘴钳(图1-22)。因其头部较长,所以能在较小的空间工作,带刃口的部位能剪切细小零件,使用时不能用力太大,否则钳口头部会变形或断裂,规格以钳的长度来表示,常用160mm一种。

(2)鲤鱼钳(图1-23)。鲤鱼钳钳头的前部是个平口细齿,适用于夹捏一些小零件,中部凹口粗长,用于夹持圆柱形零件,钳口后部的刃口可剪切金属丝,规格以钳长来表示,一般有165mm、200mm两种。

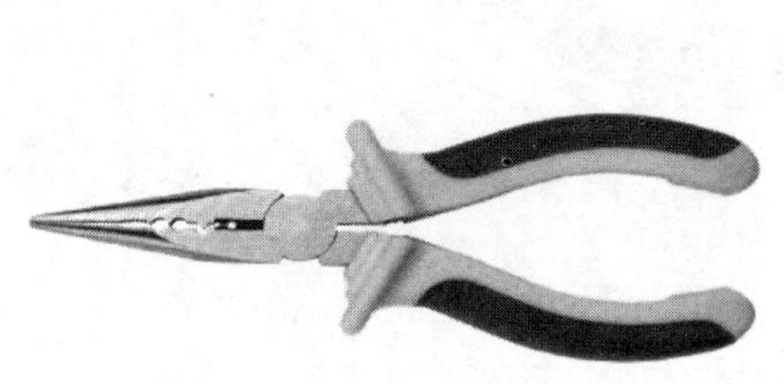

图1-22 尖嘴钳

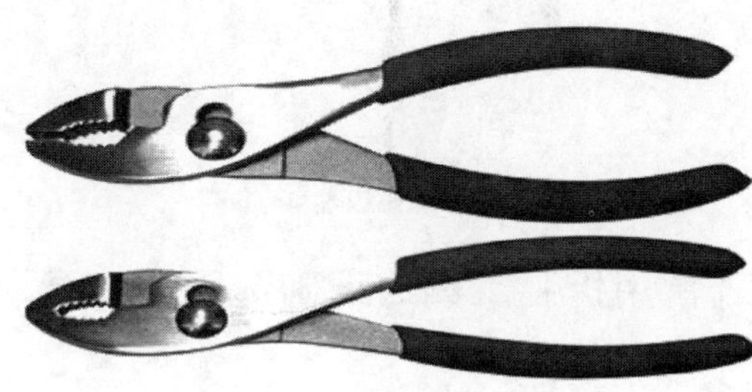

图1-23 鲤鱼钳

(3)钢丝钳(图1-24)。钢丝钳的用途和鲤鱼钳相似,故使用时不如鲤鱼钳灵活,但剪断金属丝的效果比鲤鱼钳要好,规格有150mm、175mm、200mm三种。

(4)卡环拆装钳(图1-25)。卡环拆装钳用于夹持卡簧、锁销等圆形或圆柱形小件,拆装卡环。

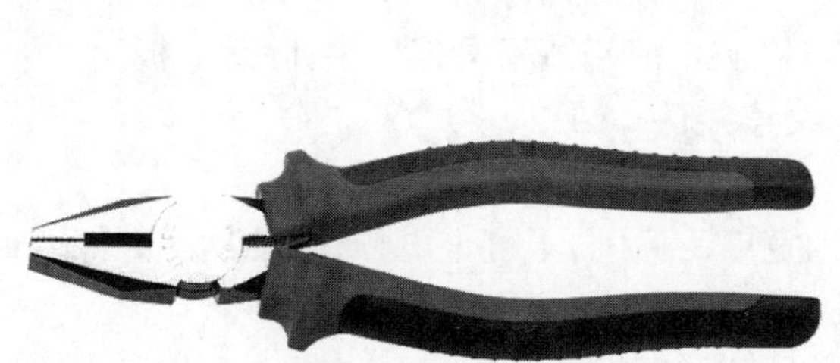

图1-24 钢丝钳

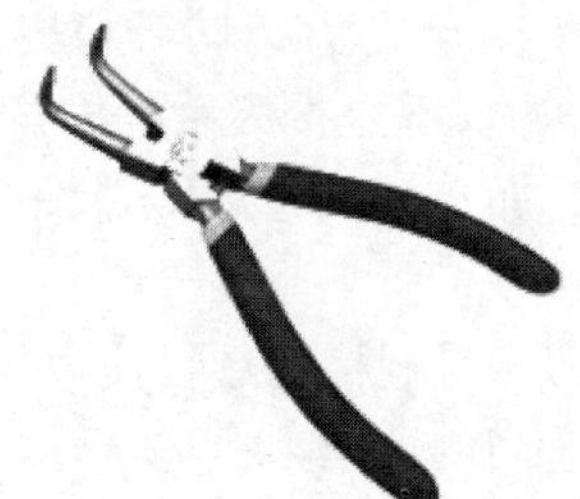

图1-25 卡环拆装钳

(5)活塞环拆装钳(图1-26)。活塞环拆装钳用于活塞环拆与装。使用时,将活塞环装卸钳卡住活塞环开口,轻握手柄,慢慢收缩,活塞环就慢慢张开,将活塞环装入或拆出活塞环槽。

(6)活塞环收紧器(图1-27)。用于收紧活塞环,把活塞装入汽缸。

图1-26 活塞环拆装钳

图1-27 活塞环收紧器

(7)拉拔器(图1-28)。拉拔器的作用是把物体从轴或孔上拉出。

(8)气门弹簧装卸钳(图1-29)。用于拆装气门的气门弹簧。

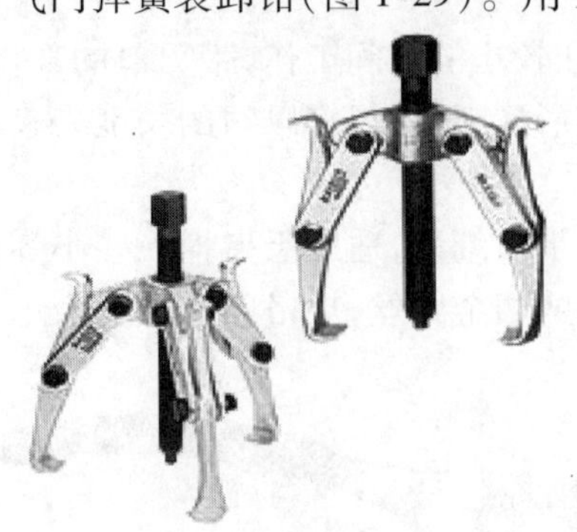

图1-28　拉拔器

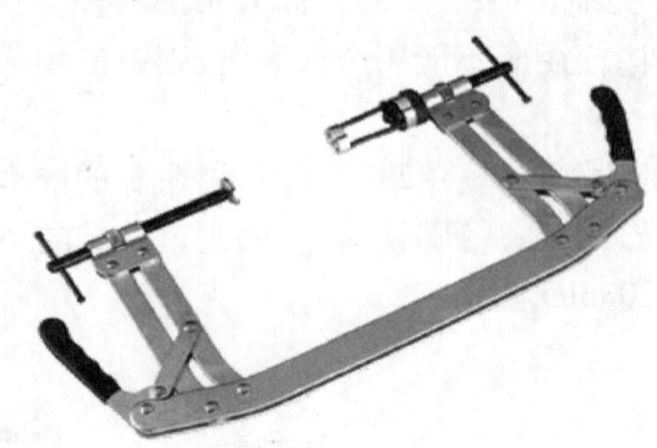

图1-29　气门弹簧装卸钳

二、常用拆装工具的正确选用和注意事项

1. 扳手类工具

所选用的扳手的开口尺寸必须与螺栓或螺母的尺寸相符合，扳手开口过大易滑脱并损伤螺件的六角。对于进口汽车，应注意扳手公英制的选择；各类扳手的选用原则是：优先选用套筒扳手，其次为梅花扳手，再次为开口扳手，最后选用活动扳手。

(1)为防止扳手损坏和滑脱，应使拉力作用在开口较厚的一边，这一点对受力较大的活动扳手尤其应该注意，以防开口出现“八”字形，损坏螺母和扳手。

(2)普通扳手是按人手的力量来设计的，不能用锤子击打扳手；除套筒扳手外，其他扳手都不能套装加力杆，以防损坏扳手或螺纹连接件。

2. 螺丝刀

螺丝刀型号规格的选择应以沟槽的宽度为原则，不可带电操作；使用时，除施加扭力外，还应施加适当的轴向力，以防滑脱损坏零件；不可用螺丝刀撬任何物品。

3. 手锤的使用方法

手锤的常用方法有手腕挥锤、小臂挥锤和大臂挥锤三种，手腕挥锤只有手腕动，锤击力小，但准、快、省力，大臂挥锤是大臂和小臂一起运动，锤击力最大。注意事项：使用手锤前，切记要仔细检查锤头和锤把是否楔塞牢固，握锤应握住锤把后部。

复习思考题

1-1　我国车用发动机是如何进行分类的？

1-2　汽车发动机由哪几部分组成的？简述其功用。

1-3　有一台捷达轿车的排量为1.6L，说明该指标具有的含义。

1-4　简述四冲程发动机的工作原理。

1-5　试分析四冲程汽油机与四冲程柴油机的主要区别。

1-6　试分析四冲程汽油机与二冲程汽油机有何区别。

1-7　TJ376Q-E和6135Q两种车用发动机的型号具有什么意义？

1-8　常用扳手有哪几种？怎样正确使用？

【教学设计能力拓展训练一】

“汽车发动机的总体结构与工作原理”教学目标设计训练

一、教学目标设计

项　　目	内　　容
三维教学目标	知识与技能目标:本课要使学生应知、应会的内容(知识点和技能点); 过程与方法目标:本课要使学生经历的过程与学习的方法及其目的; 情感态度和价值观目标:本课要使学生体验的情感、价值观,建立的态度与品质
教学目标描述	教学目标的描述要尽量具体,做到“可观察的行为,可考核的表现”。 教学目标描述一般包括四个部分: 一是对象(即是学习者); 二是行为表现(即要“做什么”,通常为动宾结构); 三是条件(完成行为的前提,通常为介宾结构); 四是标准(表示“做到什么程度”)
教学目标描述示例	学生能够根据餐饮服务员职业标准,在30min内独立完成引客入座、点菜服务等模拟餐饮接待服务。 对象:学生; 行为表现:引客入座、点菜服务等模拟餐饮接待服务; 条件:在30min内独立完成; 标准:根据餐饮服务员职业标准

二、任务引导

简介中职学校学生学习汽车发动机构造与拆装的起点、教学设备、教学目标、教学内容、教学重点难点、学时分配等内容,以便学习者设计教学目标时参考。

1. 中职学生学习汽车发动机总体构造和工作原理的学情分析

(1)文化基础知识薄弱,认知、记忆、思维能力较差,对授课内容难以理解,但渴望被人接纳和爱护,渴望得到别人的认可和称赞,渴望成功,形象思维丰富,好动,喜欢动手实践。

(2)学习过初中物理,同步学习汽车机械基础和机械制图,基本上是零基础。

2. 中职学校汽车发动机总体构造和工作原理教学环境

理论实践一体化教室:配置多媒体教学设备、学生查阅资料的电脑、课桌椅、充足的实训台架或教学整车、配套的维修手册、实训工具、课程资源库教学平台(配置相关视频、动画、图片、电子教材、作业单、练习题、考核表等)等。

3. 中职学校汽车发动机总体构造和工作原理的教学内容、教学目标与学时分配(表1-6和表1-7)

任务1 汽车发动机的分类和组成(2学时)　表1-6

技能目标	学生能够按照燃料种类、冷却方式、着火方式等分类方法直观识别各种汽车发动机
知识目标	学生能说出发动机的功用与分类方法,区别各类发动机的结构形式

任务2 汽车发动机的组成与工作原理(2学时)　表1-7

技能目标	学生能够对照发动机实物指出两大机构五大系统的基本组成部件
知识目标	学生能够说出四冲程发动机的工作循环

4. 中职学校汽车发动机总体构造和工作原理教学重点、难点

(1)教学重点:汽车发动机的组成与工作原理。

(2)教学难点:汽车发动机的四冲程具体工作循环。

5. 中职学校汽车发动机总体构造和工作原理教学方法与教学流程

采用理论实践一体化教学,通常采用任务驱动教学法。

(1)任务资讯:完成任务引导文,收集必要知识点(例如汽车发动机的作用、类型、基本结构及工作原理等):课前预习加上课上听老师讲解后完成;

(2)布置实训任务:明确每个任务的目标和完成标准(每次课可以有多个细分的实训任务),比如任务2"汽车发动机的组成与工作原理"可以细分为汽车发动机的组成、发动机的工作原理和发动机常用拆装工具等3个子任务;

(3)教师示范和讲解:教师根据任务的难易程度作必要的示范和讲解,比如发动机的工作原理;

(4)任务实施:学生分组练习,教师巡逻指导→换组,直至完成每个细分的任务(如果有多个细分的实训任务);

(5)任务检查:学生对照任务目标和完成标准组内自我检查;

(6)任务考核与评价:教师每组抽考1~2个同学,根据各组任务完成情况进行点评小结(可以先让小组汇报后再点评)。

三、单元一子任务教学目标设计任务单

全班分成4个设计小组,每组选择单元内的一个任务进行教学目标设计(表1-8)。

单元一子任务教学目标设计任务单　表1-8

组别		设计任务	
设计项目	内　容		说明
教材处理			
学情分析			
三维目标			
展示评价	各组采用海报、PPT等形式展示本组的设计成果。		

四、教学目标设计训练评分标准

序号	项　目	内　容	分　值	得　分
1	教材处理	教材处理得当,内容选取调整符合中职生的认知水平	15	
2	学情分析	对学生知识基础、学习特点及适宜的学习方法进行分析和引导	15	
3	知识与技能目标描述	知识点和技能点明确具体,便于落实和检查	20	
4	过程与方法目标描述	学习过程与学习方法及其目的明确具体,可观测、可考核	20	
5	情感态度与价值观目标描述	要使学生体验的情感、价值观和需要建立的态度与品质明确具体,可观测、可考核	20	
6	格式与表达	设计格式规范,表达清晰流畅	10	
		总　分	100	

项目二　曲柄连杆机构

知识目标

通过系统学习,要求学生掌握以下知识:

1. 了解曲柄连杆机构的运动与受力。
2. 掌握曲柄连杆机构组成,各部分的作用、结构与工作原理。
3. 掌握多缸四冲程发动机的工作过程分析。

能力目标

通过系统学习,要求学生具备以下能力:

1. 能选择和使用正确的拆装工具拆装曲柄连杆机构各组件。
2. 掌握曲柄连杆机构的拆装步骤和拆装要领。
3. 掌握机体组、活塞连杆组、曲轴飞轮组常见故障诊断与排除。

任务一　曲柄连杆机构的功用、组成和受力分析

一、曲柄连杆机构的功用、组成

曲柄连杆机构是发动机实现工作循环、完成能量转换和运动转换的主要机构。通过它将燃料燃烧产生的热能转变为机械能并由飞轮输出。在发动机的工作过程中,燃料燃烧产生的气体压力直接作用在活塞顶上,推动活塞做作往复直线运动,经活塞销、连杆传到曲轴,将活塞的往复直线运动转换为曲轴的旋转运动。

曲柄连杆机构由机体组、活塞连杆组和曲轴飞轮组三部分组成,如图 2-1 所示。

二、曲柄连杆机构的受力分析

在发动机做功时,汽缸内最高温度可高达 2500K 以上,最高压力可达 5 ~ 9MPa,现代汽车发动机最高转速可达 3000 ~ 6000r/min,且活塞每秒要行经约 100 ~ 200 个行程,可见其线速度是很大的。此外,与可燃混合气和燃烧废气接触的机件(如汽缸、汽缸盖、活塞组等)还将受到化学腐蚀。因此,曲柄连杆机构的工作条件的特点是高温、高压、高速和化学腐蚀。

由于曲柄连杆机构是在高压下作变速运动,因此,它在工作中的受力情况很复杂,其中有气体作用力、运动质量惯性力、摩擦力以及外界阻力等。摩擦力主要取决于运动零件的制造质量与润滑情况,其数值相对较小,在对机构进行受力分析时可以忽略不计。

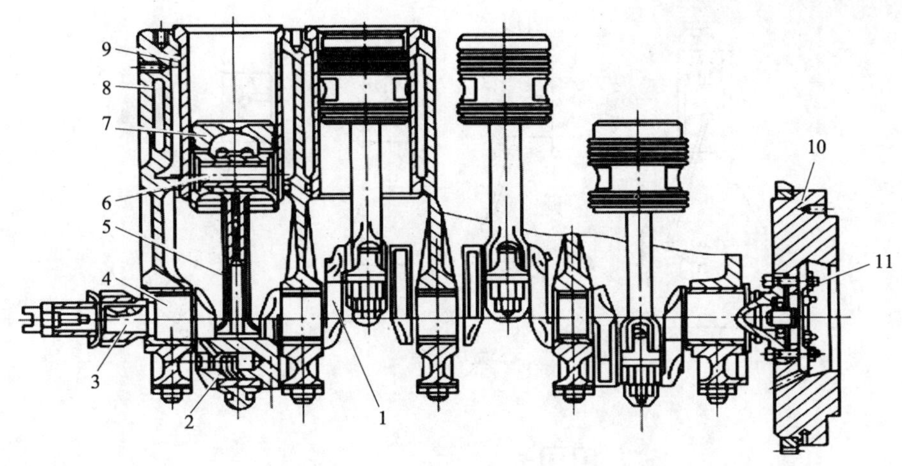

图 2-1 曲柄连杆机构的组成

1-曲柄;2-连杆轴颈;3-曲轴;4-曲轴主轴颈;5-连杆;6-活塞销;7-活塞;8-汽缸体;9-汽缸套;10-飞轮;11-飞轮连接螺栓

1. 气体作用力

在每个工作循环的四个行程中,气体压力始终存在。但由于进气、排气两行程中气体压力较小,对机件影响不大,故这里主要研究做功和压缩行程的气体作用力。

在做功行程中,气体压力是推动活塞向下运动的力。这时,燃烧气体产生的高压直接作用在活塞的顶部,如图 2-2a)所示。设活塞所受总力 F_p 传到活塞销上,可分解为 F_{P1} 和 F_{P2},分力 F_{P1} 通过活塞销传给连杆,并沿连杆方向作用在曲柄销上;F_{P1} 还可分解为两个分力 F_R 和 F_s,分力 F_R 沿曲柄方向使曲轴主轴颈与主轴承间产生压紧力;与曲柄垂直的分力 F_s 除了使主轴颈和主轴承之间产生压紧力外,还对曲轴形成转矩 T,推动曲轴旋转。力 F_{P2} 把活塞压向汽缸壁,形成活塞与缸壁间的侧压力,有使机体翻倒的趋势,故机体下部的两侧应支承在车架上。

在压缩行程中、气体压力是阻碍活塞向上运动的阻力。这时作用在活塞顶的气体总压力 F'_P 也可以分解为两个分力 F'_{P1} 和 F'_{P2},如图 2-2b)所示,而 F'_{P1} 又分解为 F'_R、F'_S。F'_R 使曲轴主轴颈与主轴承间产生压紧力;F'_S 对曲轴造成一个旋转阻力矩 T',企图阻止曲轴旋转。而 F'_{P2} 则将活塞压向汽缸的另一侧壁。

在工作循环的任何行程中,气体作用力的大小都是随着活塞的位移而变化的,再加上连杆在左右摇摆,因而作用在活塞销和曲轴轴颈的表面以及两者的支承表面上的压力和作用点不断变化,造成各处磨损不均匀。同样,汽缸壁沿圆周方向的磨损也不均匀。

2. 往复惯性力与离心力

往复运动的物体,当运动速度变化时,就要产生往复惯性力。物体绕某一中心做旋转运动时,就会产生离心力。这两种力在曲柄连杆机构的运动中都是存在的。

活塞和连杆小头在汽缸中作往复直线运动时,速度很高,而且数值在不断变化。当活塞从上止点向下止点运动时,其速度变化规律是:从零开始,逐渐增大,临近中间达到最大值,然后又逐渐减小至零。也就是说,当活塞向下运动时,前半行程是加速运动,惯性力向上,以 F_j 表示,如图 2-3a)所示;后半行程是减速运动,惯性力向下,以 F'_j 表示,如图 2-3b)所示。同理,当活塞向上时,前半行程惯性力向下,后半行程惯性力向上。

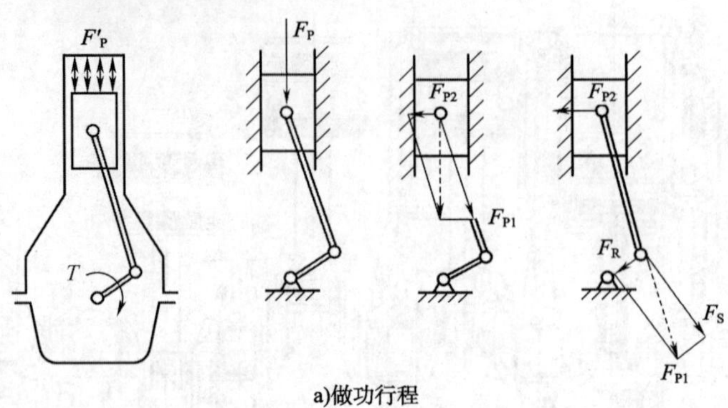

a)做功行程

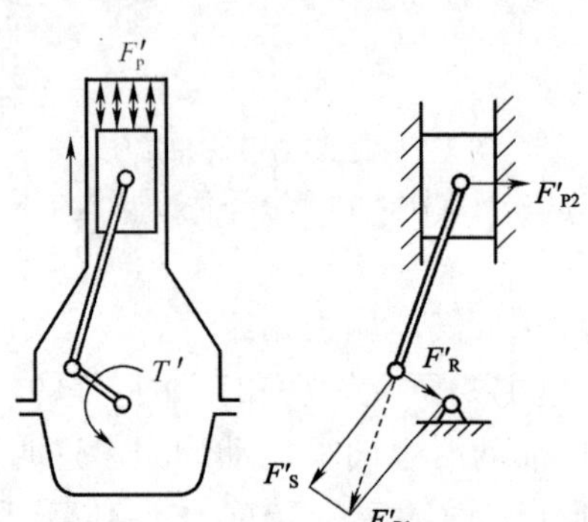

b)压缩行程

图 2-2　气体压力作用情况

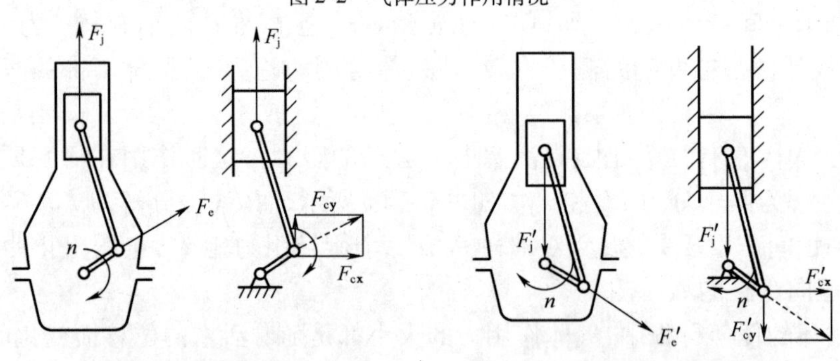

a)活塞在上半程时的惯性力　　b)活塞在下半程时的惯性力

图 2-3　往复惯性力和离心力作用情况

活塞、活塞销和连杆小头的质量越大,曲轴转速越高,则往复惯性力也越大。它使曲柄速杆机构的各零件和所有轴颈受周期性的附加载荷,加快轴承的磨损;未被平衡的变化着的惯性力传到汽缸体后,还会引起发动机的振动。

偏离曲轴轴线的曲柄、曲柄销和连杆大头绕曲轴轴线旋转,产生旋转惯性力,即离心力,其方向沿曲柄半径向外,其大小与曲柄半径、旋转部分的质量及曲轴转速有关。曲柄半径长,旋转部分质量大.曲轴转速高,则离心力大。如图 2-3 所示,离心力 F_c(F'_c)在垂直方向的分力 F_{cy}(F'_{cy})与往复惯性力 F_j(F'_j)方向总是一致的,因而加剧了发动机的上、下振动;而水平方向分力 F_{cx}(F'_{cx})则使发动机产生水平方向的振动。离心力使连杆大头的轴瓦和曲柄销、曲轴主轴颈及其轴承受到又一附加载荷,增加了它们的变形和磨损。

3. 摩擦力

在任何一对互相压紧并作相对运动的零件表面之间必定存在摩擦力,其最大值决定于上述各种力对摩擦表面形成的正压力和摩擦因数。

上述各种力作用在曲柄连杆机构和机体的各有关零件上,使它们受到压缩、拉伸、弯曲和扭转等不同形式的载荷。为了保证工作可靠,减少磨损。在结构上必须采取相应的措施。

任务二 机体组结构、拆装与维修

一、机体组的组成

机体组包括汽缸体、汽缸盖、汽缸垫、汽缸盖罩和油底壳等。

机体是发动机的骨架,除了作为汽缸套以及曲柄连杆机构运动件的支承外,还安装汽缸盖、配气机构和驱动机构的机件以及各辅助系统的一些附件,并以其支座安装在车辆上,同时,机体内部还设有冷却液道与润滑油道。机体必须有足够的强度和刚度。

1. 汽缸体

发动机的汽缸体和曲轴箱常铸成一体,统称为汽缸体。

汽缸体一般用高强度灰铸铁或铝合金铸成,上半部的圆柱形空腔称为汽缸,下半部为支承曲轴的曲轴箱,其内腔为曲轴运动的空间。在汽缸体内部铸有冷却油套、润滑油道及许多加强筋。汽缸体的构造与汽缸排列形式、汽缸结构形式和曲轴箱结构形式有关。

1)汽缸体的结构形式

汽缸体的结构形式也称为曲轴箱结构形式,根据汽缸体与油底壳安装平面位置的不同,通常把汽缸体结构形式分为以下三种,如图 2-4 所示。

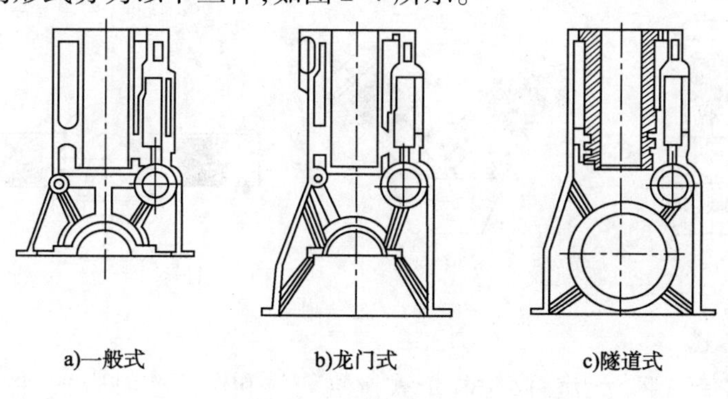

a)一般式　b)龙门式　c)隧道式

图 2-4 汽缸体的结构形式

(1)一般式汽缸体。

图 2-4a)所示为一般式汽缸体,其特点是油底壳安装平面和曲轴旋转中心在同一高度。这种汽缸体的优点是整体高度小、质量轻、结构紧凑、便于加工及曲轴拆装方便,缺点是刚度和强度较差,一般适用于中、小型发动机。

(2)龙门式汽缸体。

图 2-4b)所示为龙门式汽缸体,其特点是油底壳安装平面低于曲轴的旋转中心。它的优

点是强度和刚度较好,能承受较大的机械负荷,缺点是工艺性较差、结构笨重、加工较困难。采用这种汽缸体的发动机较多,如捷达、富康、桑塔纳等轿车发动机。

(3)隧道式汽缸体。

图 2-4c)所示为隧道式汽缸体,这种汽缸体曲轴的主轴承孔为整体式,采用滚动轴承,主轴承孔较大,曲轴从汽缸体后部穿入安装。其优点是结构紧凑、刚度和强度好;缺点是加工精度要求高、工艺性较差、曲轴拆装不方便。它主要用在一些负荷较大的柴油机上。

2)汽缸排列形式

对于多缸发动机,汽缸的排列形式决定了发动机的外形尺寸和结构特点,对发动机机体的刚度和强度也有影响,并关系到汽车的总体布置。按照汽缸排列方式的不同,汽缸体常分成直列式、V 形式和对置式三种,如图 2-5 所示。

(1)直列式汽缸排列。

如图 2-5a)所示,发动机各汽缸排成一直列称为直列式汽缸排列,一般是垂直布置的,其特点是结构简单,加工容易,但发动机长度和高度较大。通常把采用直列式汽缸排列的发动机称为直列式发动机。一般多用于六缸以下发动机,如捷达、富康、红旗等轿车发动机。

(2)V 形式汽缸排列。

如图 2-5b)所示,发动机汽缸排成两列,左右两列汽缸中心线的夹角 $\gamma<180°$,称为 V 形式汽缸排列。V 形式汽缸体与直列式汽缸体相比,缩短了机体长度和高度,增加了汽缸体的刚度,减小了发动机的质量,但加大了发动机的宽度,且形状较复杂,加工困难。采用 V 形式汽缸排列的发动机称之为 V 形式发动机,目前有 V4、V6、V8、V10、V12 及 V16 等机型。

(3)对置式汽缸排列。

如图 2-5c)所示,发动机汽缸排成两列,左右两列汽缸在同一水平面上,即左右两列汽缸中心线的夹角 $\gamma=180°$,它的特点是高度小,重心低,总体布置方便,平衡性好,有利于风冷。

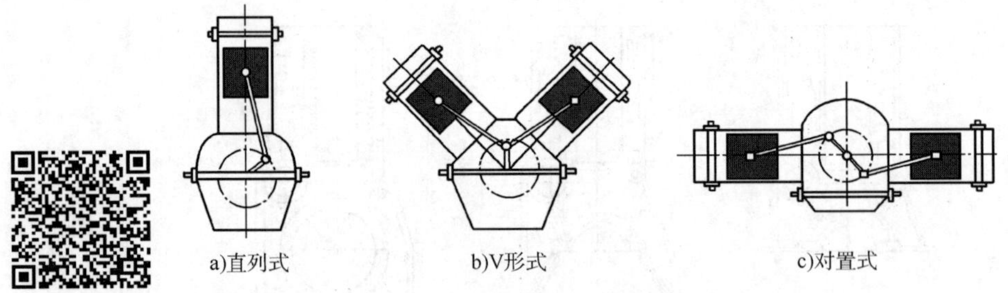

图 2-5 汽缸排列形式

3)汽缸结构形式

汽缸结构形式有三种:无汽缸套式、干式汽缸套式和湿式汽缸套式。

(1)无汽缸套式汽缸体是在机体上直接加工出汽缸,称为整体式汽缸,其优点是可以缩短汽缸中心距,从而减小机体的尺寸和质量,机体刚度大,工艺性好,能承受较大的载荷。但整体式汽缸对汽缸体材料要求较高,成本也比较高。

如果用耐磨的优质材料制成汽缸套,然后再装到用价格较低的一般材料制造的汽缸体内,这样不但降低了制造成本,而且汽缸套可以从汽缸体中取出,因而便于修理和更换,并可大大延长汽缸体的使用寿命。

(2)干式汽缸套式的特点是汽缸套装入汽缸体后,其外壁不直接与冷却液接触,而是和汽缸体的壁面直接接触。干式汽缸套的壁厚较薄,一般为1~3mm,如图2-6a)所示。这种汽缸具有整体式汽缸的优点,强度和刚度都较好,但汽缸套加工比较复杂,内、外表面都需要进行精加工,拆装不方便,散热不良。

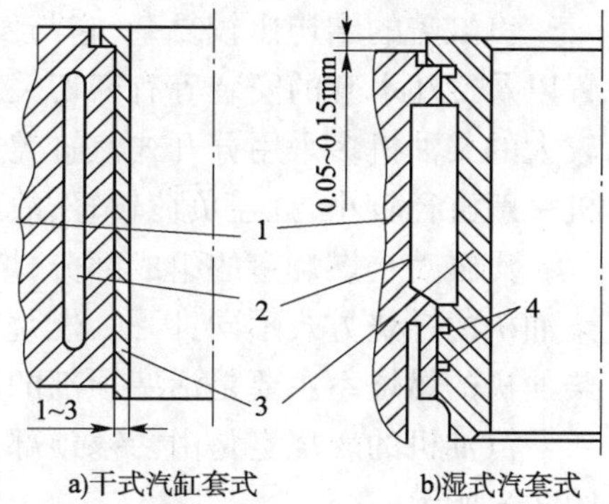

图2-6　汽缸结构形式

1-汽缸体;2-水套;3-汽缸套;4-橡胶密封圈

(3)湿式汽缸套式的特点是汽缸套装入汽缸体后,其外壁直接与冷却液接触,汽缸套仅在上、下各有一圆环带和汽缸体接触,壁厚一般为5~9mm,如图2-6b)所示。这种汽缸散热良好、冷却均匀、拆装方便、加工容易,通常只需要精加工汽缸套的内表面,而与冷却液接触的外表面不需要加工。其缺点是强度、刚度都不如干式汽缸套式的汽缸好,而且容易产生渗漏现象。

湿式汽缸套上部的密封是通过拧紧汽缸盖螺栓来实现的,将压紧力作用到汽缸套凸缘上,使汽缸套与汽缸盖衬垫和机体支承面贴合紧密,防止汽缸漏气、冷却液套渗漏以及汽缸套松动。因此,汽缸套顶面高出机体顶面0.05~0.15mm。

2. 汽缸盖、汽缸衬垫与汽缸盖罩

汽缸盖的作用是用来封闭汽缸,并与活塞顶部组成燃烧室,其材料主要有灰铸铁(或合金铸铁)和铝合金两种。图2-7所示为东风EQ6100发动机的汽缸盖、汽缸衬垫及汽缸盖罩。

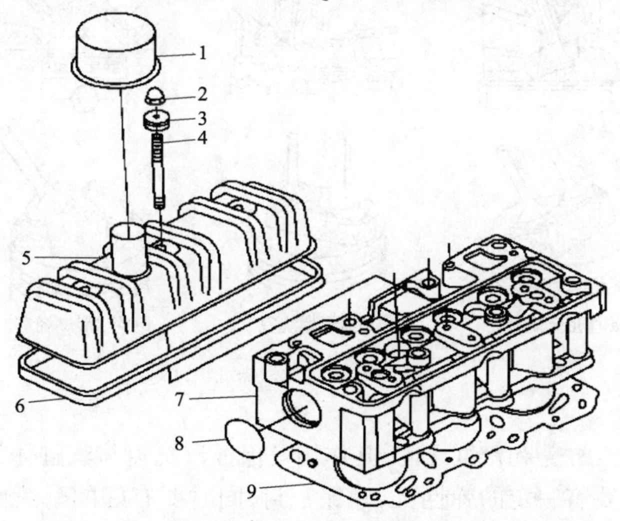

图2-7　东风EQ6100发动机的汽缸盖、汽缸衬垫及汽缸盖罩

1-曲轴箱通风管盖;2-螺母;3-垫片;4-螺柱;5-汽缸盖罩;6-密封垫;7-汽缸盖;8-水堵;9-汽缸衬垫

1)汽缸盖

水冷发动机汽缸盖内部有冷却水套,汽缸盖下端面的冷却水孔与汽缸体的冷却水孔相通,利用循环水来冷却燃烧室等高温部分。汽缸盖上还装有进、排气门座,设有气门导管孔、进气道和排气道等。汽油机的汽缸盖上加工有安装火花塞的孔,而柴油机的汽缸盖上加工有安装喷油器的孔。顶置凸轮轴式发动机的汽缸盖上还加工有凸轮轴轴承孔,用以安装凸轮轴。

汽缸盖的结构比较复杂,它与发动机的类型、燃烧室的形状、气门和顶置式凸轮轴的布置以及冷却水套的安装等有密切关系。为了制造和维护方便,减小变形对密封的影响,缸径较大的柴油机多采用分开式汽缸盖,即一缸一盖式、二缸一盖式或三缸一盖式汽缸盖。汽油机一般缸径较小,缸盖负荷较轻,故比较轻巧,多采用整体式缸盖,也有采用分开式的。

汽缸盖是燃烧室的组成部分,燃烧室的形状对发动机的工作影响很大。由于汽油机和柴油机的燃烧方式不同,因此,燃烧室的差别也较大。汽油机的燃烧室主要在汽缸盖上,而柴油机的燃烧室主要是活塞顶部的凹坑。

汽油机的燃烧室是由活塞顶部及缸盖上相应的凹部空间组成的,常用的有以下几种,如图 2-8 所示。

(1)楔形燃烧室。如图 2-8a)所示,楔形燃烧室结构紧凑,面容比(燃烧室表面积与其容积之比)小,爆燃的可能性小,火花塞处扫气方便,点火性能好,气门布置在斜面上,可增大进气面积,能形成一定的挤流,有利于火焰的传播和燃料的燃烧。

(2)盆形燃烧室。如图 2-8b)所示,盆形燃烧室结构简单,但面容比较大,HC 排放较大,能形成一定的挤气面积,有利于火焰传播和燃料燃烧,工作柔和,缸盖的工艺性好。

(3)半球形燃烧室。如图 2-8c)所示,半球形燃烧室结构紧凑,气门位于球面上,可增大进气面积,火花塞位于气门中间,火焰传播距离短,没有挤气面积,所以汽缸内的气流运动较弱,容易实现多气门机构的布置。

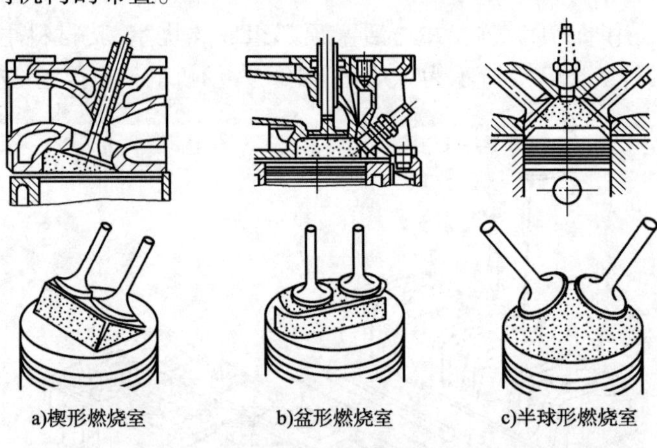

图 2-8　汽油机燃烧室

2)汽缸衬垫

汽缸衬垫安装在汽缸盖和汽缸之间,其作用是保证汽缸盖与汽缸体接触面的密封,防止渗漏。汽缸垫的材料要有一定的弹性,以确保密封,同时要有好的耐热性和耐压性,在高温高压下不烧损、不变形。轿车汽缸垫多采用冷轧钢片制成。有的发动机还采用中心用编织的钢丝或有孔钢片为骨架,两面用石棉及橡胶黏结剂压成的汽缸垫,如图 2-9 所示。

3)汽缸盖罩

在汽缸盖上部有起封闭、密封及防尘作用的汽缸盖罩,一般用薄钢板冲压而成,汽缸盖罩上设有加注机油用的注油孔,汽缸盖罩与汽缸盖之间设有密封垫。

3. 油底壳

油底壳的主要功用是储存机油并封闭曲轴箱。油底壳受力很小,一般采用薄钢板冲压而成，如图2-10所示。其形状决定于发动机的总体布置和机油的容量。在有些发动机上，为了加强油底壳内机油的散热，采用铝合金铸造的油底壳，在壳的底部还铸有相应的散热肋片。

为了保证在发动机纵向倾斜时机油泵能经常吸到机油，油底壳后部一般做得较深。油底壳内还设有挡油板，防止汽车行驶时油面波动过大。油底壳底部装有放油塞。有的放油塞是磁性的，能吸集机油中的金属屑，以减少发动机运动零件的磨损。

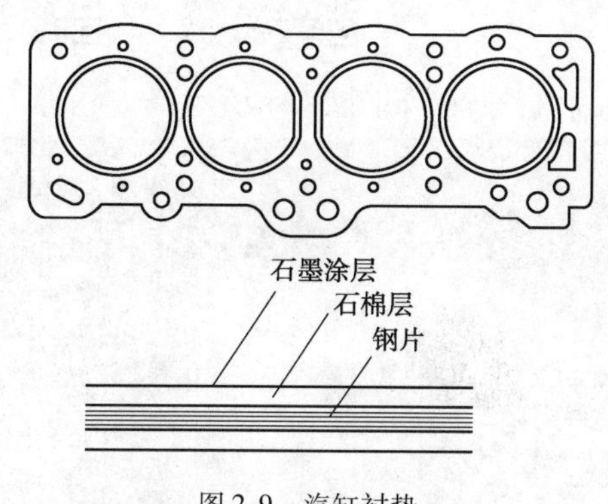

图2-9　汽缸衬垫

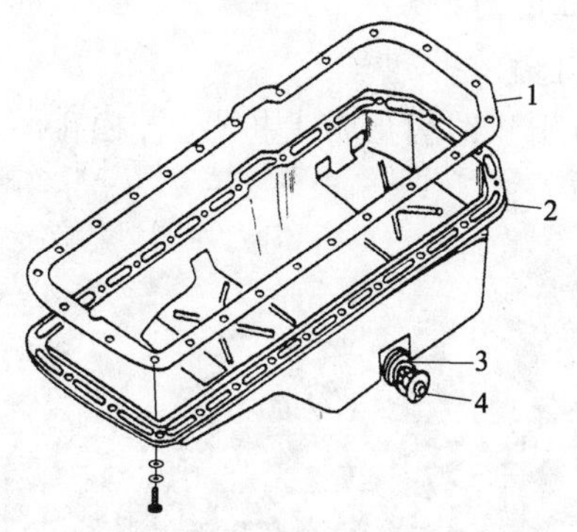

图2-10　油底壳

1-衬垫；2-油底壳；3-O形密封圈；4-放油螺塞

二、汽缸盖的拆装

1. 汽缸盖上附件的拆装

1）拆装前的准备工作

一般在拆卸发动机时，应断开或松开与汽车其他系统相联系的所有电路、气路、油路，并将发动机与变速器总成脱离，然后从汽车前面将发动机拆下来。放尽发动机内部的油和水。有条件的可以将发动机固定在发动机翻转架上进行拆装。

2）拆卸

（1）取下各缸的高压线，用T形套筒扳手拆下分电器，如图2-11所示。

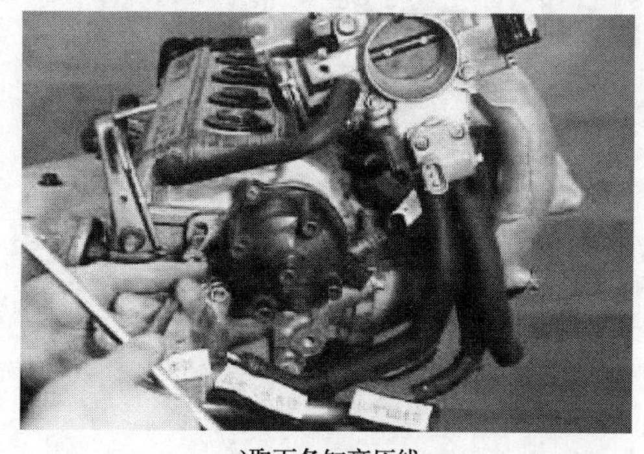

a)取下各缸高压线

b)拆下分电器

图　2-11

（2）用T形套筒扳手拆卸进排气歧管及进、排气管垫，如图2-12所示。

（3）拆下曲轴箱通风管。

（4）拆下气门室罩及密封条等，如图2-13所示。

3)安装

(1)在干净汽缸盖密封衬垫表面上涂以密封胶,在密封胶固化以前,安装在汽缸盖上,拧紧气门室罩紧固螺钉,力矩为10N·m。

(2)安装进、排气歧管。

(3)拧上加机油口盖,装上各缸高压线和曲轴箱通风管。

2.汽缸盖的拆装

1)汽缸盖的拆卸

(1)拆下正时齿形带上护罩,拧松正时皮带张紧轮螺母,如图2-14所示。

a)拆卸进气歧管

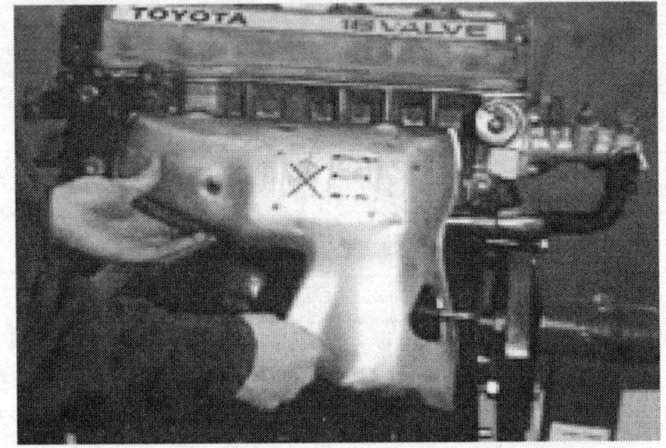

b)拆卸排气歧管

图2-12　卸进、排气歧管

图2-13　拆下气门室罩

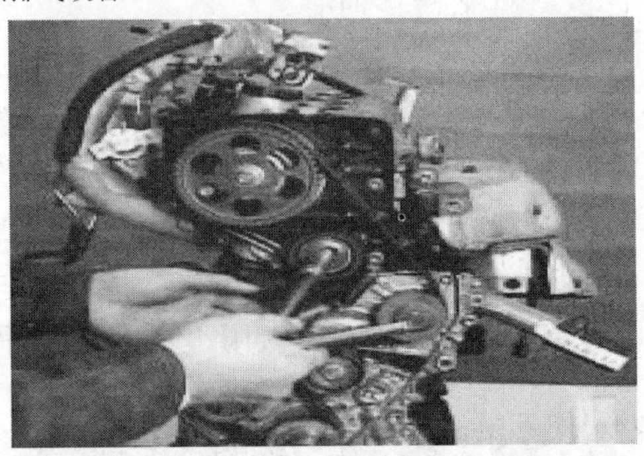

图2-14　拧松正时皮带张紧轮螺母

(2)松开正时皮带,如图2-15所示。

(3)拆出火花塞,并放置在一边。

(4)按照如图2-16所示的顺序,松开凸轮轴轴承盖螺栓,拆下凸轮轴。

(5)按照如图2-17所示从1到10的顺序,松开汽缸盖螺栓。

(6)将汽缸盖与汽缸垫一起拆下。

2)汽缸盖的安装

按照与拆卸相反的顺序安装汽缸盖,但应注意以下事项:

(1)在安装汽缸盖之前,要将曲轴转动到第一缸的上止点位置。

(2)安装汽缸垫时,有标号(配件号)的一面必须可见。

(3)更换汽缸盖紧固螺栓,不能重复使用已经按照拧紧力矩拧紧过的螺栓。

(4)按照如图2-18所示的顺序,以规定力矩拧紧汽缸盖螺栓,然后再拧180°。

图 2-15　松开正时皮带

图 2-16　凸轮轴轴承盖螺栓松开顺序

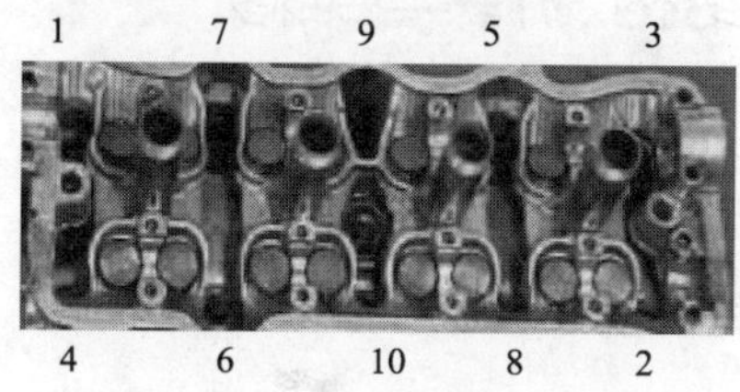

图 2-17　松开汽缸盖螺栓顺序

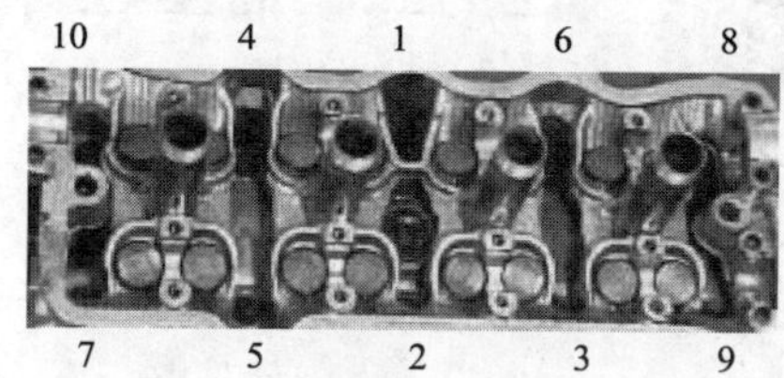

图 2-18　拧紧汽缸盖螺栓顺序

(5)安装凸轮轴(注意凸轮轴正时齿轮的安装记号如图 2-19 所示及凸轮轴轴承盖上的安装记号),并按规定先中间后两边的顺序用规定力矩拧紧凸轮轴轴承盖螺栓。

图 2-19　安装凸轮轴

(6)更换损坏的衬垫。

(7)拧紧气门罩盖的紧固螺母,拧紧力矩为 10N · m。

三、机体组故障诊断与维修

故障现象:

汽缸垫经常被冲破。

故障原因:

引起该故障的原因可能有:汽缸盖或汽缸体结合面平面度误差过大;汽缸盖螺栓拧紧顺序不当;汽缸垫质量过差;发动机压缩比过高;工作粗暴。

故障诊断：

拆检该发动机，经检查汽缸盖和汽缸体结合面平面度误差符合标准；汽缸垫的质量优良；发动机的点火也正时。但在测量该发动机燃烧室容积时，发现各燃烧室容积均减小相同的容积。

由此断定该发动机汽缸有被洗削加工过。汽缸加工后，使发动机压缩比增大，直接影响发动机的正常燃烧，引起爆燃，使汽缸垫过早损坏。

故障排除：

采用铣削的方法，来加大燃烧室容积。采用使容积变大的方法修理后，故障即被排除。

任务三　活塞连杆组结构、拆装与维修

一、活塞连杆组的组成

活塞连杆组由活塞、活塞环、活塞销、连杆、连杆轴瓦等组成，如图 2-20 所示。

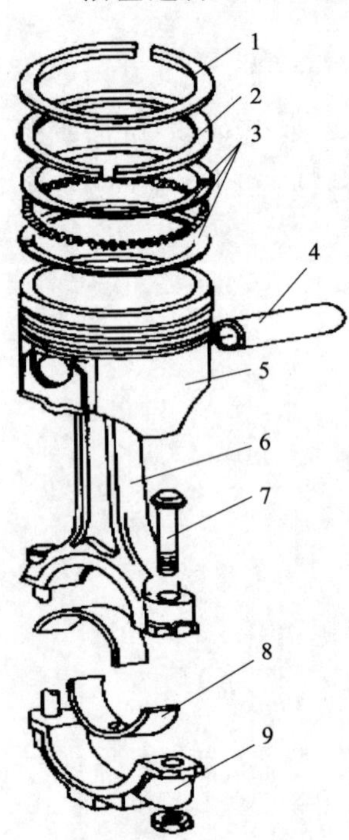

图 2-20　活塞连杆组
1-第一道气环；2-第二道气环；3-组合油环；4-活塞销；5-活塞；6-连杆；7-连杆螺栓；8-连杆瓦；9-连杆盖

1. 活塞

活塞的功用是承受气体压力，并通过活塞销和连杆使曲轴旋转。活塞顶部还是燃烧室的组成部分。

在发动机运转过程中，活塞直接与高温气体接触，受热严重，而散热条件很差，所以活塞工作时温度很高，顶部温度高达 600 ~ 700K，且温度分布很不均匀。活塞顶部承受的气体压力很大，特别是在做功行程，汽油机高达 3 ~ 5MPa，柴油机高达 6 ~ 9MPa，这就使得活塞承受冲击和侧压力的作用。另外，活塞在汽缸内还以很高的速度（8 ~ 12m/s）作往复运动，且速度不断地变化，这就产生了很大的惯性力，使活塞受到很大的附加载荷。活塞在这种恶劣的条件下工作，会产生变形并加速磨损，还会产生附加载荷和热应力，同时受到燃气的化学腐蚀作用。因此，活塞一般都采用高强度铝合金。

活塞可分为三部分，即活塞顶部、活塞头部和活塞裙部，如图 2-21所示

1）活塞顶部

活塞顶部是燃烧室的组成部分，主要用于承受气体压力，其形状、大小都与燃烧室的形式有关，都是为了满足可燃混合气的燃烧要求。活塞顶部形状可分为三种：平顶、凸顶和凹顶，如图 2-22 所示。

（1）平顶活塞顶部是一个平面，结构简单，制造容易，受热面积小，顶部应力分布较为均匀，一般用在汽油机上，柴油机上很少采用。

（2）凸顶活塞顶部凸起呈球形，其顶部强度高，起导向作用，有利于改善换气过程。二冲程汽油机常采用凸顶活塞。

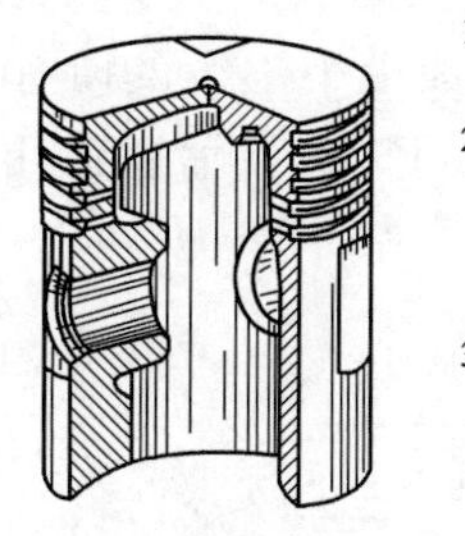
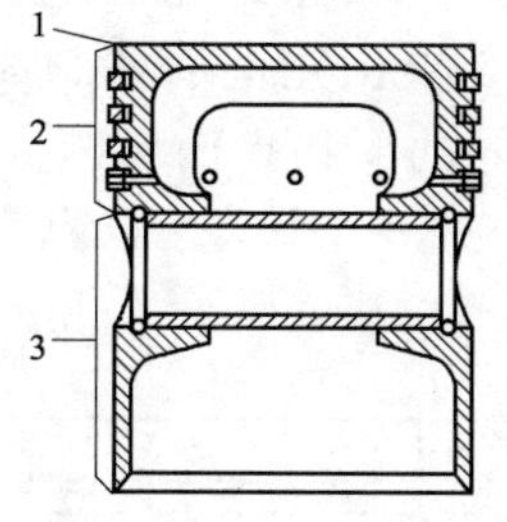

图 2-21 活塞结构

1-活塞顶部;2-活塞头部;3-活塞裙部

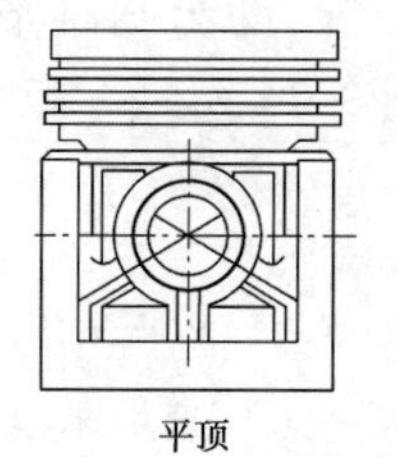

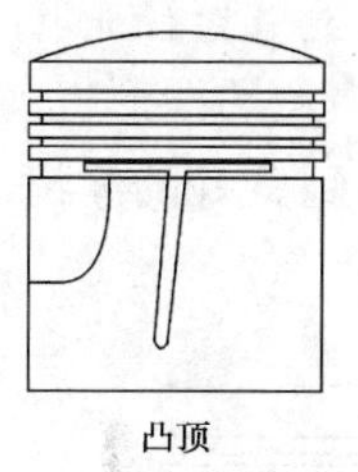

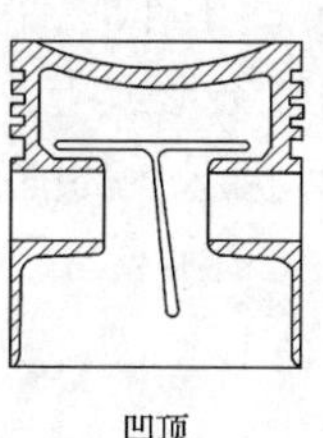

图 2-22 活塞顶部形状

(3)凹顶活塞顶部呈凹陷形,凹坑的形状和位置必须有利于可燃混合气的燃烧,通常有双涡流凹坑、球形凹坑、U 形凹坑等。柴油机多采用凹顶活塞。

2)活塞头部

活塞头部指第一道活塞环槽与活塞销孔之间的部分。头部一般有数道环槽,用以安装起密封作用的活塞环。柴油机压缩比高,一般有四道环槽,上部三道安装气环,最下一道安装油环。汽油机一般有三道环槽,包括两道气环槽和一道油环槽。在油环槽底面上钻有许多径向小孔,以便使油环从汽缸壁上刮下的机油经过这些小孔流回油底壳。第一道环槽工作条件最恶劣,一般应离顶部较远些。活塞顶部吸收的热量主要是经过头部通过活塞环传给汽缸壁,再由冷却液传出去。

总之,活塞头部的作用除了用来安装活塞环外,还与活塞环一起密封汽缸,防止可燃混合气温到曲轴箱内,同时还将 70% ~80% 的热量通过活塞环传给汽缸壁。

3)活塞裙部

活塞裙部是指从油环槽下端面至活塞最下端的部分,它包括装活塞销的销座孔。活塞裙部对活塞在汽缸内的往复运动起导向作用,并承受侧压力。

为了使裙部两侧承受气体压力并与汽缸保持较小且安全的间隙,要求活塞在工作时具有正确的圆柱形状。但是,由于活塞裙部的厚度很不均匀,活塞销座孔部分的金属厚,受热膨胀量大,沿活塞销座轴线方向的变形量大于其他方向;另外,裙部受气体侧压力的作用,导致沿活塞销座轴向变形量较垂直活塞销方向大,如图 2-23 所示。这样,如果活塞冷态时裙部为圆形,那么工作时就会变成一个椭圆,使活塞与汽缸之间沿圆周的间隙不相等,造成活塞在汽缸内卡住而无法正常工作。因此,在加工时预先把活塞裙部做成了椭圆形状,沿销座方向为短轴,与销座垂直方向为长轴,这样保证活塞在工作时趋近正圆。

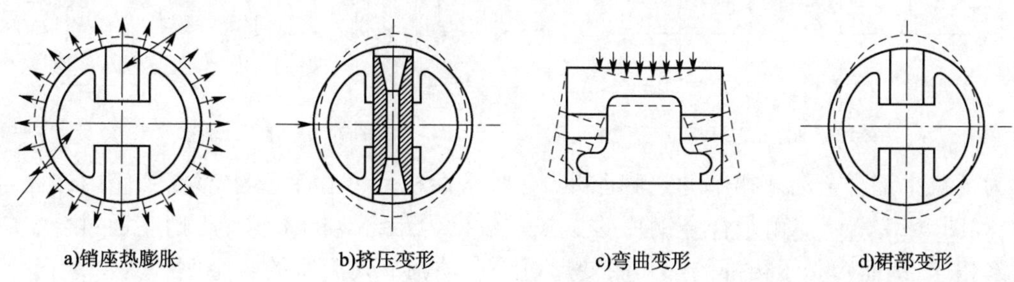

图 2-23 汽油机燃烧室

活塞沿高度方向的温度很不均匀,上部高、下部低,膨胀量也相应是上部大、下部小。为了使工作时活塞上下直径趋于相等,即为圆柱形,就必须预先把活塞制成上下不等的阶梯形、锥形或上小中大的桶形,如图 2-24 所示。目前最好的形状是桶形,它可以保持活塞在任何状态下都能得到良好的润滑。

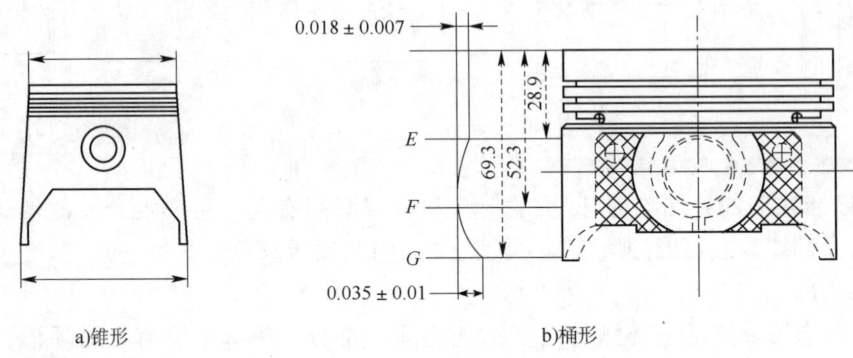

图 2-24 锥形、桶形活塞

为了减小活塞裙部的受热量,通常在裙部开有横向的隔热槽,同时,为了补偿裙部受热后的变形量,裙部又开有纵向的膨胀槽。槽的形状有“T”形或“π”形,如图 2-25 所示。横槽一般开在最下一道环槽的下面,裙部上边缘销座的两侧(也有开在油环槽之中的),以减小头部热量向裙部传递,故称为隔热槽。竖槽会使裙部具有一定的弹性,从而使活塞装配时与汽缸间具有尽可能小的间隙,而在热态时又具有补偿作用,不致造成活塞在汽缸中卡死,故将竖槽称为膨胀槽。裙部开竖槽后,会使其开槽的一侧刚度变小,在装配时应使其位于做功行程中承受侧压力较小的一侧,即从发动机前面向后看的右侧。柴油机活塞受力大,裙部一般不开槽。为防止使用时装错,一般在活塞顶面上制有方向标记,如箭头、缺口等。

有些活塞为了减轻质量,以减小惯性力,并减小销座附近的热变形量,会在裙部开孔或把裙部不受侧压力的两边切去一部分,形成拖板式活塞或短活塞,如图 2-26 所示。拖板式活塞结构裙部弹性好、质量小、活塞与汽缸的配合间隙较小,适用于高速发动机。

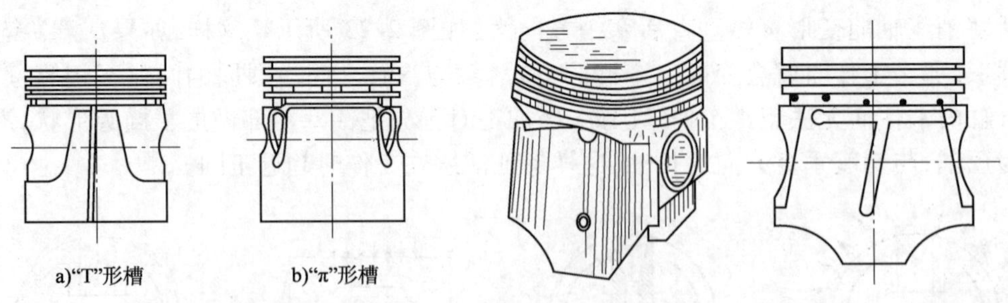

图 2-25 活塞裙部开槽

图 2-26 拖板式活塞

为了减小铝合金活塞裙部的热膨胀量,有些汽油机活塞在活塞裙部或销座内嵌入合金钢片,如图 2-27 所示。由于合金钢片的膨胀系数仅为铝合金的 1/10,而销座通过合金钢片与裙部相连,从而牵制了裙部的热膨胀变形量。自动调节式活塞的合金钢片为低碳钢片,其贴在销座铝层内侧,不仅起到抑制膨胀的作用,而且利用双金属作用可以减小裙部推力面的膨胀量，故称为热膨胀自动调节活塞。

有的汽油机上，活塞销孔中心线是偏离活塞中心线平面的，向做功行程中受主侧压力的一方偏移了 1 ~2mm，如图 2-28 所示。这种结构可使活塞从压缩行程到做功行程能较为柔和地从压向汽缸的一面过渡到压向汽缸的另一面，以减小敲缸的声音。在安装时，这种活塞销偏置的活塞方向不能装反，否则，换向敲击力会更大，使活塞裙部受损。

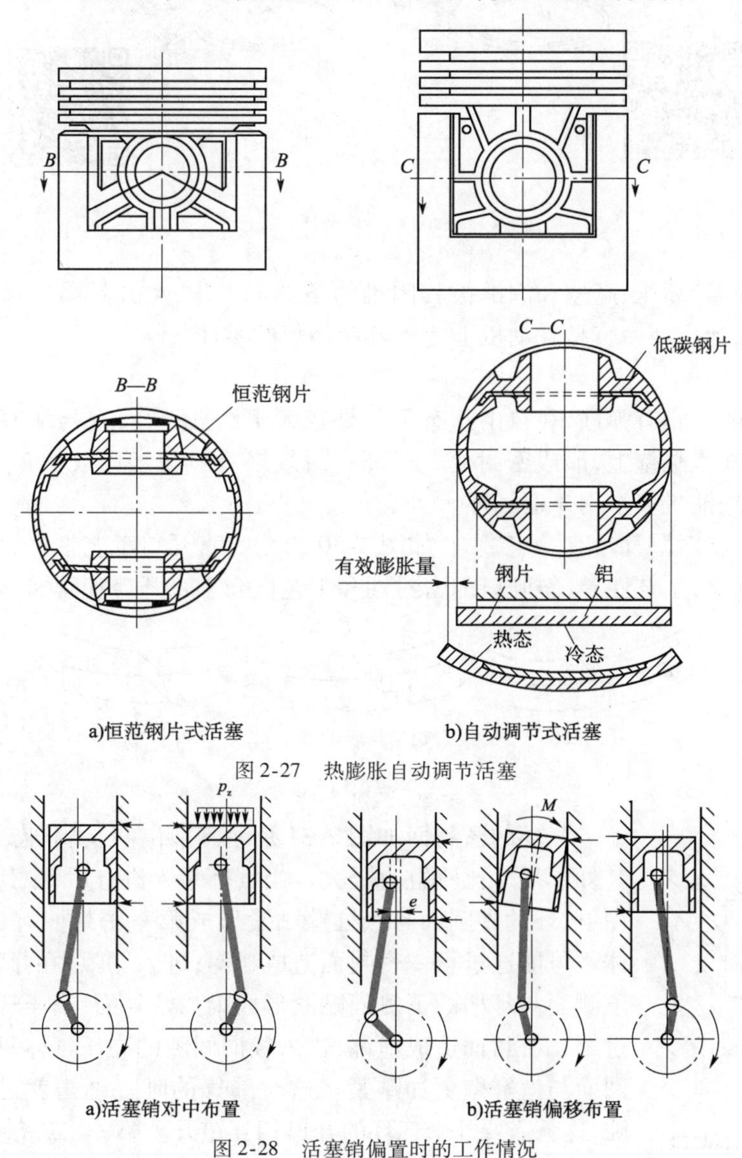

a)恒范钢片式活塞　　b)自动调节式活塞

图 2-27　热膨胀自动调节活塞

a)活塞销对中布置　　b)活塞销偏移布置

图 2-28　活塞销偏置时的工作情况

2. 活塞环

活塞环是具有弹性的开口环，有气环和油环之分，如图 2-29 所示。

气环的作用是密封汽缸与活塞间的间隙，防止高温燃气直接从活塞与汽缸之间的间隙进入曲轴箱，从而保证燃烧室的密封性；气环还能把活塞顶部吸收的热量传给汽缸壁，由冷却液带走，起散热作用。一般发动机每个活塞有 2 ~3 道气环。

油环起刮油和布油作用。活塞下行时油环刮除汽缸壁上多余的机油，可以防止机油窜入汽缸造成烧机油;活塞上行时油环在汽缸壁上铺涂一层均匀的油膜,可以减小活塞、活塞环与汽缸壁间的摩擦阻力。此外,油环还能起到封气的辅助作用。一般发动机每个活塞有1~2道油环。

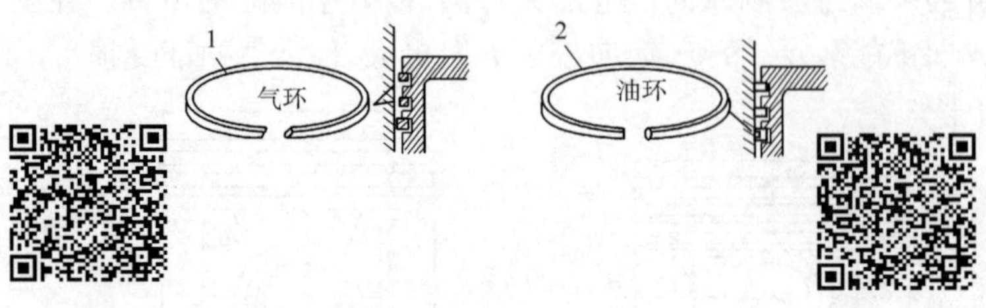

图2-29　活塞环

1-气环;2-油环

活塞环在高温、高压、高速和润滑极其困难的条件下工作,尤其是第一道环的工作条件最为恶劣,因此,活塞环一直是发动机上使用寿命最短的零件。

1)气环

气环开有切口,具有弹性,在自由状态下其外径大于汽缸直径,它与活塞一起装入汽缸后,外表面紧贴在汽缸壁上,形成密封面。气环密封效果一般与气环数量有关,汽油机一般采用2道气环,柴油机多采用3道气环。

气环开口形状对漏气量有一定影响,如图2-30所示。直开口工艺性好,但密封性差;阶梯形开口密封性好,工艺性差;斜开口的密封性和工艺性介于直开口和阶梯形开口之间。

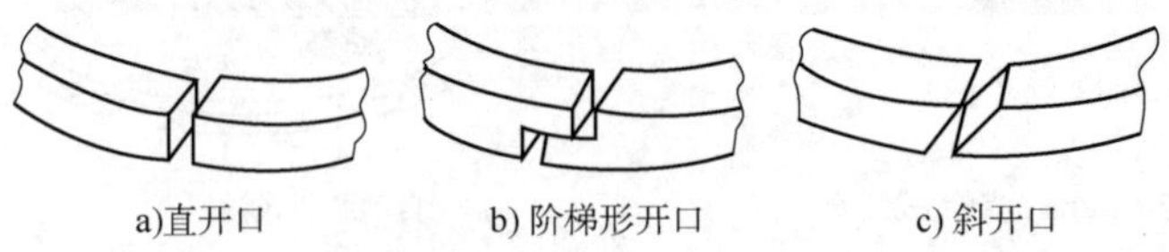

图2-30　气环开口形状

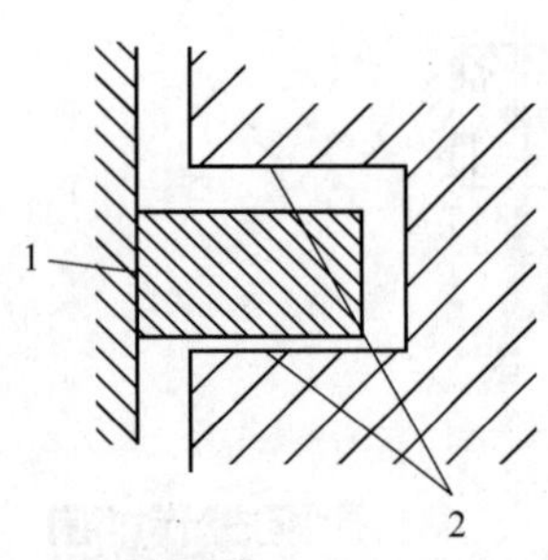

图2-31　气环的密封面

1-第一密封面;2-第二密封面

气环的密封面如图2-31所示,气环在自由状态下不是正圆形,其外廓尺寸比汽缸直径大。当气环装入汽缸后,在其自身的弹力作用下,环的外圆面与汽缸壁贴紧形成第一密封面,汽缸内的高压气体不可能通过第一密封面造成泄漏;进入侧隙中的高压气体使环的下侧面与环槽的下侧面贴紧形成第二密封面,高压气体也不可能通过第二密封面造成泄漏;进入径向间隙的高压气体只能使气环的外圆面与汽缸壁更加贴紧。这时漏气的唯一通道就是气环的开口端隙,这就需要几个气环的开口相互错开。第一、二密封面必须贴合严密,才能实现密封。因此,环的外圆面与汽缸壁面、环与环槽的侧面都必须形状正确,形状误差和表面粗糙度要小,间隙适当。开口端隙一般为0.25~0.8mm,端隙过大,漏气严重;端隙过小,活塞环受热膨胀后可能卡死甚至折断,第一道气环的温度最高,其端隙也最大。

气环的断面形状很多,最常见的有矩形环、锥面环、扭曲环、梯形环和桶面环,如图2-32所示。

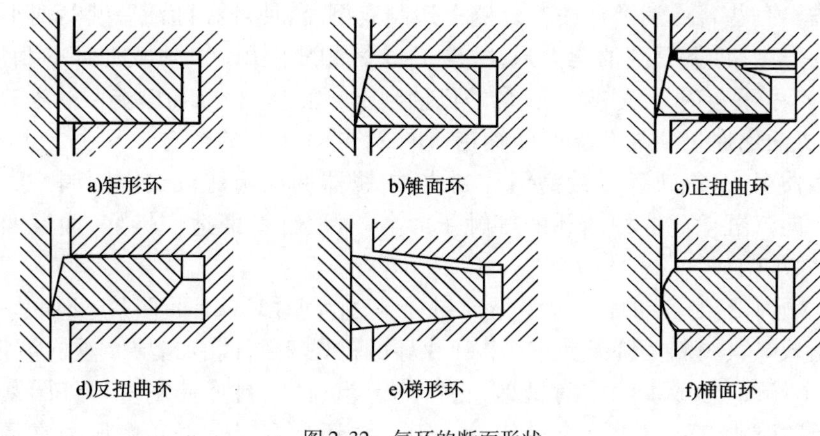

图 2-32 气环的断面形状

矩形环如图 2-32a)所示,断面为矩形。形状简单,加工方便,与汽缸壁接触面积大,有利于活塞散热。但磨合性差,而且在与活塞一起做往复运动时,在环槽内上下窜动,把汽缸壁上的机油不断地挤入燃烧室中,产生"泵油作用",如图 2-33 所示,使机油消耗量增加,活塞顶及燃烧室壁面积炭。

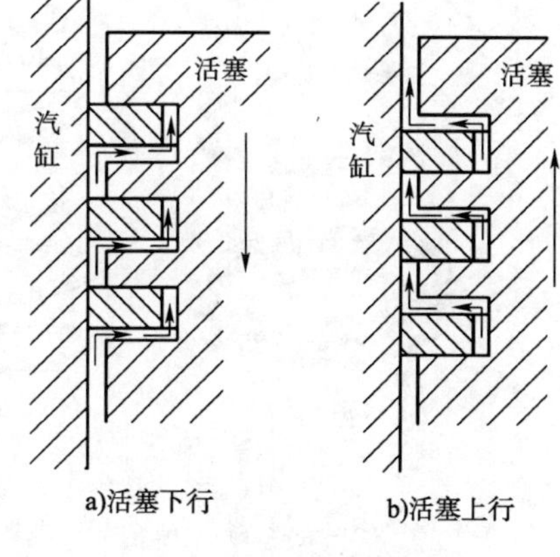

图 2-33 气环的泵油作用

锥面环如图 2-32b)所示,环的外圆面为锥角很小的锥面。理论上锥面环与汽缸壁为线接触,磨合性好,增大了接触压力和对汽缸壁形状的适应能力。当活塞下行时,锥面环能起到向下刮油的作用。当活塞上行时,由于锥面的油楔作用,锥面环能滑越过汽缸壁上的油膜而不致将油带入燃烧室。锥面环传热性差,所以不用作第一道气环。由于锥角很小,一般不易识别,为避免装错,在环的上侧面标有向上的记号。

扭曲环,断面不对称的气环装入汽缸后,由于弹性内力的作用使断面发生扭转,故称扭曲环。若将内圆面的上边缘或外圆面的下边缘切掉一部分,整个气环将扭曲成碟子形,则称这种环为正扭曲环,如图 2-32c)所示;若将内圆面的下边缘切掉一部分,气环将扭曲成盖子形,则称其为反扭曲环,如图 2-32d)所示。

梯形环,如图 2-32e)所示,断面为梯形。其主要优点是抗黏结性好。当活塞头部温度很高时,窜入第一道环槽中的机油容易结焦并将气环黏住。在侧向力换向活塞左右摆动时,梯形环的侧隙、径向间隙都发生变化,将环槽中的胶质挤出。梯形环多用作柴油机的第一道气环。

桶面环,如图 2-32f)所示,环的外圆面为外凸圆弧形。其密封性、磨合性及对汽缸壁表面形状的适应性都比较好。桶面环在汽缸内不论上行或下行均能形成楔形油膜,将环浮起,从而减轻环与汽缸壁的磨损。

2)油环

油环有普通油环和组合油环两种,如图 2-34 所示。

普通油环又叫整体式油环,如图 2-34a)所示。环的外圆柱面中间加工有凹槽,槽中钻有

小孔或开切槽。有些普通油环还在其外侧上边制有倒角，使环在随活塞上行时形成油楔，可起均布润滑的作用，且下行刮油能力强，减少了润滑油的上窜。整体式油环的刮油过程如图2-35所示，当活塞下行时，将缸壁上多余的机油刮下，通过小孔或切槽流回曲轴箱，当活塞上行时，刮下的机油仍通过回油孔流回曲轴箱。图2-34b）所示的组合油环由上下两片侧轨环与中间的扩张器组成，侧轨环用镀铬钢片制成，扩张器的周边比汽缸内圆周略大一些，可将侧轨环紧紧压向汽缸壁。这种油环的接触压力高，对汽缸壁面适应性好，而且回油通路大，质量小，刮油效果明显。

图2-34c）所示的组合油环由一个径向衬环、三个刮片环（上面两片、下面一片）和一个轴向波形环组成。其材料为弹簧钢，三个刮片环的外圆表面镀有铬层。轴向波形环使刮片环贴紧槽上、下端面，形成端面密封，以防止机油上窜；径向衬环使刮片环外圆紧贴汽缸壁，以便活塞下行时刮去汽缸壁上多余的机油。组合油环具有对缸壁接触压力高且均匀、刮油能力强、密封性好等优点；其主要缺点是制造成本高。

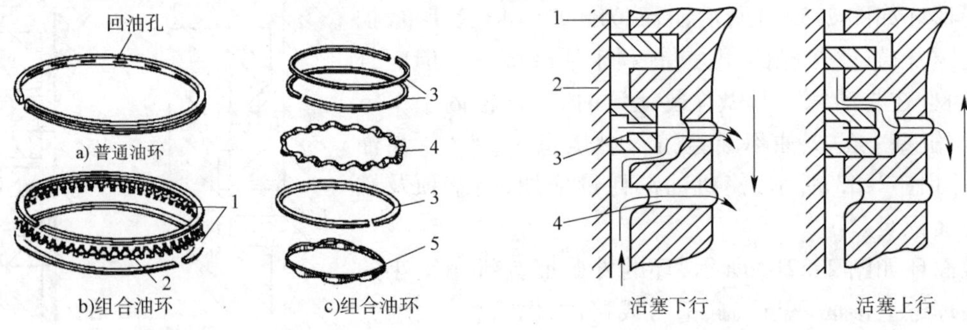

图2-34　油环结构

1-侧轨环；2-扩张器；3-刮片环；4-波形环；5-衬环

图2-35　整体式油环的刮油过程

1-活塞；2-汽缸壁；3-油环切槽；4-回油孔

3. 活塞销

活塞销的作用是连接活塞和连杆小头，并把活塞承受的气体压力传给连杆。

活塞销在高温下周期地承受很大的冲击载荷，其本身又作摆转运动，而且在润滑条件很差的情况下工作，因此，要求活塞销具有足够的强度和刚度，表面韧性好、耐磨性好，质量轻。所以活塞销一般都做成空心圆柱体，采用低碳钢和低碳合金钢制成，外表面经渗碳淬火处理以提高硬度，精加工后进行磨光，有较高的尺寸精度和较低的表面粗糙度。

活塞销的内孔有三种形状，圆柱形、组合形和两段截锥形，如图2-36所示。圆柱形孔结构简单，加工容易，但从受力角度分析，中间部分受力最小，两端较大，所以这种结构质量较大，往复惯性力大。为了减小质量，减小往复惯性力，活塞销做成两段截锥形孔，接近等强度梁，但孔的加工较复杂。两段截锥与一段圆柱组合形结构的优缺点介于二者之间。

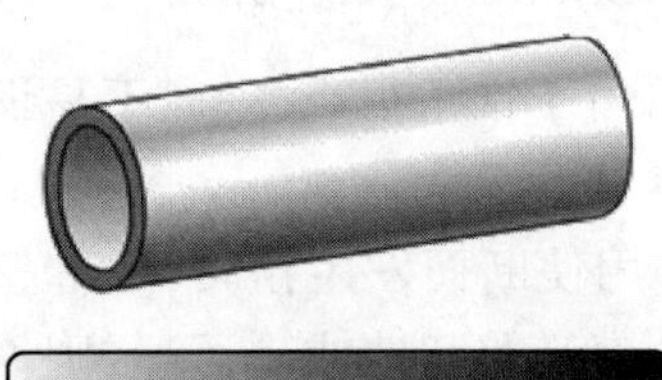

圆柱形内孔

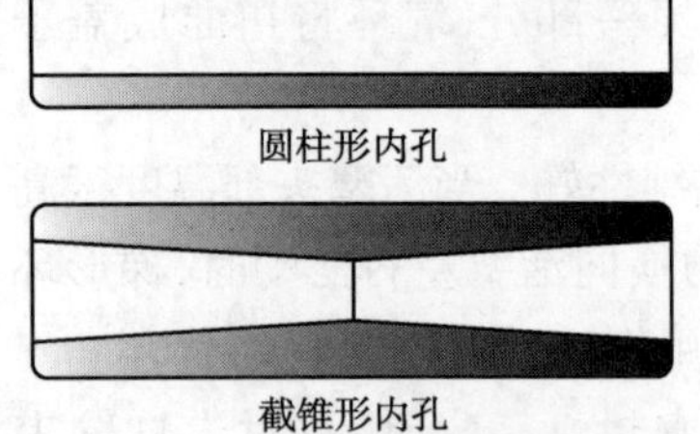

截锥形内孔

组合形内孔

图2-36　活塞销内孔形状

活塞销与活塞销座孔及连杆小头衬套孔的连接配合有

两种方式,即全浮式和半浮式如图 2-37 所示。

全浮式连接的特点是,当发动机工作时,活塞销、连杆小头和活塞销座可相对运动,这样活塞销能在连杆衬套和活塞销座中自由摆转,因而增大了实际活动接触面,降低了相对滑动速度,减小了磨损且使磨损均匀。为了防止全浮式活塞销轴向窜动刮伤汽缸壁,在活塞销两端装有挡圈,进行轴向定位。由于活塞采用铝材料,而活塞销采用钢材料,铝比钢热膨胀量大,为了保证高温工作时活塞销与活塞销座孔为过渡配合,装配时,先把铝活塞加热到一定程度,然后再把活塞销装入。全浮式连接方式应用较广泛。

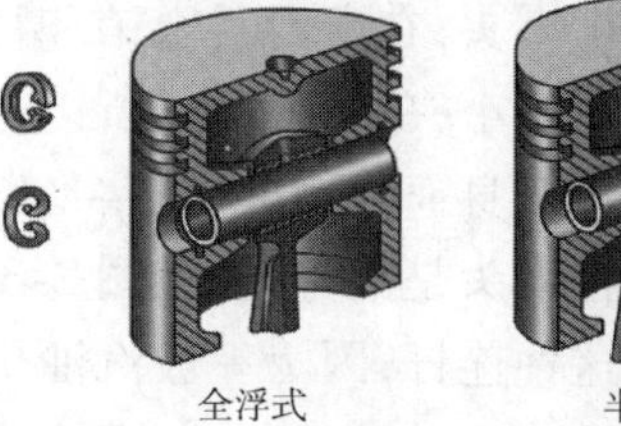

图 2-37 活塞销的连接方式

半浮式连接的特点是,活塞销中部与连杆小头采用紧固螺栓连接,活塞销只能在两端销座内作自由摆动,而和连杆小头没有相对运动。活塞销不会作轴向窜动,不需要挡圈。这种半浮式连接方式在轿车上应用较多。

4. 连杆

连杆的作用是连接活塞与曲轴,并把活塞承受的气体压力传给曲轴,使活塞的往复运动变成曲轴的旋转运动。如图 2-38 所示,连杆小头通过活塞销与活塞相连,连杆大头与曲轴的连杆轴颈相连。

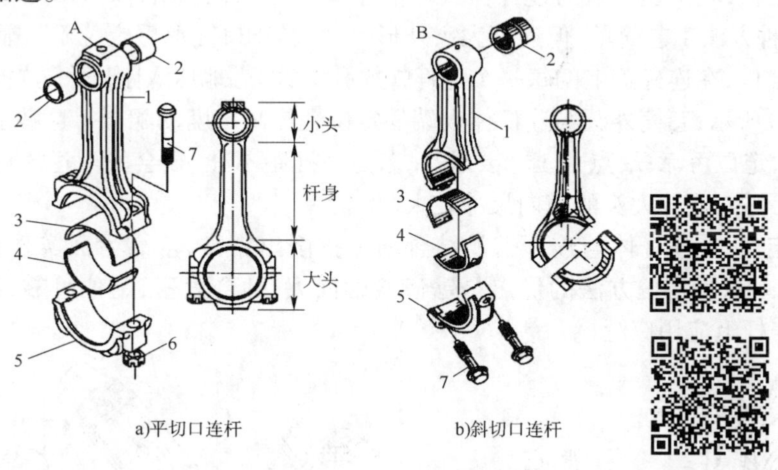

图 2-38 连杆结构

1-连杆体;2-连杆衬套;3-连杆上轴瓦;4-连杆下轴瓦;5-连杆盖;6-连杆螺栓;7-连杆螺钉;A-集油孔;B-喷油孔

连杆工作时,承受活塞顶部气体压力和惯性力的作用,而这些力的大小和方向都是周期性变化的。因此,连杆受到的是压缩、拉伸和弯曲等交变载荷,这就要求连杆必须强度高、刚度大、质量轻。

连杆一般采用中碳钢或合金钢经模锻或辊锻后再经加工和热处理而成。连杆结构如图 2-38所示。连杆分为三个部分,即连杆小头、连杆杆身和连杆大头(包括连杆盖)。

连杆小头与活塞销相连。对全浮式活塞销,由于工作时连杆小头孔与活塞销之间相对运动,所以常常在连杆小头孔中压入减磨的青铜衬套。为了润滑活塞销与衬套,在连杆小头和衬套铣有集油槽或钻有集油孔,如图 2-38a)所示,以收集发动机运转时飞溅上来的润滑油。有的发动机连杆小头采用压力润滑,在连杆杆身内钻有纵向的压力油道,机油经此油道到达连杆小头,在润滑活塞销和衬套的同时,对活塞进行冷却,如图 2-38b)所示。半浮式活塞销与连杆小头是紧配合,所以连杆小头孔内不需要衬套,也不需要润滑。

连杆杆身通常做成"I"字形断面,抗弯强度好,质量轻,大圆弧过渡,且上小下大。

连杆大头是剖分的,如图 2-39 所示。结合面与连杆轴线垂直的为平切口连杆,汽油机多采用这种连杆,因为一般汽油机连杆大头的横向尺寸都小于汽缸直径,可以方便地通过汽缸进行拆装。

结合面与连杆轴线成 30° ~60°夹角的为斜切口连杆,柴油机多采用这种连杆,因为柴油机的压缩比大,受力较大,曲轴的连杆轴颈较粗,相应的连杆大头尺寸往往超过了汽缸直径,为了使连杆大头能通过汽缸,一般都采用斜切口,最常见的是 45°夹角。

连杆大头分开可取下的部分称为连杆盖。连杆盖装合到连杆体上时需严格定位,以防止连杆盖横向移动。

平切口连杆利用连杆螺栓上一段精密加工的圆柱面与精密加工的螺柱孔来实现连杆盖的定位,如图 2-39a)所示。

斜切口连杆的连杆螺栓由于承受较大的剪切力而容易发生疲劳破坏。为此,应该采用能够承受横向力的定位方法,主要有以下几种:

(1)止口定位,利用连杆盖与连杆体大端的止口进行定位,如图 2-39b)所示,由止口承受横向力。这种方法工艺简单,但连杆大头外形尺寸大,止口变形后定位不可靠。

(2)套筒定位,在连杆盖上的每一个连杆螺栓孔中,同心地压入刚度大、抗剪切的定位套筒,如图 2-39c)所示,套筒外圆与连杆体大端的定位孔为高精度动配合。这种定位方法的优点是多向定位,定位可靠;缺点是工艺要求高,若定位孔距不准,则会发生过定位而引起连杆大头孔失圆。另外,连杆大头的横向尺寸较大。

(3)锯齿定位,在连杆体与连杆盖的结合面上拉削出锯齿,依靠齿面实现横向定位,如图 2-39d)所示。这种定位方法的优点是锯齿接触面大,贴合紧密,定位可靠,结构紧凑,因此,在斜切口连杆上应用广泛。

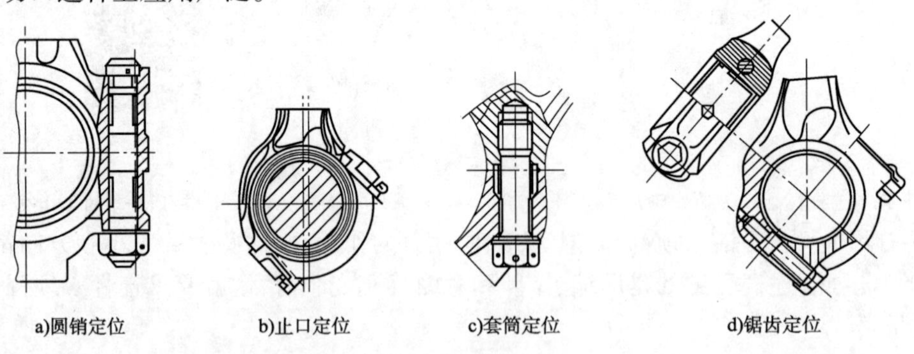

图 2-39 连杆大头定位方式

连杆与连杆盖配对加工,加工后,在它们同一侧打上配对记号,安装时不得互相调换或变更方向。

将连杆盖和连杆大头连接在一起的连杆螺栓,在工作中要承受很大的冲击力,若折断或松脱,将造成严重事故。为此,连杆螺栓都采用优质合金钢,并经精加工和热处理特制而成。拧紧连杆螺栓螺母时,要用扭力扳手分 2 ~3 次交替均匀地拧紧,拧紧后还应可靠地锁紧。

连杆螺栓损坏后绝不能用其他螺栓来代替。

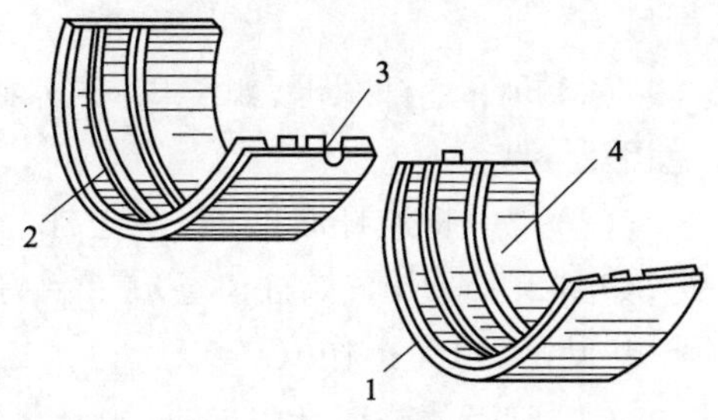

图 2-40 连杆轴瓦

1-钢背;2-油槽;3-定位凸镀;4-减磨合金层

为了减小摩擦阻力和曲轴连杆轴颈的磨损,连杆大头孔内装有瓦片式滑动轴承,简称连杆轴瓦。如图 2-40 所示,轴瓦由上、下两个半片组成,目前多采用薄壁钢背轴瓦,在其内表面浇铸有耐磨合金层,背面有很高的光洁度。耐磨合金层具有质软、容易保持油膜、磨合性好、摩擦阻力小及不易磨损等特点。连杆轴瓦的半个轴瓦在自由状态下不是半圆形,当它们装入这杆大头孔内时,由于有过盈,故能均匀地紧贴在大头孔壁上,具有很好的承受载荷和导热的能力,并可以提高工作可靠性和延长使用寿命。

连杆轴瓦上制有定位凸键,供安装时嵌入连杆大头和连杆盖的定位槽中,以防轴瓦前后移动或转动。有的轴瓦上还制有油孔,安装时应与连杆上相应的油孔对齐。

V 型发动机左右两侧对应的两个汽缸的连杆是装在曲轴的同一个连杆轴颈上的,其布置形式有三种,如图 2-41 所示。

(1)并列式连杆,如图 2-41a)所示,左右两缸的连杆一前一后装在同一连杆轴颈上。这种形式的优点是连杆可以通用,两列汽缸的活塞连杆组运动规律相同。缺点是两列汽缸的轴心沿曲轴的轴向要错开一段距离,因而曲轴总长度增加,刚度降低。

(2)主副式连杆,如图 2-41b)所示,一列汽缸的连杆为主连杆,其连杆大头直接安装在曲轴的曲柄销上;另一列汽缸的连杆为副连杆,其连杆大头通过销轴铰连在主连杆上。这样布置不会增加曲轴的长度,但缺点是主副连杆不能互换,且左右两列汽缸的活塞连杆组的运动规律和受力都不相同。

(3)叉式连杆,如图 2-41c)所示,两列汽缸对应的两个连杆中,一个连杆大头做成叉形,跨装在另一个连杆厚度较小的片形大头两端。其优点是两列活塞连杆组的运动规律相同,左右对应的汽缸不需要错位。缺点是叉形连杆大头的结构和制造工艺较复杂,而且大头的刚度也不高。

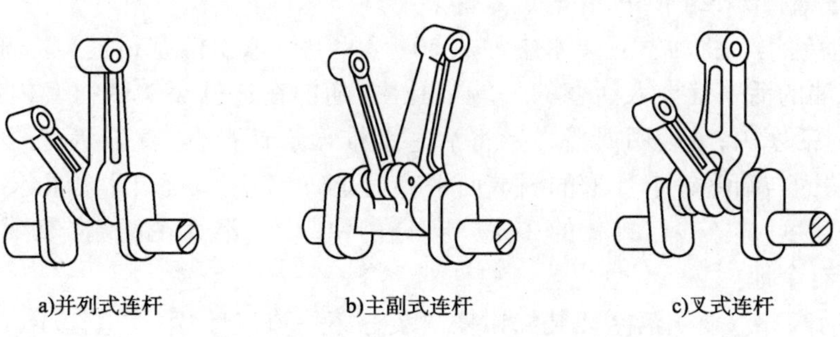

a)并列式连杆　b)主副式连杆　c)叉式连杆

图 2-41 V 型发动机的连杆

二、活塞连杆组的拆装

1. 活塞连杆组的拆卸

(1)将要拆卸的活塞连杆组(有两个缸)转到活塞处于下止点的位置,并检查活塞顶、连杆大端处有无记号。如无记号,应按次序在活塞顶、连杆大端上用钢字号码或尖铳铳上记号。

(2)拆下连杆螺母,如图 2-42 所示,取下连杆端盖、衬垫和连杆轴承,并按顺序放好,以免相互弄错。

(3)用手将连杆向上推,使连杆与连杆轴颈分离。用橡胶锤或于锤木柄推出活塞连杆组,如图 2-43 所示;如缸口磨成了台肩或有积炭,应先刮平,以免损坏活塞环,另外注意不要硬撬、硬敲,以免损伤汽缸。

(4)取出活塞连杆组后,应将连杆盖、衬垫、螺栓和螺母按原样装回,不可错乱。

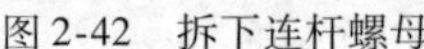

图 2-42　拆下连杆螺母

图 2-43　推出活塞连杆组

2. 活塞连杆组的分解

用活塞环装卸钳拆下活塞环,如图 2-44 所示,观察活塞环装配记号。

将活塞连杆组浸入 60℃热水中,并在热状态下拆下活塞销和活塞。完成上述作业后,仔细观察活塞连杆组各零件的结构、作用和特点,及其各零件间的相互连接关系。

3. 活塞连杆组的装合

(1)用汽油清洗活塞组各零件,用钢丝疏通各油孔油道,清除污垢,然后用高压空气吹干各零件。

(2)按顺序、标记分组放好,并清点零件。

(3)安装活塞销。将活塞置于水中加热 60～80℃后,取出活塞迅速擦净座孔,用拇指力量将涂有润滑油的活塞销推入活塞的一端销孔内,随即在连杆小头的衬套内涂上一层润滑油,将小头伸入活塞内;继续用拇指力量将活塞销推入连杆衬套,直至活塞的另一端销孔边缘,使活塞销端面与活塞销卡环槽的内端面平齐为止(严禁用手锤打入);再装入卡环。卡环嵌入环槽中的深度,应不少于外径的 2/3。卡环在环槽中与活塞销两端有间隙,以保证活塞销受热膨胀留有余地。

(4)安装活塞环。要用活塞环装卸钳依次装好第一道气环、第二道气环。第三道是油环(组合环)。注意装配记号和活塞环的开口方向,如图 2-45 所示。

4. 将活塞连杆组件装入汽缸

(1)将第 1 缸曲柄转到下止点位置,取第 1 缸的活塞连杆总成。在瓦片、活塞环处加注少许机油,转动各环使润滑油进入环槽,并检验各环开口是否处于规定方位。

(2)用专用工具收紧各环,按活塞顶箭头方向,将活塞连杆总成从汽缸项部放入缸筒,用手引导连杆使其对准曲轴轴颈,用木锤柄将活塞推入。装入前注意检查装配记号。

图 2-44　拆卸活塞环

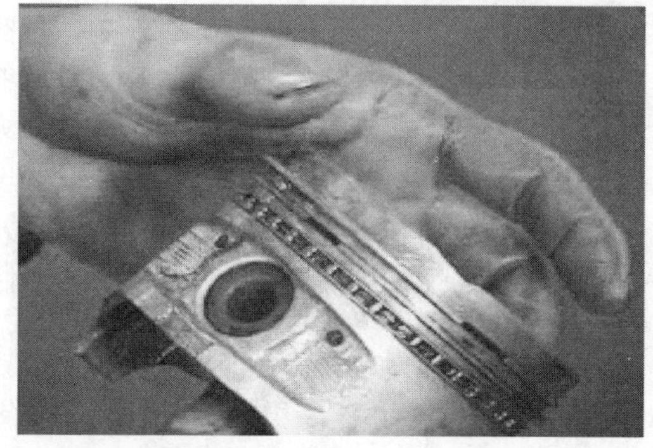

图 2-45　调整活塞环的开口方向

(3)取第一缸的连杆轴承盖(带有轴瓦),使标记朝前装在连杆上,并按规定力矩交替拧紧连杆螺母。

(4)依同样方法,将其余各缸活塞连杆组件装入相应汽缸。

(5)活塞连杆组装复后,用手锤朝曲轴轴线方向前后轻敲轴承时,连杆应能轻微移动;全部装复后,转动曲轴时,松紧度应适宜;所有连杆螺栓螺母应齐全可靠。

三、活塞连杆组常见故障诊断与维修

活塞连杆组常见的故障有活塞敲缸响、活塞环异响、活塞销异响、活塞拉缸响等。

1. 活塞敲缸响故障诊断与维修

故障现象:

(1)发动机怠速时,在汽缸的上部发出清晰的敲击声,好像用一小锤轻敲水泥地面产生的"嗒嗒嗒"的声音。

(2)发动机低温时响声明显,温度升高后响声减弱或消失,怠速或中低速时响声明显,中高速时一般减弱或消失。

(3)该缸断火试验,减弱或消失。

故障原因:

(1)汽缸磨损严重造成活塞与汽缸配合间隙过大。

(2)发动机大修时修配不当造成活塞与汽缸配合间隙大。

(3)活塞方向装反。

(4)活塞与活塞销配合过紧,使活塞出现反椭圆形。

(5)连杆轴承配合间隙过小。

故障诊断:

(1)检查不同的发动机温度下响声的变化。活塞敲缸异响的特点是发动机冷车时明显,热车后减弱或消失,因此,应该先在发动机冷车时检查响声。若发动机冷车时有敲击声,热车后响声消失,说明是活塞敲缸响,车辆可以继续使用。若发动机热车后响声虽有减少,但仍较明显,特别是大负荷低速时听得非常清楚,说明故障较严重,应拆修发动机。

(2)断火试验。为确定发动机异响是活塞敲缸,可把发动机置于敲击声最明显的转速下运转,逐缸进行断火检查,若某缸断火后,异响明显减弱或消失,则为该缸敲缸。

(3)加机油确诊。为了进一步确诊是否是活塞敲缸,可将发动机熄火,卸下怀疑有响声汽缸的火花塞或喷油器,往汽缸内注入少量的机油摇转曲轴数圈,装上火花塞或喷油器,然后起动发动机,若在刚起动时响声减弱或消失,但过一会又重新出现,则可确认为该缸活塞敲缸。

(4)听诊。将听诊器或简易听诊杆触在机体上部的两侧进行听诊。如果在汽缸上部响声明显并稍有振动,再结合断火试验,即可确定出发出响声的汽缸。

故障排除:

(1)发动机冷车时有轻微的敲缸声,热车后响声消失,这种现象是正常的,可不必检修。

(2)发动机出现严重敲的响声时,必须分解发动机,测量汽缸磨损后的尺寸及活塞裙部的直径。如已超出使用极限,应该对发动机进行全面检修,更换活塞和汽缸套,按规范要求选配好活塞和汽缸的配合间隙,才能彻底排除敲缸故障。

2. 活塞环异响故障诊断与维修

活塞环异响分两种:一种是活塞环敲击异响;另一种是活塞漏气异响。

活塞环敲击异响故障现象:

响声为钝哑的"啪、啪"声,随发动机转速的升高响声也随之加大,并且还变成较杂碎的声音。单缸断火试验时,响声减小但不消失。

活塞环敲击异响故障原因:

(1)活塞环折断。

(2)活塞环槽磨损,使活塞环在环槽内松旷。

(3)活塞环撞击汽缸口的台阶。这是由于汽缸壁磨损较大,在缸套顶部未磨损部分与磨损严重部分之间形成了明显台阶,此时若连杆轴承间隙和连杆衬套间隙较大,活塞在运动到上止点时就会由于惯性力的作用而使活塞环和台阶产生之间撞击,从而产生"啪、啪"的响声。此故障严重时会使活塞环撞碎或折断。

活塞环漏气异响故障现象:

响声类似于敲缸响,打开加机油盖可见大量淡蓝烟冒出。单缸断火试验时,响声明显减小。

活塞环漏气异响故障原因:

(1)汽缸和活塞环磨损后活塞环开口间隙过大。

(2)汽缸壁磨损后出现沟槽。

(3)由于积炭使活塞环黏结在环槽内失去密封。

(4)活塞环弹性太弱。

(5)活塞环质量不好或活塞失圆。

活塞环异响故障诊断:

(1)进行单缸断火试验。如果断火时响声减小但不消失,把长柄起子放在火花塞上细听,有"啪、啪、啪"响声则为活塞环折断,如果感觉有明显的振动则为活塞环碰撞汽缸口台阶响。

(2)打开加机油口盖检查。如有脉动性地向外冒淡蓝烟、且频率与响声吻合。做断火试验时,窜气减弱,则为活塞漏气异响。

(3)若发动机温度低时,发出“啪、啪、啪”的响声,转速升高时响声随之增大;发动机温度升高后,响声逐渐减小或消失;做单缸断火试验时响声消失,恢复工作后响声随即又出现,即可断定为活塞漏气异响。

活塞环异响故障排除:

发现活塞环有敲击异响或漏气异响时,应拆检发动机,更换活塞环或对发动机进行大修。

3. 活塞销异响故障诊断与维修

故障现象:

(1)发动机在怠速或中速运转时,在发动机的侧上部可听到“嗒、嗒、嗒”的明显、清晰而结尖脆的敲击声。

(2)抖动节气门,由怠速往中速急抖节气门时响声非常明显,且清脆而连贯。

(3)发动机温度升高,响声不减弱。

(4)断火试验时响声减弱或消失,而恢复工作时的瞬间,有明显的1~2声响声。

故障原因:

(1)活塞销与连杆小头衬套配合松旷。

(2)活塞销与活塞销座配合松旷。

(3)机油压力过低,曲轴箱内机油飞溅不足,或连杆上的润滑油道堵塞,而造成活塞销烧蚀严重。

故障诊断:

(1)抖动节气门试验。发动机由怠速向低速急抖节气门,若响声能随转速的变化而变化,每抖一次节气门,都能听到清脆而连贯的“嗒、嗒、嗒”的响声,则为活塞销异响。

(2)断火试验。如果异响较小,可将发动机稳定在响声较强的转速上,逐缸进行断火试验。当某缸断火后响声明显减弱或消失,在复火的瞬间又立即出现一个或连续二个较强的响声,则可断定该缸活塞销响。

(3)听诊。在微抖节气门使发动机转速不断变化的情况下,将听诊器或长柄起子触在发动机缸体上部的两侧,可听到清脆的响声,则为活塞销异响。

故障排除:

当发动机出现活塞异响时,应拆下所有活塞连杆组,更换加大的活塞销或将活塞销及连杆衬套一同更换,以恢复活塞销和座孔及衬套孔之间的配合间隙。

4. 活塞拉缸异响故障诊断与维修

故障现象:

(1)此响声一般出现在发动机大修后的走合期。即发动机在怠速严重运转时出现“嗒、嗒、嗒”的响声,略像活塞敲缸的声音,而温度升高后,响声不但不消失,反而稍重些,且有时还带有“吭、吭”的声音,发动机稍有抖动现象。

(2)断火试验仍有响声,但严重拉伤后也出现活塞敲缸响,不过此时断火试验响声有

减弱。

(3)拉伤到一定程度时,出现发动机突然熄火现象。

(4)严重时,从加机油口处往外冒烟。

故障原因:

(1)活塞与缸壁间隙过小或活塞膨胀系数过大。

(2)活塞椭圆度不足,或反椭圆。

(3)活塞头部尺寸大,活塞环背隙或端隙小。

(4)活塞销与销座孔配合过紧,致使活塞变形胀大。

(5)机油不足或润滑孔堵塞,润滑不良。

(6)发动机缺水,温度过高。

(7)发动机长时间高速运转,尤其在走合期内。

(8)全浮式活塞销未装锁环,半浮式活塞销固定螺钉未拧紧,活塞销轴向窜动拉缸。

故障诊断:

(1)发动机出现类似于敲缸的异常响声时,如果进行断缸检查时响声变化不明显,应考虑是否为活塞拉缸异响。

(2)可用汽缸压力表检测各个汽缸的压缩压力,若某个汽缸压缩压力明显低于其他各缸,则此缸可能拉缸,应分解发动机检测确定。

(3)可先拆下汽缸盖,转动曲轴使各缸活塞处于下止点位置,检查汽缸壁表面,如有明显拉毛现象,即为该缸拉缸。

故障排除:

发动机只要有一个汽缸产生拉缸,就应全面分解发动机,更换所有活塞和汽缸套。

任务四　曲轴飞轮组结构、拆装与维修

一、曲轴飞轮组的组成

曲轴飞轮组主要由曲轴、飞轮、扭转减振器等组成。

1. 曲轴

曲轴的作用是把连杆传来的气体压力转变为转矩对外输出,将作用在活塞上的气体压力变为旋转的动力,传给底盘的传动机构,同时驱动配气机构和其他辅助装置,如风扇、水泵、发电机等运转。

工作时,曲轴承受气体压力、惯性力及惯性力矩的作用,受力大而且受力复杂,并且承受交变载荷的冲击作用,同时曲轴又是高速旋转件,因此,要求曲轴具有足够的强度和刚度,具有良好的承受冲击载荷的能力,耐磨损且润滑良好。

曲轴一般用中碳钢或中碳合金钢模锻而成。为提高耐磨性和耐疲劳强度,轴颈表面经高频淬火或氮化处理,并经精磨加工,以得到较高的表面硬度和较低的表面粗糙度的要求。

1)曲轴构造

曲轴可分为整体式曲轴和组合式曲轴两大类。整体式曲轴是将曲轴做成一个整体零件,它具有较高的强度和刚度,结构紧凑、质量轻;组合式曲轴是将曲轴分成若干个零件分别进行加工,然后组装在一起,构成完整的曲轴,它具有加工方便、便于产品系列通用等优点,其缺点是强度、刚度较差,装配复杂。多缸发动机曲轴一般都是整体式的,但对于主轴承采用滚动轴承或某些小型汽油机连杆大头为整体式时,则曲轴必须采用组合式。

以下主要介绍整体式曲轴。曲轴一般由主轴颈、连杆轴颈、曲柄臂、前端和后端等组成,如图2-46所示。

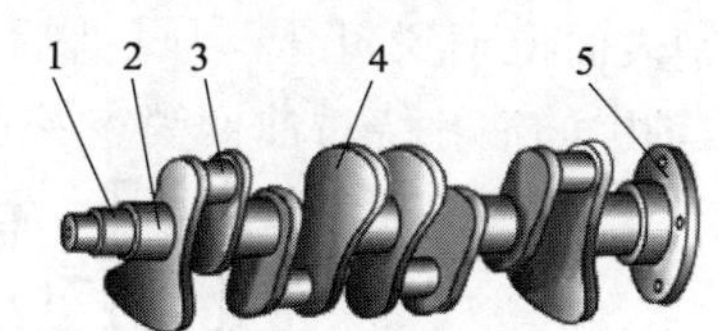

图2-46 曲轴的组成

1-前端,2-主轴颈;3-连杆轴颈;4-曲柄臂;5-后端

曲轴基本上由若干个单元曲拐构成,一个曲柄销(连杆轴颈)、左右两个曲柄臂及前后两个主轴颈组成一个单元曲拐。直列式发动机曲轴的曲拐数等于汽缸数,V形发动机曲轴的曲拐数等于汽缸数的一半。

主轴颈是曲轴的支承部分,曲轴通过主轴承支承在曲轴箱的主轴承座中。主轴颈的数目不仅与发动机汽缸数有关,还取决于曲轴的支承方式。曲轴的支承方式一般有两种,即全支承曲轴和非全支承曲轴,如图2-47所示。

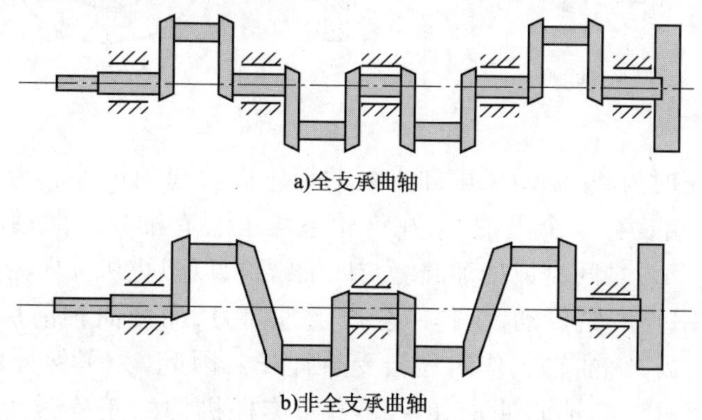

a)全支承曲轴

b)非全支承曲轴

图2-47 曲轴的支承形式

全支承曲轴的特点是,曲轴的主轴颈数比汽缸数多一个,即每一个连杆轴颈两边都有一个主轴颈。四缸发动机全支承曲轴有五个主轴颈。在这种支承情况下,曲轴的强度和刚度都比较好,并且减轻了主轴承载荷,减小了磨损。柴油机和大部分汽油机采用这种形式,如捷达轿车、富康轿车、夏利轿车和奥迪轿车等。

非全支承曲轴的特点是曲轴的主轴颈数比汽缸数少或与汽缸数相等。这种支承的主轴承载荷较大,但缩短了曲轴的总长度,使发动机的总体长度有所减小。有些承受载荷较小的汽油机,可以采用这种曲轴形式。

曲轴的连杆轴颈是曲轴与连杆的连接部分,通过曲柄与主轴颈相连,在连接处用圆弧过渡,以减少应力集中。直列发动机的连杆轴颈数与汽缸数相等,V形发动机的连杆轴颈数等于汽缸数的一半。

主轴颈和曲柄销一般是实心的,部分锻钢曲轴可将曲柄销制成空心的,用来减小曲柄销的质量及其产生的旋转惯性力；部分铸铁曲轴可将主轴颈和曲柄销均铸成空心的。主轴颈和曲柄销均需润滑。机油经机体上的油道进入主轴承润滑主轴颈，再从主轴颈沿曲轴中的油孔（实心轴颈）进入连杆轴承润滑曲柄销，如图2-48a）所示；或沿着压入曲轴中的油管（空心轴颈）流向曲柄销，如图2-48b）所示。通常进入曲柄销空腔中的机油在离心力的作用下，其中的机械杂质沉积在空腔的壁面上，空腔中心的洁净机油经油管进入曲柄销工作表面，如图2-48c）所示，但是高速发动机由于离心力过大，可能造成曲柄销空腔中心无机油，从而使曲柄销表面得不到润滑。为了保证曲柄销的可靠润滑，在装有全流式机油滤清器的发动机中，曲轴中的油孔绕过曲柄销空腔直通曲柄销表面，如图2-48d）所示。

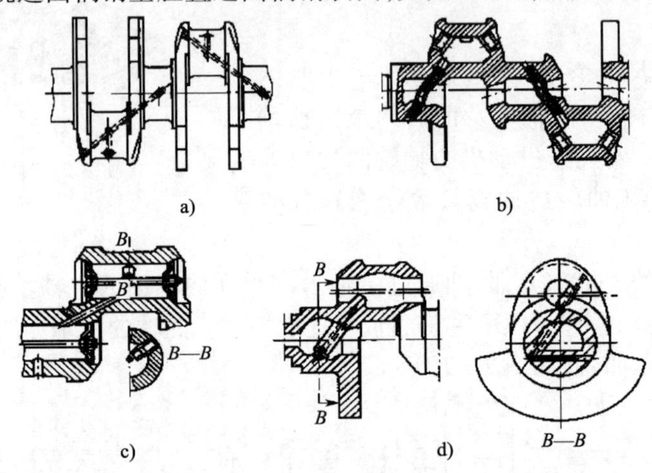

图2-48 曲轴的润滑

曲轴前端装有正时齿轮、驱动风扇和水泵的带轮以及起动爪等。为了防止机油沿曲轴轴颈外漏，在曲轴前端装有一个甩油盘，在齿轮室盖上装有油封。曲轴的后端用来安装飞轮，在后轴颈与飞轮凸缘之间制成挡油凸缘与回油螺纹，以阻止机油向后窜漏。

曲轴前端多采用斜齿轮传动，工作中会产生轴向力，而使曲轴前后窜动，影响曲柄连杆机构的正常工作，另外，曲轴工作时还会受热伸长。因此，为了保证曲轴既有受热膨胀的余地，又不致产生过大的轴向冲击和保证曲柄连杆机构的正确位置，必须对曲轴进行轴向定位，使其轴向间隙保持在一定范围内。曲轴轴向定位通常是在主轴承结构上采取限位措施，较多的是在曲轴的前部或中部、后部主轴承上制作凸肩或安装止推垫圈，如图2-49所示。

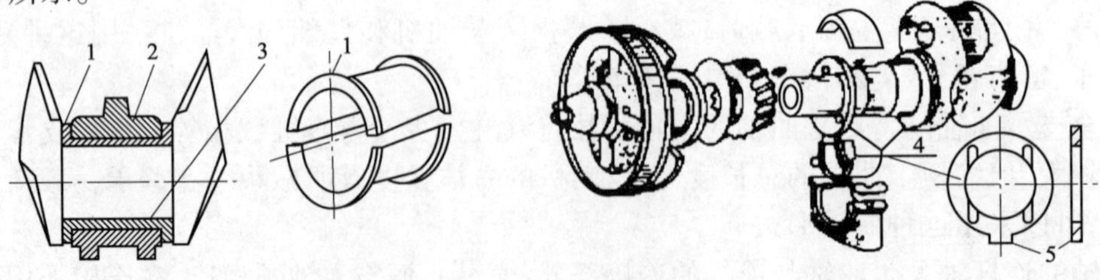

图2-49 曲轴轴向定位方式

1-翻边凸缘；2-主轴承座；3-主轴承盖；4-推力垫圈；5-舌榫

2）曲拐布置与多缸发动机工作顺序

多缸发动机曲轴一般都是整体式的，但对于主轴承采用滚动轴承或某些小型汽油机连杆大头为整体式时，则曲轴必须采用组合式。

曲轴的形状和曲拐相对位置（即曲拐的布置）取决于汽缸数、汽缸排列方式和发动机的点火顺序。安排多缸发动机的点火顺序应注意使连续做功的两缸相距尽可能远，以减轻主轴承的载荷，同时避免可能发生的进气重叠现象。做功间隔应力求均匀，也就是说发动机在完成一个工作循环的曲轴转角内，每个汽缸都应点火做功一次，而且各汽缸点火的间隔时间以曲轴转角表示，称为点火间隔角。四冲程发动机完成一个工作循环曲轴转两圈，其转角为720°，在720°的曲轴转角内发动机的每个汽缸应该点火做功一次，且点火间隔角是均匀的，因此，四冲程发动机的点火间隔角为720°/i，即曲轴每转动720°/i角度就应有一缸做功，以保证发动机运转平稳。

（1）四冲程直列四缸发动机的点火顺序和曲拐布置四冲程直列四缸发动机的点火间隔角为720°/4 = 180°，曲轴每转半圈（180°）做功一次，四个缸的做功行程是交替进行的，并在720°内完成。对于每一个汽缸来说，其工作过程和单缸发动机的工作过程完全相同，只不过是要求它按照一定的顺序工作，这一顺序即为发动机的工作顺序，也称为发动机的点火顺序。可见，多缸发动机的工作顺序（点火顺序）就是各缸完成各行程的次序。四缸发动机四个曲拐布置在同一个平面内，如图2-50所示，1、4缸在上，2、3缸在下，互相错开180°，其点火顺序的排列只有两种可能，即1-3-4-2或1-2-4-3，两种工作顺序的发动机工作循环表分别见表2-1和表2-2。

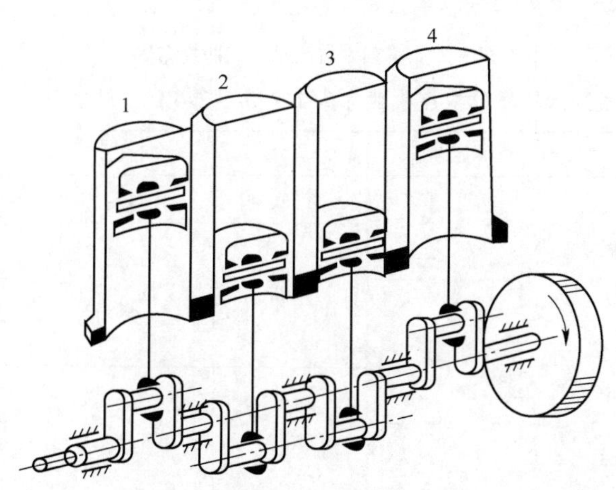

图2-50 直列四缸发动机的曲拐布置

直列四缸发动机点火顺序为1-3-4-2的工作循环表 表2-1

曲轴转角（℃A）	第一缸	第二缸	第三缸	第四缸
0～180	做功	排气	压缩	进气
180～360	排气	进气	做功	压缩
360～540	进气	压缩	排气	做功
540～720	压缩	做功	进气	排气

直列四缸发动机点火顺序 1-2-4-3 的工作循环表 表 2-2

曲轴转角(℃A)	第一缸	第二缸	第三缸	第四缸
0～180	做功	压缩	排气	进气
180～360	排气	做功	进气	压缩
360～540	进气	排气	压缩	做功
540～720	压缩	进气	做功	排气

(2)四冲程直列六缸发动机的点火顺序和曲拐布置。

四冲程直列六缸发动机的点火间隔角为 720°/6＝120°,6 个曲拐互成 120°,工作顺序为 1-5-3-6-2-4 或 1-4-2-6-3-5,前者应用较为普遍,如图 2-51 所示,其工作循环表见表 2-3。

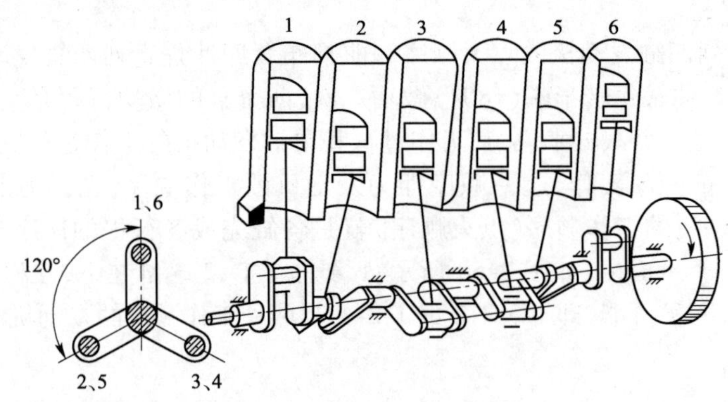

图 2-51 直列六缸发动机的曲拐布置

直列六缸发动机点火顺序为 1-5-3-6-2-4 的工作循环表 表 2-3

<table>
<tr><th colspan="2">曲轴转角(°CA)</th><th>一缸</th><th>二缸</th><th>三缸</th><th>四缸</th><th>五缸</th><th>六缸</th></tr>
<tr><td rowspan="3">0～180</td><td>60</td><td rowspan="3">做功</td><td rowspan="2">排气</td><td>进气</td><td>做功</td><td rowspan="2">压缩</td><td rowspan="3">进气</td></tr>
<tr><td>120</td><td rowspan="3">压缩</td><td rowspan="3">排气</td></tr>
<tr><td>180</td><td rowspan="3">进气</td><td rowspan="3">做功</td></tr>
<tr><td rowspan="3">180～360</td><td>240</td><td rowspan="3">排气</td><td rowspan="3">压缩</td></tr>
<tr><td>300</td><td rowspan="3">做功</td><td rowspan="3">进气</td></tr>
<tr><td>360</td><td rowspan="3">压缩</td><td rowspan="3">排气</td></tr>
<tr><td rowspan="3">360～540</td><td>420</td><td rowspan="3">进气</td><td rowspan="3">做功</td></tr>
<tr><td>480</td><td rowspan="3">排气</td><td rowspan="3">压缩</td></tr>
<tr><td>540</td><td rowspan="3">做功</td><td rowspan="3">进气</td></tr>
<tr><td rowspan="3">540～720</td><td>600</td><td rowspan="3">压缩</td><td rowspan="3">排气</td></tr>
<tr><td>660</td><td rowspan="2">进气</td><td rowspan="2">做功</td></tr>
<tr><td>720</td><td>排气</td><td>压缩</td></tr>
</table>

(3)四冲程 V 形八缸发动机的点火顺序和曲拐布置。

四冲程 V 形八缸发动机的点火间隔角为 720°/8＝90°,4 个曲拐互成 90°,工作顺序为

1-8-4-3-6-5-7-2，曲拐布置如图 2-52 所示，其工作循环表见表 2-4。

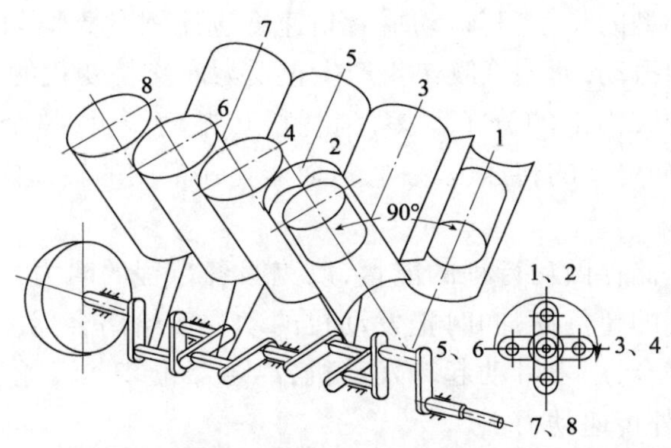

图 2-52 V 形八缸发动机的曲拐布置

V 形八缸发动机点火顺序为 1-8-4-3-6-5-7-2 的工作循环表 表 2-4

<table>
<tr><th colspan="2">曲轴转角(℃A)</th><th>一缸</th><th>二缸</th><th>三缸</th><th>四缸</th><th>五缸</th><th>六缸</th><th>七缸</th><th>八缸</th></tr>
<tr><td rowspan="4">0 ~ 180</td><td rowspan="2">90</td><td rowspan="4">做功</td><td rowspan="2">做功</td><td rowspan="2">进气</td><td rowspan="4">压缩</td><td rowspan="2">排气</td><td rowspan="4">进气</td><td rowspan="4">排气</td><td rowspan="1">压缩</td></tr>
<tr><td rowspan="4">做功</td></tr>
<tr><td rowspan="2">180</td><td rowspan="4">排气</td><td rowspan="4">压缩</td><td rowspan="4">进气</td></tr>
<tr></tr>
<tr><td rowspan="4">180 ~ 360</td><td rowspan="2">270</td><td rowspan="4">排气</td><td rowspan="4">做功</td><td rowspan="4">压缩</td><td rowspan="4">进气</td></tr>
<tr><td rowspan="4">排气</td></tr>
<tr><td rowspan="2">360</td><td rowspan="4">进气</td><td rowspan="4">做功</td><td rowspan="4">压缩</td></tr>
<tr></tr>
<tr><td rowspan="4">360 ~ 540</td><td rowspan="2">450</td><td rowspan="4">进气</td><td rowspan="4">排气</td><td rowspan="4">做功</td><td rowspan="4">压缩</td></tr>
<tr><td rowspan="4">进气</td></tr>
<tr><td rowspan="2">540</td><td rowspan="4">压缩</td><td rowspan="4">排气</td><td rowspan="4">做功</td></tr>
<tr></tr>
<tr><td rowspan="4">540 ~ 720</td><td rowspan="2">630</td><td rowspan="4">压缩</td><td rowspan="4">进气</td><td rowspan="4">排气</td><td rowspan="4">做功</td></tr>
<tr><td rowspan="3">压缩</td></tr>
<tr><td rowspan="2">720</td><td rowspan="2">做功</td><td rowspan="2">进气</td><td rowspan="2">排气</td></tr>
<tr></tr>
</table>

2. 曲轴扭转减振器

曲轴是一种扭转弹性系统，本身具有一定的自振频率。在发动机工作过程中，经连杆传给曲柄销的作用力的大小和方向都是周期性地变化的，这种周期性变化的激力作用在曲轴上，引起曲拐回转的瞬时角速度也呈周期性变化。由于固装在曲轴上的飞轮转动惯量大，其瞬时角速度基本上可看作是均匀的。这样，曲拐便会忽而比飞轮转得快，忽而又比飞轮转很慢，形成相对于飞轮的扭转摆动，也就是曲轴的扭转振动，当激力频率与曲轴自振频率成整数倍时，曲轴扭转振动便因共振而加剧。这将使发动机功率受到损失，定时齿轮或链条磨损增加，严重时甚至将曲轴扭断。为了消减曲轴的扭转振动，有的发动机在曲轴前端装有扭转减振器。

汽车发动机常用的曲轴扭转减振器是摩擦式减振器，其工作原理是使曲轴扭转振动能量逐渐消耗于内部的摩擦，从而使振幅逐渐减小。

如图 2-53 所示，为发动机曲轴上装的橡胶摩擦式扭转减振器。转动惯量较大的惯性盘 5 用一层橡胶垫和由薄钢片冲压制成的圆盘 3 相连。圆盘 3 和惯性盘 5 都同橡胶垫 4 硫化粘接。圆盘 3 的毂部用螺栓安装于曲轴前端的风扇带轮上。当曲轴发生扭转振动时，曲轴前端的角振幅最大,而且通过带轮轮毂带动圆盘3一起振动。惯性盘5则因转动惯量较大而实际上相当于一个小型的飞轮,其转动瞬时角速度也比圆盘3均匀得多。这样,惯性盘5就同圆盘3有了相对角振动,而使橡胶垫4产生正反力向交替变化的扭转变形。这时,由于橡胶垫变形而产生的橡胶内部的分子摩擦,消耗扭转振动能量,整个曲轴的扭转振幅将减小,把曲轴共振转速移向更高的转速区域内,从而避免在常用的转速内出现共振。

3. 飞轮

飞轮的主要作用是储存做功行程的能量,以克服各行程的阻力,使曲轴能均匀地旋转,并使发动机能克服短期的超负荷,同时把发动机的动力传给离合器。飞轮外缘的齿圈与起动电动机的驱动齿轮啮合,用来带动起动发动机;离合器也装在飞轮上,利用飞轮后端面作为驱动件的摩擦面,对外传递动力。

飞轮与曲轴的装配是经过精确平衡的,两者之间要有轴向定位装置。飞轮是一个很重的铸铁圆盘,用螺栓固定在曲轴后端的接盘上,具有很大的转动惯量,如图2-54所示。

飞轮轮缘上通常刻有第一缸点火正时记号,用来找压缩上止点(四缸发动机为1缸或4缸压缩上止点,六缸发动机为1缸或6缸压缩上止点)。当飞轮上的记号与外壳上的记号对正时,正好是压缩上止点。

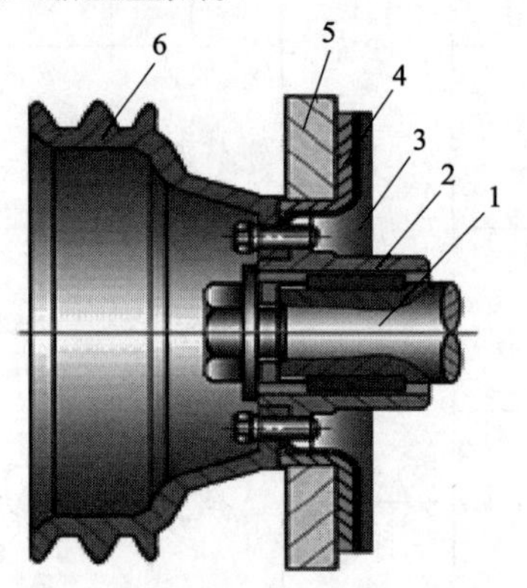

图2-53 橡胶摩擦式扭转减振器

1-曲轴前端;2-带轮轮毂;3-减振器;4-橡胶垫;5-惯性盘;6-带轮

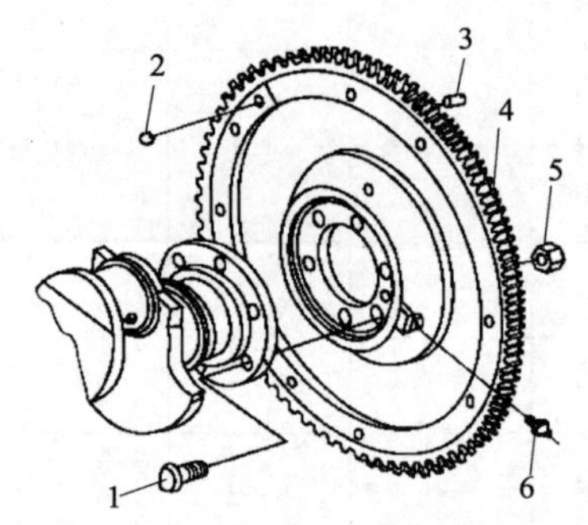

图2-54 飞轮

1-螺栓;2-上止点信号;3-定位销;4-齿圈;5-螺母;6-润滑脂油嘴

二、曲轴飞轮组的拆装

1. 曲轴飞轮组的拆卸

(1)将发动机翻转,油底壳向上。

(2)拧下油底壳紧固螺栓,取下油底壳。如图2-55所示。注意,衬垫不能再用。

(3)取出机油绕流板。如图2-56所示。

(4)旋下机油泵的固定螺栓,用工具取下曲轴正时带轮紧固螺栓。卸下曲轴前端油封端盖。

(5)取下曲轴正时带轮,拧下曲轴前端油封端盖紧固螺栓,取下曲轴后端油封端盖,如图2-57所示。

(6)卸下机油泵链条张紧器。卸下机油泵以及驱动链条。

(7)将缸体旋转,拧下曲轴后端油封端盖紧固螺栓。取下曲轴后端油封端盖。

(8)在连杆轴承瓦盖上打上各缸记号。

(9)拧下紧固螺栓,取下连杆轴承瓦盖以及轴承盖,如图 2-58 所示。

图 2-55　取下油底壳

图 2-56　取出机油绕流板

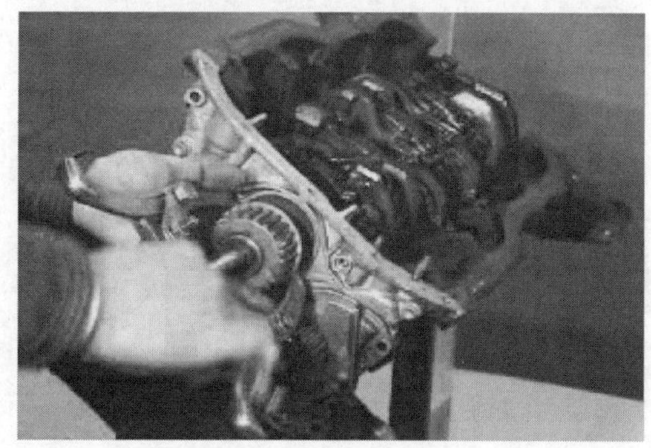
图 2-57　取下曲轴正时带轮

图 2-58　取下连杆轴承瓦盖以及轴承盖

(10)旋转曲轴,以便拆卸 2、3 缸的轴承瓦盖。

(11)拧下 2、3 缸的轴承瓦盖紧固螺栓,取下连杆轴承瓦盖,拧下曲轴主轴承瓦盖螺栓,取下曲轴主轴承瓦盖。注意,将 3 缸的推力衬垫一并取出。

(12)取出曲轴,如图 2-59 所示。

2. 曲轴飞轮组的安装

(1)放入曲轴上 5 片轴瓦并涂上润滑油,如图 2-60 所示。放入止推垫片,平稳放入曲轴并在曲轴主轴颈上加以润滑油。

图 2-59　卸下曲轴

图 2-60　放入曲轴轴瓦并涂上润滑油

(2)依次装上各道曲轴轴承盖,如图2-61所示。注意第三道轴承盖两侧止推片的内外方向,放好后用锤将轴承盖敲入位。

(3)用扭力扳手将曲轴主轴承盖锁紧螺栓按规定扭矩拧紧。

(4)按要求装入活塞,如图2-62所示。装入后,试转动活塞连杆曲柄机构看有无卡滞现象,如无则表示安装正常。

(5)装上曲轴后端密封凸缘。

(6)将汽缸体旋转至另一侧,安装机油泵齿链与机油泵。

(7)装上机油泵链条张紧器,同时拧紧机油泵与链条张紧器的紧固螺栓。旋转曲轴检查油泵张紧度。

(8)在曲轴前端盖及与缸体接触面上均匀涂上密封胶,再装入前端盖,并按规定力矩拧紧螺栓。如图2-63所示。

(9)装上曲轴箱防溅油挡板,装上衬垫及油底壳。

图2-61　依次装上各道曲轴轴承盖

图2-62　按要求装入活塞

图2-63　装入曲轴前端盖

三、曲轴飞轮组常见故障诊断与维修

曲轴连杆机构常见的故障有:曲轴主轴承异响。

主轴承异响故障诊断与维修

故障现象:

(1)发动机一般稳定运转不响,转速突然变化时,发出低沉、钝重、连续的“嘡嘡”的金属敲击声,严重时发动机发生振动。

(2)响声随发动机的转速提高而增大,随负荷的增大而增强,但与发动机的温度变化无关，如响声钝重发闷，一般为后道轴承发响，如响声较清脆，一般为前道轴承发响。

(3)单缸断火试验，响声无变化，相邻两缸断火时响声明显减弱。

(4)机油压力明显下降。

故障原因：

(1)主轴颈与轴承配合松旷。

(2)主轴承润滑不良而烧坏。

(3)曲轴弯曲或轴向间隙大。

故障诊断：

(1)发动机以低速运转，用手抖动节气门和反复加大节气门试验，如响声沉重发闷，并随发动机的转速升高而增大，在抖动节气门时加油的瞬间响声明显，同时感到有发动机体振动的现象。一般可断定为主轴承响。

(2)如发动机在怠速或低速运转时响声较明显，高速时变的杂乱，则有可能是曲轴弯曲。如在高速时机体有较大的振动，机油压力显著下降，则说明轴承松旷严重或合金烧坏、脱落。

(3)打开加机油口盖，仔细倾听，同时反复变更发动机转速，如有明显的响声，则为主轴承响。

(4)在节气门不断变化的同时，将听诊器具触及汽缸体两侧的曲轴位置处听，若声音较明显，可判定为主轴承响。

(5)单缸断火试验，响声无变化，但相邻两缸同时断火，响声即减弱或消失。

(6)踩下离合器踏板，如响声减弱或消失，则为曲轴轴向间隙过大而发响。

故障排除：

拆解发动机，发现曲轴轴承磨损严重，重新选配轴承更换，故障排除。

复习思考题

2-1 曲柄连杆机构的功用及组成是什么？

2-2 简述汽缸体的三种结构形式及各自特点。

2-3 什么是干式汽缸套、湿式汽缸套？各有何特点？

2-4 活塞顶部形状有哪几种？各有何特点？

2-5 活塞裙部为什么要做成椭圆形？其长、短轴如何布置？

2-6 油环有哪几种？各有何特点？

2-7 活塞销有哪几种连接方式？各有何特点？

2-8 V型发动机连杆的布置形式有哪几种？各有何特点？

2-9 指出全支承曲轴和非全支承曲轴的区别。

2-10 简述曲轴的轴向定位方法。

2-11 简述曲轴扭转减振器的结构和作用。

2-12 简述活塞连杆组的拆装过程。

2-13 简述曲轴飞轮组的拆装过程。

项目三　配 气 机 构

知识目标

通过系统学习，要求学生掌握以下知识：

1. 掌握配气机构的功用、组成、工作原理及结构形式。
2. 掌握配气相位的概念、原理及影响因素。
3. 熟悉可变配气相位。

能力目标

通过系统学习，要求学生具备以下能力：

1. 能识别配气机构的组成元件。
2. 能使用工具进行配气机构的正确拆装。
3. 掌握气门间隙的调整方法。
4. 熟悉配气机构异响故障的诊断。

任务一　配气机构的功用及分类

一、配气机构的功用

配气机构是控制发动机进气和排气的装置。其功用是根据发动机的工作顺序和各缸工作循环的要求，定时开启和关闭进、排气门，使可燃混合气（汽油机）或新鲜空气（柴油机）准时进入汽缸，废气得以及时排出汽缸。

进入汽缸内的可燃混合气或新鲜空气（也称进气量）对发动机性能的影响很大。进气量越多，发动机的有效功率和转矩越大。新鲜空气或可燃混合气充满汽缸的程度，用充量系数 Φ_c 来表示。所谓充量系数就是在进气过程中，实际进入汽缸内的新鲜空气或可燃混合气的质量与在进气状态下充满汽缸工作容积的新鲜空气或可燃混合气的质量之比，即

$$\Phi_c = \frac{M}{M_0}$$

式中，M 为进气过程中，实际充入汽缸的新鲜空气的质量；M_0 为进气状态下，充满汽缸工作容积的新鲜空气质量。因此，配气机构首先要保证进气充分，进气量尽可能多。同时，废气要排除干净，因为汽缸内残留的废气越多，进气量将会越少。其次，配气机构的运动件

应该具质量小、刚度强的特点，以使配气机构具有良好的动力特性。

二、配气机构的分类

气门式配气机构由气门组和气门传动组零件组成。配气机构有多种类型，目前汽车发动机多采用顶置气门式配气机构，即进、排气门置于汽缸盖内，倒挂在汽缸顶上。

1. 按凸轮轴的位置分类

配气机构按凸轮轴的位置分有凸轮轴下置式、凸轮轴中置式和凸轮轴上置式，如图 3-1 所示。

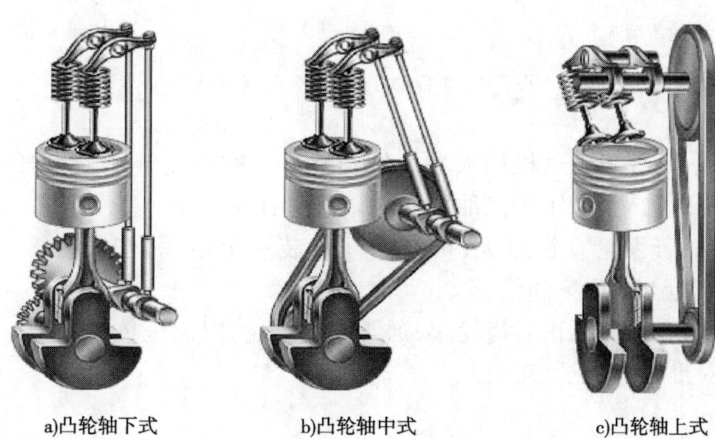

图 3-1 按凸轮轴位置分类的配气机构

1)凸轮轴下置式

凸轮轴下置式配气机构的凸轮轴置于曲轴箱内，平行布置在曲轴的一侧。由于曲轴和凸轮轴位置靠近，只用一对正时齿轮传动，传动机构比较简单。凸轮轴下置式配气机构多用于转速较低的发动机，如解放 CA6102、东风 EQ6100-1、6135Q 等发动机。

2)凸轮轴中置式

为减小气门传动组零件往复运动的惯性力，一些速度较高的发动机将下置式凸轮轴的位置抬高到汽缸体的中上部，缩短了传动零件的长度，称为凸轮轴中置式配气机构。

有些凸轮轴中置式配气机构的组成与凸轮轴下置式配气机构没有什么区别，只是推杆较短而已，如 YC6105Q、6110A 等发动机都采用这种结构。

3)凸轮轴上置式

凸轮轴上置式配气机构的凸轮轴直接布置在汽缸盖上。凸轮轴直接通过摇臂来驱动气门，省去了推杆、挺柱，使往复运动量大大减小，因此，它适用于高速发动机。由于凸轮轴离曲轴中心较远，因而采用链条传动或同步齿形带传动，使得正时传动机构较为复杂，而且拆装汽缸盖也比较困难。

2. 按凸轮轴的传动方式分类

配气机构按凸轮轴的传动方式分为齿轮传动式、链条传动式和齿形带传动式如图 3-2 所示。由于四冲程发动机每完成一个工作循环，曲轴旋转 2 圈，而各缸只进、排气 1 次，即凸轮轴只需转 1 圈，所以曲轴与凸轮轴的传动比为 2:1。

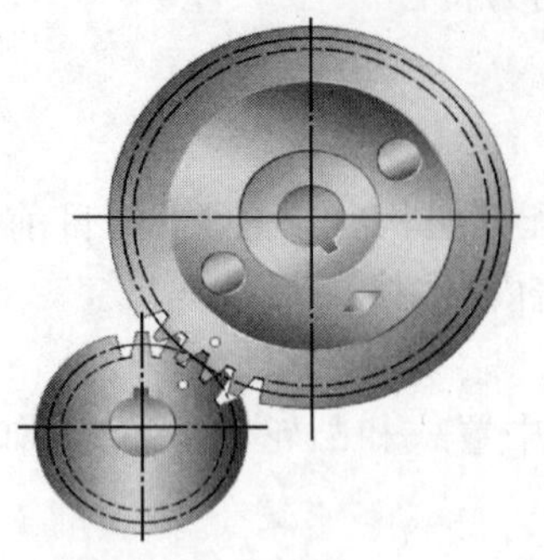

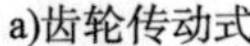

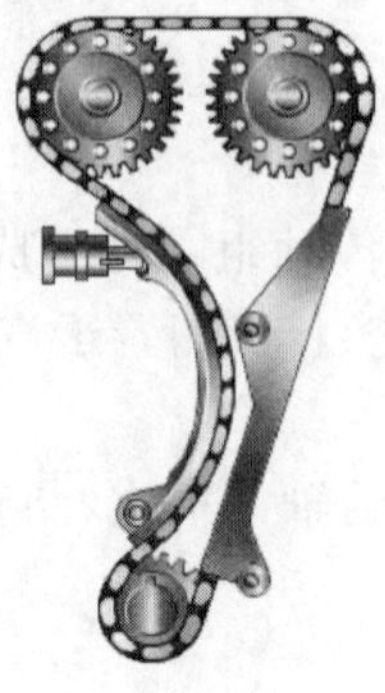

b)链条传动式

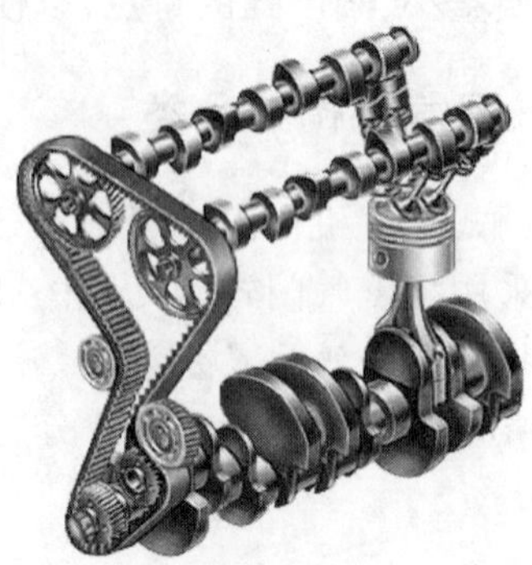

c)齿形带传动式

图 3-2　按传动方式分类的配气机构

1)齿轮传动式

凸轮轴下置式、中置式配气机构大多采用圆柱形正时齿轮传动。一般从曲轴到凸轮轴的传动只需一对正时齿轮,多用于汽油机,如 CA6102、EQ6100-1 型汽油机。

采用这种传动,若齿轮直径过大,可在中间加装一个惰轮,柴油机多采用这种结构如 CA6110、YC6105QC、6120 型柴油机。

凸轮轴正时齿轮大,曲轴正时齿轮小,通常采用斜轮,以保证传动平稳。安装时,齿轮上的正时记号必须对准,确保配气正时。

2)链条传动式

凸轮轴上置式配气机构的凸轮轴离曲轴较远,通常采用链条传动或齿形带传动。

采用链条传动时,在曲轴和凸轮轴上装有链轮,曲轴通过链条驱动凸轮轴,在链条侧面有张紧机构和链条导板,利用张紧机构调整链条张力。其特点是工作可靠,使用寿命长,但工作噪声大,润滑、维修较麻烦。

3)齿形带传动式

采用齿形带传动时,曲轴上的齿形带轮通过齿形带驱动凸轮轴上的齿形带轮,并用张紧轮调整齿形带张力。齿形带由纤维和橡胶制成,一面具有齿形,另一面是平面。传动噪声小,不需要润滑。上海别克、奥迪、桑塔纳等轿车均采用这种传动。

安装时和齿轮传动式一样,在主动轮和被动轮上都有正时记号,必须按要求对准正时记号,以确保配气正时。

图 3-3　四气门结构

3. 按每个汽缸的气门数量分类

配气机构按每个汽缸的气门数量分有双气门式和两个以上气门的多气门式两种,如图 3-3 所示。一般发动机每个汽缸有 2 个气门,即一个进气门和一个排气门。进气门头部直径比排气门头部直径大 15% ~30%,靠的是增大进气门通过断面的面积,减小进气阻力,增加进气量。排气门头部直径略小，排气阻力会稍大。但是排气阻力对发动机性能的影响比进气阻力小得多。凡是进气门和排气门数量相同时，进气门头部直径总比排气门大。

任务二 配气相位和气门间隙调整

一、配气相位

为了保证发动机汽缸排气彻底、进气充分，要求气门具有尽可能大的通过能力，因此，发动机的进、排气门实际开启和关闭并不恰好在活塞的上、下止点，而是适当的提前和迟后。

进气门提前开启的目的是为了保证新鲜气体或可燃混合气能顺利、充足地充入汽缸；而进气门滞后关闭是为了在压缩行程开始时，利用汽缸内的压力暂低于大气或环境压力，靠进气气流的惯性使新鲜气体或可燃混合气仍可继续进入汽缸。这样，进气门开启持续时间内的曲轴转角大于180°。从图3-4可以看出，进气持续角相当于曲轴转角（$\alpha+180°+\beta$）。α为进气提前角，一般为10°～30°；β为进气滞后角，是活塞从进气行程下止点到进气门关闭所在位置对应的曲轴转角，一般为40°～80°。

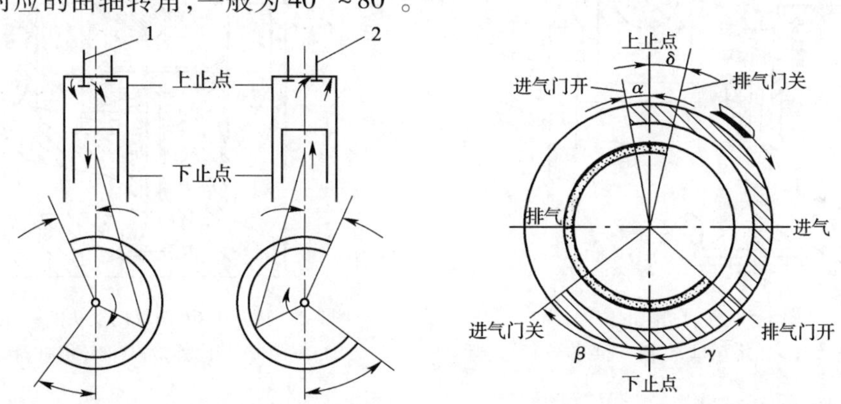

图3-4 配气相位示意图

1-进气门；2-排气门；α-进气提前角；β-进气滞后角；γ-排气提前角；δ-排气滞后角

排气门滞后的原因是：排气门滞后是由于活塞到达上止点时，汽缸内的压力仍高于大气压，利用排气流的惯性可使废气继续排出。这样，排气门开启持续时间的曲轴转角可表示为（$\gamma+180°+\delta$）。γ为排气提前角，即活塞从排气门开始开启到下止点所对应的曲轴转角，γ一般为40°～80°；δ为排气滞后角，是活塞从上止点到排气门关闭所对应的曲轴转角，一般为10°～30°。由于进气门早开和排气门晚关，会有一段时间进、排气门同时开启。进气门和排气门同时开启的那一段时间或曲轴转角，称为气门重叠角。

由于气门重叠角较小，且新鲜气体和废气流的惯性要保持原来的流动方向，所以只要气门重叠角取得合适，就不会产生废气倒流进气管和新鲜气体随废气排出的问题。发动机的结构不同、转速不同，配气相位也就不同，最佳配气相位角是根据发动机性能指标的要求，由试验确定的。

二、气门间隙

发动机工作时，配气机构的各个零件，如气门、挺柱、推杆等都因受热膨胀而伸长，如果气门及其传动件之间不留间隙，则在热态时，就会因受热膨胀而顶开气门，破坏气门与气门座之间的密封，造成发动机在压缩和做功行程中漏气，而使功率下降。为了消除这种现象，通常配气机构在常温装配时，留有一定的间隙，这一间隙就称为气门间隙，如图3-5所示。有的发动机采用液压挺杆，其特点是在挺杆内油压、柱塞和弹簧作用下可自动调节气门间隙，故不需要预留气门间隙。捷达1.6L两气门发动机采用的就是液压挺杆，如图3-6所示。

气门间隙的大小由发动机制造厂根据试验确定，一般在冷态时，进气门的间隙为0.25～0.30mm，排气门的间隙为0.30～0.35mm。如果间隙过大，则传动零件之间以及气门与气门座之间将产生撞击并发出响声，一方面加剧了零件的磨损，另一方面也会使气门开启的持续时间减少，汽缸的充气及排气情况变坏。

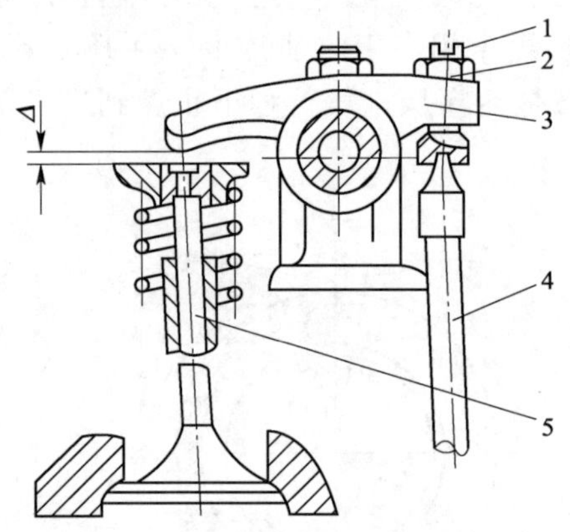

图3-5　气门间隙的位置

1-调整螺钉;2-固定螺母;3-摇臂;4-推杆;5-气门

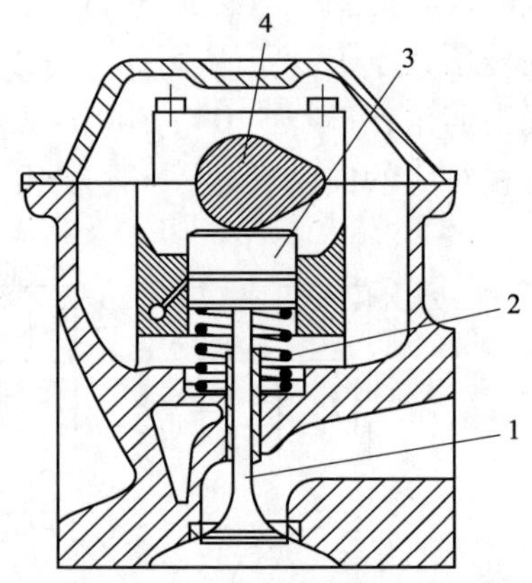

图3-6　捷达1.6L两气门发动机采用液压挺杆

1-气门;2-气门弹簧;3-液压挺杆;4-凸轮轴

三、气门间隙的检查与调整

为了保证发动机工作气门和座圈密封，或减缓某些机件磨损，在发动机配气机构的气门和挺杆或摇臂之间留有一定间隙，如果气门间隙过小，则气门因关闭不严而损坏，如果气门间隙过大，则气门产生噪声，并改变气门开闭时刻，从而导致进气不足，排气不彻底。发动机在使用中，由于配气机构某些零件的磨损，改变了原来的气门间隙，因此，在维护中要检查和调整气门间隙。

四行程发动机气门间隙的检查与调整方法有两种，一是逐缸调整法，即该缸活塞位于压缩终了上止点时，可调该缸进、排气门的间隙。这种方法适于结构复杂、磨损严重的发动机，调整时摇转曲轴次数多，工作效率低。为一种方法可以减少曲轴的摇转次数，多缸发动机如6缸、8缸、12缸，只摇转的轴两次，即可调完全部气门间隙，故称其为两次调整法。

在热车和冷车状态下，气门间隙的检查和调整都应在气门完全关闭且气门挺杆底平面落到凸轮基圆上时才能进行。这是气门间隙调整的基本原则。

1. 逐缸法检查调整气门间隙

(1)拆下气门室盖。

(2)摇转曲轴,使1缸处于压缩行程上止点位置。

1缸压缩上止点的确定方法如下:

①转动曲轴,使曲轴皮带轮刻线与正时齿轮盖"O"记号对齐,若6(4)缸气门没有间隙即6(4)缸的排气门刚关闭、进气门刚打开,则1缸在压缩上止点;若此时6(4)缸进、排气门有间隙,摇转曲轴一圈,则1缸处于压缩上止点。

②记下1缸高压线的位置,打开分电器盖,转动曲轴,当分火头与1缸分高压线位置相对且曲轴皮带轮刻线与正时齿轮盖"O"记号对齐时,表示1缸在压缩上止点。

(3)调整气门间隙。

一缸处于压缩行程上止点时,该缸进、排气门全闭。用塞尺检查气门脚间隙,不合规定时则需调整。调整时用相应的梅花扳手将锁紧螺母旋松,再用平口螺丝刀按技术要将调整螺钉旋进或旋出,直至气门间隙符合要求,如图3-7所示。

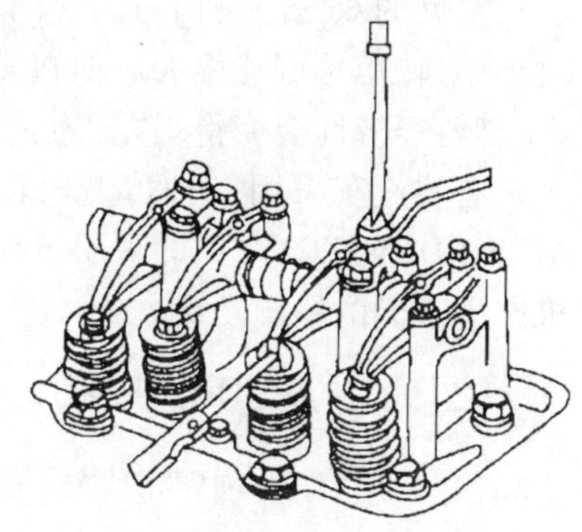

图3-7 气门间隙的检查和调整

(4)调整好后,将锁紧螺母锁紧后,再用塞尺检查一次,若不符合规定,应重新再调至符合标准为止。

(5)转动曲轴720°/i,调整下一汽缸。对于做功顺序为1-5-3-6-2-4的发动机,转动曲轴120°调5缸;对于做功顺序为1-3-4-2的发动机,转动曲轴180°调3缸。

(6)按上述方法和步骤,调整其余各缸气门。

2. 两次法检查调整气门间隙

根据发动机的工作循环、点火顺序,按相位原理,在第1缸和第6缸分别处于压缩终了位置时,对相应的气门进行调整。

(1)摇转曲轴,使1缸处于压缩行程上止点。

(2)用"双-排-不-进"判断可调的气门。

①对于做功顺序为1-5-3-6-2-4的发动机,当1缸处于压缩行程上止点时,用"双-排-不-进"口诀可判断:1缸进、排气门都可调,即"双",5缸和3缸只能调排气门,即"排",6缸进、排气门都不能调,即"不",2缸和4缸只能调进气门,即"进"。

②对于做功顺序为1-3-4-2的发动机,当1缸处于压缩行程上正点时,用"双-排-不-进"口诀可判断:1缸进、排气门部可调,即"双",3缸只能调排气门,即"排",4缸进、排气门都不能调,即"不",2缸只能调进气门,即"进"。判断可调气门后,对可调气门进行调整。

(3)转动曲轴一圈,调其余的气门。

在该发动机第1缸处于压缩行程上止点的情况下,都是进、排气门间隙为可调,与1缸对称360°曲轴转角的汽缸,其进排气门脚间隙均不可调,其余按口诀所指,若标有"排",则只调排气门脚间隙,标有"进"的则只调进气门脚间隙。第一次调整了的,第二次就不再调整。每次调整气门总数的一半,通过两次摇转曲轴就可以完成所有气门间隙的调整。

在操作过程中,进气门和排气门通常根据气门与所对应的气道确定。发动机点火次序可用看分火头旋转时所对应的高压分线或观察进气门的动作顺序进行判定。

任务三 可变配气相位

一、可变气门控制简介

常见的双气门机构与四气门机构的配气正时主要是考虑发动机在中、高速工况时的有效功率、转矩尽可能增大。但在发动机的其他工况时,因为充气效率低,动力性就会急剧下降,燃料经济性会变得很差,为了避免这些缺点,使发动机在各种转速下都有良好的动力,近年来有些汽车采用一种可变气门控制机构,来控制进气门的开启时间和开启升程。本田ACCORD(VTEC)汽车即采用了可变气门控制机构,来控制进气时间与进气量,从而使发动机产生不同的输出功率。

二、本田 ACCORD F22B1 发动机的可变气门控制机构(简称 VTEC)

装有 VTEC 机构(如图 3-8 所示)的发动机每个汽缸和常规的高速发动机一样都配置有两个进气门和排气门。不同的是,它的两个进气门有主次之分,即主进气门和次进气门,每个气门均由单独的凸轮通过摇臂来驱动。驱动主、次进气门的凸轮分别叫主、次凸轮。与主、次进气门接触的摇臂分别叫主、次摇臂,主、次摇臂之间设有一个特殊的中间摇臂,它不与任何气门直接接触。3 个摇臂并列在一起,均可在摇臂轴上转动。在主、次摇臂和中间摇臂相对应的凸轮轴上铸有 3 个不同升程的凸轮,分别称为主凸轮、次凸轮和中间凸轮。其中,中间凸轮的升程最大,它是按发动机双进、双排气门工作最佳输出功率的要求而设计的;主凸轮的升程小于中间凸轮,它是按发动机低速工作时单气门开闭要求设计的;次凸轮的升程最小,最高处只是稍微高于基圆,其作用只是在发动机怠速运行时,通过次摇臂稍微打开次气门,以免燃油聚集在次进气门口。中间摇臂的一端和中间凸轮接触,另一端在低速时可自由活动。3 个摇臂在靠近气门一端均有一个油缸孔,油缸孔中都安置有靠油压控制的活塞,它们依次为正时活塞、主同步活塞、中间同步活塞和次同步活塞。

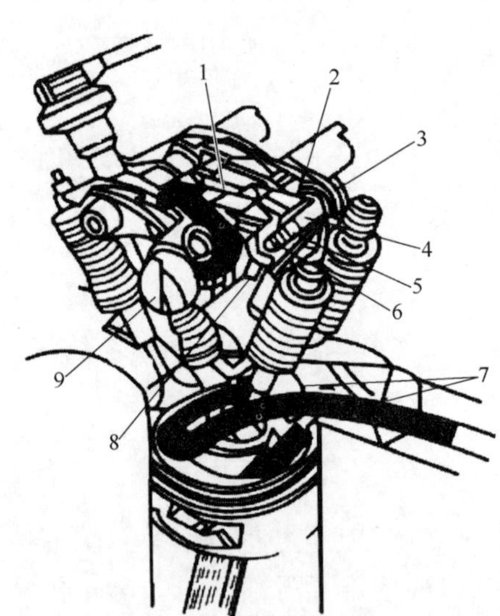

图 3-8 VTEC 结构

1-正时板;2-中间摇臂;3-次摇臂;4-同步活塞B;5-同步活塞 A;6-正时活塞;7-进气门;8-主摇臂;9-凸轮轴

VTEC 机构是采用一根凸轮轴上设计两种(高速型和低速型)不同配气定时和气门升程的凸轮,利用液压进行切换的装置。高、低速的切换是发动机根据转速、负荷、冷却液温度及车速确定后,由 ECU 进行计算处理后将信号输出给电磁阀来控制油压进行切换。

VTEC 不工作时,正时活塞和主同步活塞位于主摇臂缸内,和中间摇臂等宽的中间同步活塞位于中间摇臂油缸内,次同步活塞和弹簧一起位于次摇臂油缸内。正时活塞的一端和液压油道相通，液压油来自工作油泵，油道的开启由 ECU 通过 VTEC 电磁阀控制（VETC 电磁控制原理如图 3-9 所示）。

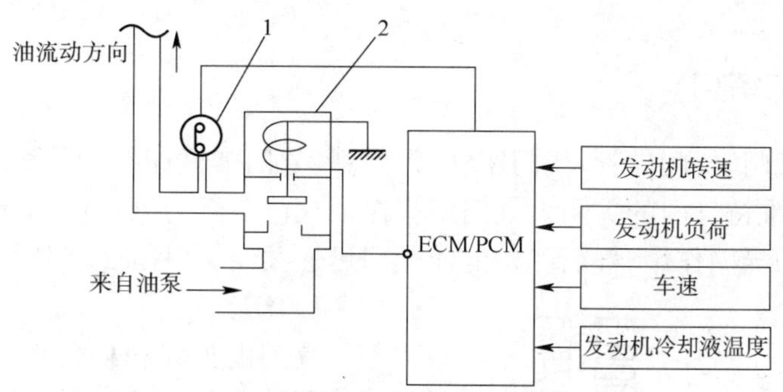

图 3-9　VETC 控制系统电路图

1-VETC 机构压力开关；2-VETC 机构电磁阀

在发动机低速运行时（如图 3-10 所示），ECU 无指令，油道内无油压，活塞位于各自的油缸内，因此，各个摇臂均独自上下运动，主摇臂紧随主凸轮开闭主进气门，以供给低速运行时发动机所需混合气，次凸轮则迫使次摇臂微微起伏，稍微开闭次进气门，中间摇臂虽然随着中间凸轮大幅度运动，但是它对于任何气门都不起作用。此时发动机处于单进双排工作状态，吸入的混合气不到高速时的一半。由于仍然是所有汽缸参与工作，所以运转十分平顺均衡。

而当发动机高速运行时（如图 3-11 所示），即发动机转速在 2300 ~ 3200r/min、车速在 10km/h 以上、冷却液温度在 10℃以上、发动机负荷到达一定程度时，发动机控制电脑 ECM 就会向 VETC 电磁阀供电以开启工作油道，于是工作油道中的压力油就推动活塞移动，压缩弹簧，这样主摇臂、中间摇臂和次摇臂就被主同步活塞、中间同步活塞和次同步活塞串联为一体，成为一个同步活动的组合摇臂。由于中间凸轮的升程大于另外两个凸轮，而且凸轮角度提前，故组合摇臂随中间摇臂一起受中间凸轮驱动，主、次气门都大幅度地同步开闭，因此，配气相位变化了，吸入的混合气量增多了，满足了发动机全功率时的进气要求。

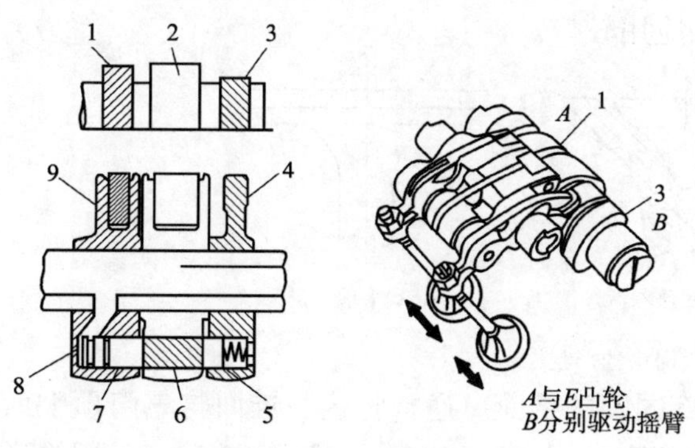

图 3-10　VTEC 低速工作

1-主凸轮；2-中间凸轮；3-次凸轮；4-次摇臂；5-次同步活塞；6-中间同步活塞 B；7-主同步活塞 A；8-正时活塞；9-主摇臂

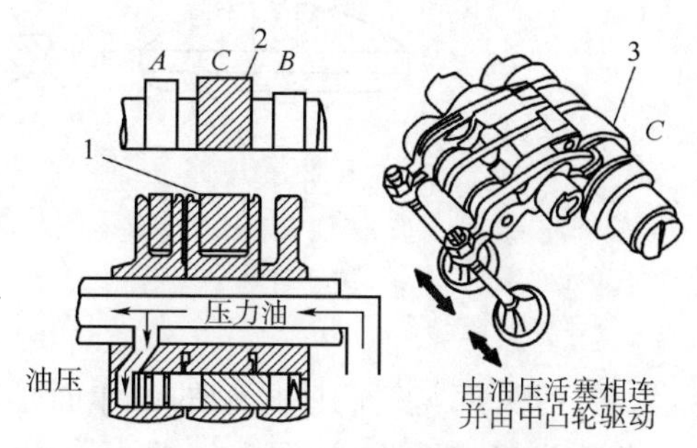

图 3-11　VETC 高速工作

1-中摇臂；2-中间凸轮；3-中凸轮

任务四　气门组的结构、拆装与维修

一、气门组的结构

气门组包括气门、气门导管、气门座、气门弹簧、气门弹簧座及锁片等零件，如图3-12所示，其主要功用是维持气门的关闭。气门组应保证气门头部与气门座贴合严密，气门杆在气门导管中有良好的导向作用，气门弹簧能使气门迅速关闭，并保证气门紧压在气门座上。

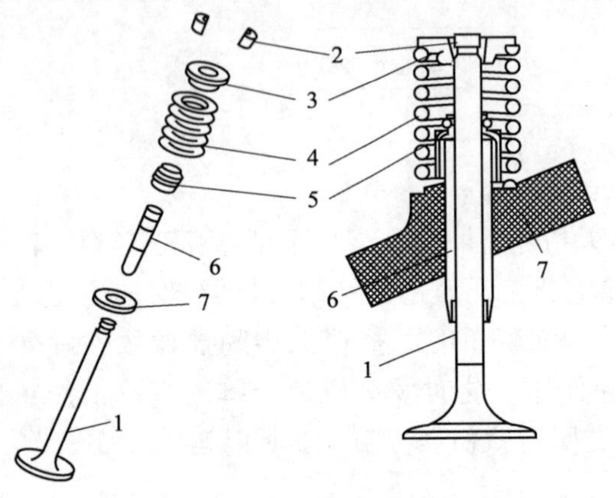

图3-12　气门组

1-气门；2-气门锁块；3-气门弹簧上座圈；4-气门弹簧；5-气门油封；6-气门导管；7-气门弹簧下座圈

1. 气门

气门由头部和杆部两部分组成。气门的工作条件非常恶劣，主要表现在：气门头部的工作温度很高，进气门可达570～670K，排气门更高，可达1050～1200K。气门头部要承受气体压力、气门弹簧力及传动组零件惯性力的作用，冷却和润滑条件差，还要接触汽缸内燃烧生成物中的腐蚀介质。因此，要求气门必须具有足够的强度、刚度、耐热、耐腐蚀和耐磨能力。

由于进、排气门的工作条件不同，进气门的材料采用铬钢或镍铬钢等合金钢，排气门由于热负荷大，一般采用耐热合金钢（硅铬钢、硅铬钼钢等）。有的排气门为了降低成本，头部采用耐热合金钢，杆部采用中碳合金钢，然后将两者焊在一起。还有些排气门在头部锥面堆焊或等离子喷涂一层钨钴等特种合金覆盖层，以提高其耐腐蚀性和耐热性。

气门头顶部的形状有平顶、凸顶和凹顶等，如图3-13所示。凸顶气门头顶部中央厚，受热面积和刚度较大，其排气阻力小，适用于排气门。凹顶气门的头部呈喇叭形，与杆部有较大的过渡圆弧，气流阻力小，但其顶部受热面积大，多用在进气门。平顶气门结构简单、制造方便、受热面积小，性能介于凸顶和凹顶之间，应用较广。

图3-13　气门头的形状

气门头部与气门座接触的工作面是与杆部同轴的锥面。通常将这一锥面与气门顶平面夹角称为气门锥角，如图3-14所示。常见的气门锥角为30°和45°，一般做成45°。采用锥形工作面，气门落座时能自行对正中心，接触良好，而且能获得较大的气门座合压力，以提高密封性和导热件，就像锥形塞子可以塞紧瓶口一样。锥形工作面可以避免气流拐弯过大而降低流速。此外，有了锥角，气门还能挤掉接触面的沉积物，即有自洁作用。

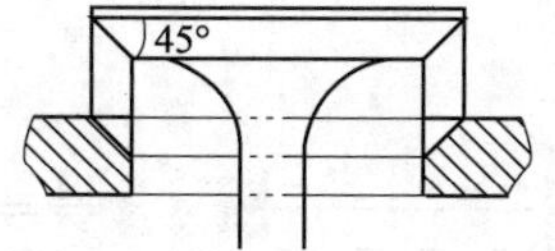

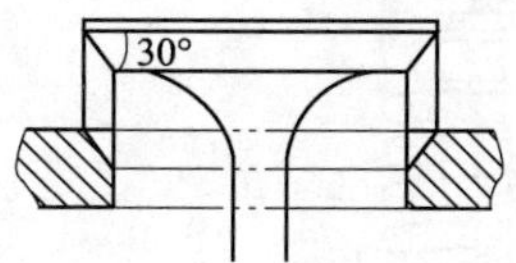

图 3-14 气门锥角

气门头边缘应保持一定的厚度,一般为 1 ~ 3mm,以防冲击损坏和被高温烧蚀。

气门头部直径越大,气门口通道截面就越大,进、排气阻力就越小。为了减小进气阻力,提高汽缸的充气效率,多数发动机进气门的头部直径做得比排气门的大。有时为了加工简单,把进、排气门直径做成一致,在这种情况下,往往在排气门头部刻有排气标志,以防装错。

气门杆呈圆柱形,在气门导管中不断进行往复运动,其杆部加工精度要求较高,表面需经过热处理和磨光,以保证同气门导管的配合精度和耐磨性。有的发动机排气门杆加粗,以利于传热,降低排气门温度,但从工艺考虑,大多数发动机的进、排气门杆制成一样粗。

气门杆一端与气门头部相连,另一端即气门尾部,与气门弹簧座相连。气门杆后部结构与气门和弹簧座的连接方式有关,常见的有以下两种固定方法。

(1)图 3-15a)所示为锁片式固定方法,在气门杆尾部切一凹槽,凹槽上装有两个半锥形锁片,在气门弹簧的弹力作用下,气门弹簧上座圈内锥面压住两个半锥形锁块,使其紧箍在气门杆尾部。

(2)图 3-15b)所示为锁销式固定方法,把气门杆尾部制成一圆柱形径向通孔,利用插在孔内的锁销来支承弹簧座,而弹簧座的边缘又可以阻止锁销松脱。

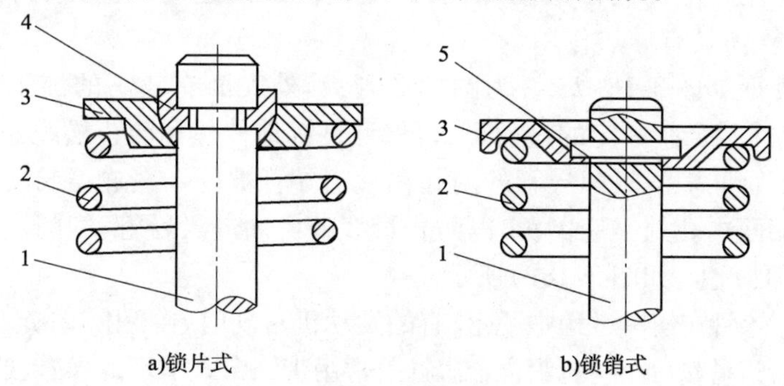

图 3-15 气门杆的固定方式

1-气门杆;2-气门弹簧;3-气门弹簧座;4-锁片;5-锁销

2. 气门座

汽缸盖或缸体的进、排气道与气门锥面相结合的部位称为气门座,如图 3-16 所示。气门座的作用是与气门头部共同密封汽缸,同时接受气门传来的热。气门座可在汽缸盖上直接镗出,但大多数的车用发动机的气门座用耐热合金钢或合金铸铁等单独做成座圈,然后镶嵌到汽缸盖或缸体上,后者称为镶嵌式气门座。

气门座圈是一个圆环,它以较大的过盈量压在汽缸盖的气门座窝上,如图 3-17 所示。

气门座圈与汽缸盖的过盈量要合适,如果过盈量不足,则在工作时座圈易脱落而损坏发动机。为了防止气门座圈松脱,有的在气门座圈外围上装有环槽,以备压入后缸盖材料塑性变形嵌入其中。

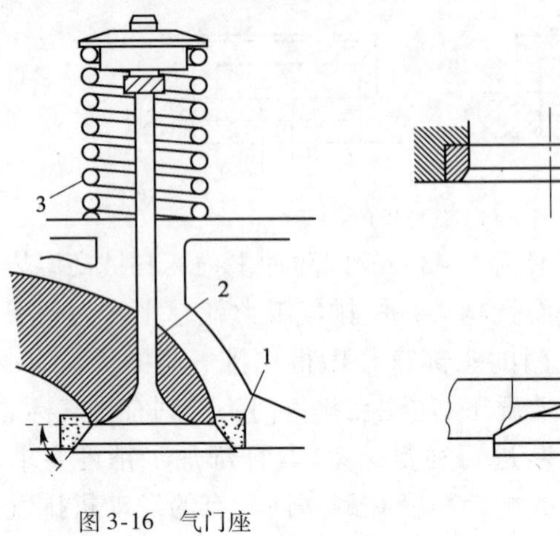

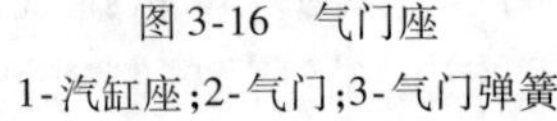

图 3-16　气门座

1-汽缸座;2-气门;3-气门弹簧

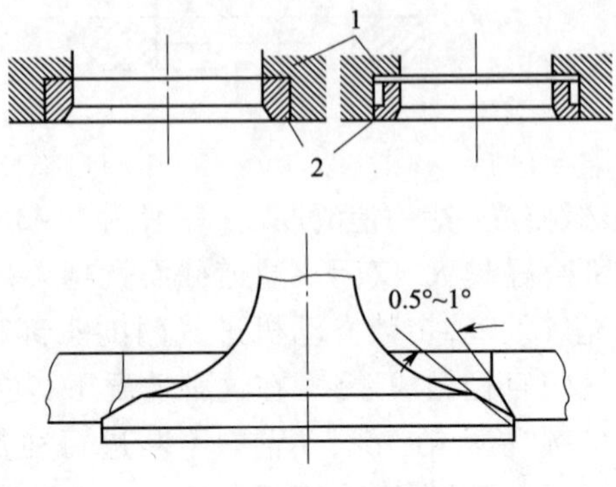

图 3-17　气门座圈

1-汽缸盖;2-气门座圈

镶嵌式气门座导热性差,加工精度也较高。气门座与座孔应有较大的过盈量,配合表面也应具有一定的表面要求,安装时通常将气门座圈冷缩或将座孔部位加热后压入。如果座圈的公差配合不当,则工作时座圈易脱落,当在缸体或缸盖上直接镗出的气门座能满足工作性能要求时,最好不用镶嵌式气门座。

3. 气门导管

气门导管的作用是给气门以运动导向,保证气门直线运动,使气门与气门座能正确贴合。此外,气门导管还具有导热作用。

气门导管的外形如图 3-18 所示,为圆柱形管,其外表面有较高的加工精度和较好的粗糙度,与缸盖(体)的配合有一定的过盈量,以保证良好地传热和防止松脱。为了保证气门和气门导管的精确配合间隙。气门导管的内孔在气门导管被压入汽缸盖或汽缸体后再精铰。

气门导管上端面内孔处不应倒角,以防止过多的机油进入导管;气门导管外侧面带有一定锥度,以防止积油产生,如图 3-18c)所示。

为了防止气门导管在使用过程中脱落,有的发动机对气门导管用卡环定位,如图 3-18b)所示,这样导管的配合过盈量可小些。铝合金汽缸盖常用带凸台式卡环的导管,这是因为铝合金汽缸盖(体)受热后膨胀量大,导管与其配合的过盈量比使用铸铁汽缸盖(体)的配合过盈量大。

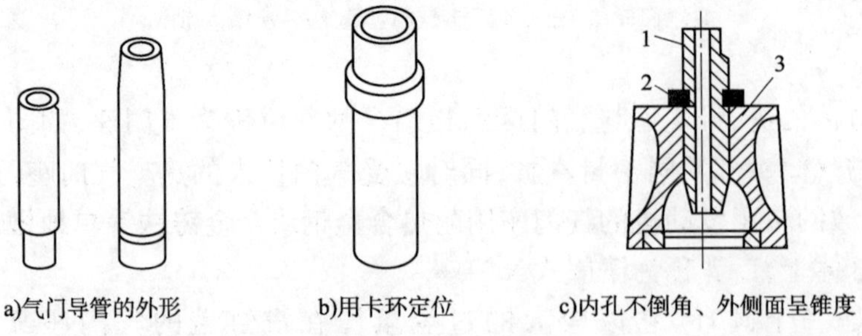

图 3-18　气门导管

1-气门导管;2-卡环;3-汽缸盖

4. 气门弹簧

气门弹簧的作用是使气门自动复位关闭,保证气门与气门座的座合压力,同时防止气门在发动机振动时因跳动而破坏密封;在气门开启时,保证气门不因运动时产生的惯性力而脱离凸轮。为此,气门弹簧应具有足够的刚度和安装预紧力。

气门弹簧多为圆柱形螺旋弹簧,如图3-19所示,其一端支撑在汽缸盖或汽缸体上,另一端则压在气门杆端的弹簧座上。弹簧座用锁片或锁销固定在气门杆的末端。其材料为高碳锰钢或铬钒钢等冷拔钢丝,加工后要经过热处理。为提高弹簧的抗疲劳强度,增强工作可靠性,钢丝一般经抛光处理。弹簧的两端面经磨光并与弹簧轴线相垂直。

气门弹簧一般按以下几种结构设计,可以防止气门弹簧发生共振。

(1)提高气门弹簧的自振频率。提高气门弹簧的刚度,如加粗钢丝直径或减小弹簧的圈径,但这会增加功率消耗和零件间的冲击载荷。

(2)采用变螺距的圆柱弹簧,如图3-19b)所示。当传动零件压缩气门开启时,螺距小的先叠合,使弹簧的实际工作圈数逐渐减少,刚度和固有频率逐渐变化,从而避免共振的发生。

(3)采用双气门弹簧,如图3-19c)所示。高速发动机多数是一个气门有同心安装的内、外两根气门弹簧,且旋向相反。由于两弹簧的自振频率不同,当某一弹簧发生共振时,另一弹簧可起减振作用;且当有一根弹簧折断时,另一根还可维持工作。此外还能使弹簧的高度减小。当装用两根气门弹簧时,弹簧的螺旋方向应相反,这样可以防止折断的弹簧圈卡入另一弹簧圈内。

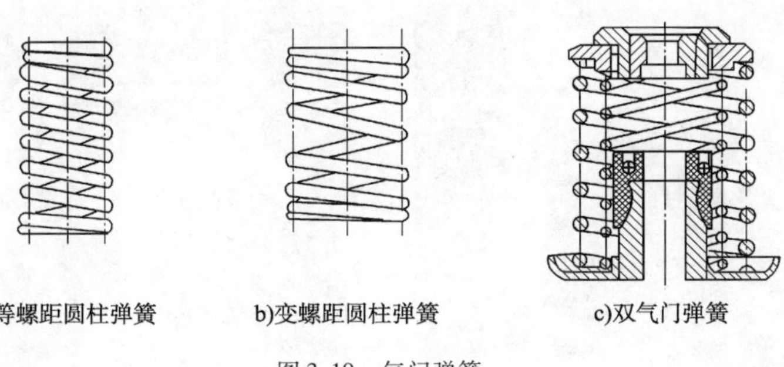

a)等螺距圆柱弹簧　　b)变螺距圆柱弹簧　　c)双气门弹簧

图3-19　气门弹簧

二、气门组的拆装

1. 气门组的拆卸

(1)用气门弹簧拆卸钳,压紧气门弹簧,如图3-20所示。

(2)取出气门锁片。

(3)移开气门弹簧拆卸钳,取下气门弹簧座和气门弹簧,如图3-21所示。

图3-20　用气门弹簧拆卸钳压紧气门弹簧

图3-21　拆气门弹簧

(4)取出气门,并做好记号,按顺序排好,如图3-22所示。

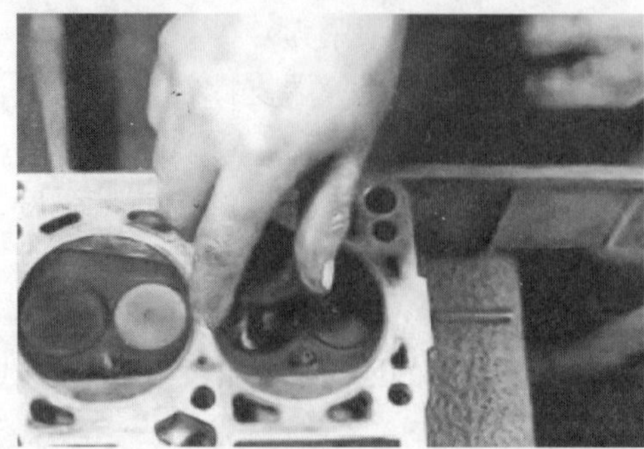

图3-22　取出气门,并做好记号,按顺序排好

2. 气门组的安装

按照与拆卸相反的顺序安装气门,但应注意以下事项。

(1)在安装气门之前,更换气门油封需要在气门杆部涂上一层机油。

(2)安装气门时,要注意气门的记号,各缸的气门不可互换。

(3)按顺序装回气门、气门弹簧、气门弹簧座,如图3-23所示。

(4)用气门弹簧拆卸钳,压紧气门弹簧,装上气门锁片,如图3-24所示。

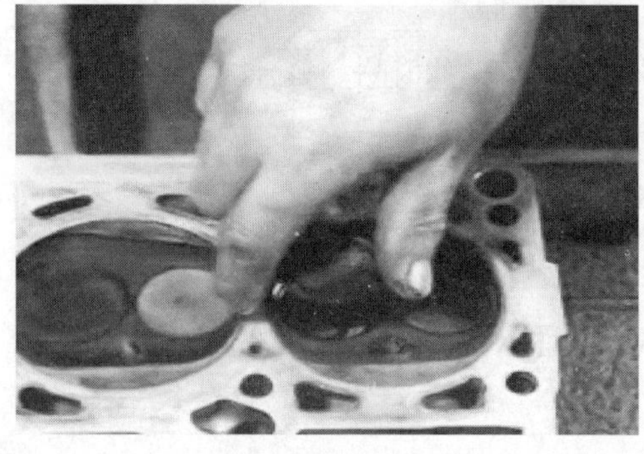

图3-23　放入气门

图3-24　用气门弹簧拆卸钳装上气门锁片

三、气门组常见故障诊断与维修

气门漏气故障诊断与维修

故障现象:

汽车起动困难,排气管放炮、冒烟、燃油消耗增加。

故障原因:

(1)气门与气门座工作面磨损、烧蚀、密封不良而漏气。

(2)气门与气门座工作面有积炭、气门关闭不严而漏气。

(3)气门与气门导管间隙过大,气门杆晃动,导致气门关闭不严而漏气。

(4)气门与气门导管内发涩或卡住,气门不能上下移动。

(5)气门弹簧失去弹性或弹簧折断。

故障诊断:

检查点火系和燃油供给系统,没有找到故障点。拆解发动机,测量汽缸压力或进气歧管的真空度。在测量汽缸压力时,发现有一汽缸比其他的汽缸压力低很多,说明气门漏气。

故障排除:

拆卸汽缸盖,对气门组零件进行修理,修磨或更换损坏的气门零件后,故障排除。

任务五 气门传动组的结构、拆装与维修

一、气门传动组的结构

气门传动组的作用是使进、排气门能按配气相位规定的时刻开闭,并保证有足够的开度。气门传动组主要包括凸轮轴、气门挺杆、推杆、摇臂和摇臂组等零件。

1. 凸轮轴

凸轮轴是气门传动组中最主要的零件,其作用是驱动和控制各缸气门的开启和关闭,使其符合发动机的工作顺序、配气相位及气门开度的变化规律等要求。此外,多数汽油机还用它来驱动汽油泵、机油泵和电器等。

凸轮轴主要由凸轮和凸轮轴轴颈等组成。多缸发动机的凸轮轴按汽缸工作顺序,布置了一系列的凸轮。根据发动机的总体布置,在一根凸轮轴上,可以单独配置进气凸轮或排气凸轮,也可以同时配置进气凸轮和排气凸轮,如图 3-25 所示。

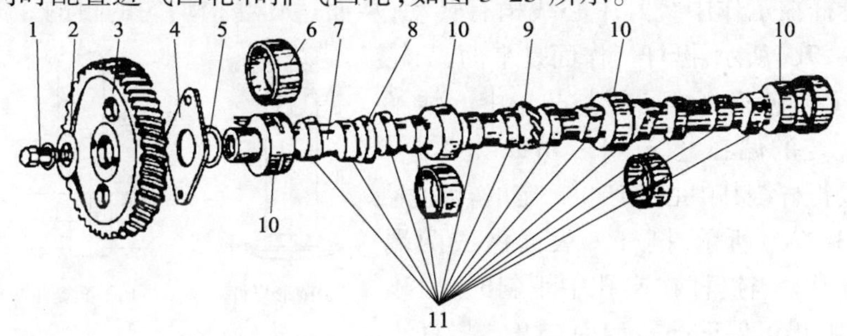

图 3-25 凸轮轴结构

1-螺栓;2-正时齿轮垫圈;3-正时齿轮;4-推力凸缘;5-推力座;6-凸轮轴衬套;7-凸轮轴;8-偏心轮;9-螺旋齿轮,10-凸轮轴轴颈;11-进、排气凸轮

凸轮是凸轮轴的主要工作部分,它的轮廓应保证气门开启和关闭的持续时间符合配气相位的要求,使气门有合适的升程及升降过程的运动规律。凸轮在工作时承受气门间歇性开启的周期性冲击载荷。因而要求凸轮表面应有良好的耐磨性,为了保证气门开闭规律的正确性,凸轮还应有足够的刚度。

凸轮轴通常做成一整体轴,采用优质碳钢和合金钢模锻,并经表面高频淬火(中碳钢)或渗碳淬火处理。近年来,合金铸铁和球墨铸铁也被广泛地用来制造凸轮轴。

有的发动机的凸轮轴安装在汽缸体上的轴承座上,座孔中压装有青铜或巴氏合金滑动轴承;也有的发动机的凸轮轴安装在汽缸盖上。凸轮轴的轴颈数取决于承受的载荷和轴本身的刚度。通常有两种形式,即每隔两个汽缸设置一个轴颈和每隔一个汽缸设置一个轴颈。一般发动机多采用前者,当缸径较大、气门数多、转速高及凸轮轴负荷大时,则应采用后者。

有些凸轮轴轴颈上有些特殊形状的油槽或油孔。为了承受斜齿轮产生的轴向力,防止凸轮轴在工作中产生轴向窜动,凸轮轴需要轴向定位。目前多数发动机采用止推限位装置,

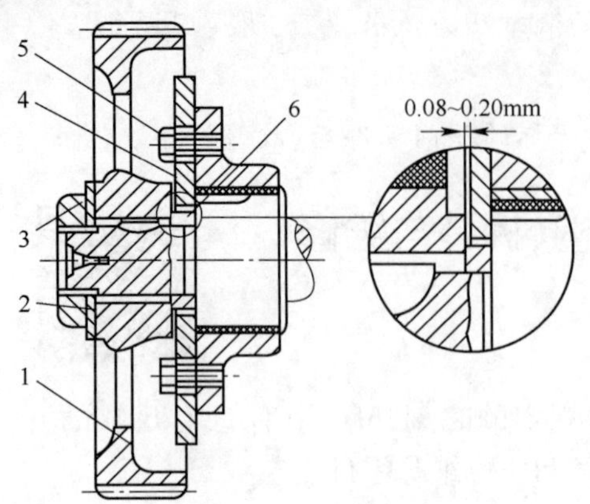

图 3-26 凸轮轴轴向限位装置
1-正时齿轮;2-锁紧垫圈;3-螺母;4-推力凸缘;5-推力凸缘固定螺栓;6-隔圈

如图 3-26 所示。

凸轮轴轴承一般做成衬套压入整体式的座孔内,最后再经加工,与轴径配合。其材料多与曲轴轴承相同。

2.气门挺杆

气门挺杆的作用是将凸轮的推力传给推杆(顶置气门式配气机构),并承受凸轮轴旋转时所施加的侧向力。挺杆常用碳钢、合金铸铁和冷激铸铁等制成,其摩擦表面应经热处理后精磨。它与凸轮轴的材料必须有合理的组合配对。

常见的普通挺杆有菌形挺杆、平面挺杆和筒形挺杆,如图 3-27 所示。

挺杆工作时,由于受凸轮侧向推力的作用会引起挺杆与导管之间单面磨损,又因挺杆的工作面直接与凸轮相接触,是一对高摩擦副,在工作中会产生很大的摩擦与磨损。为了减轻挺杆工作面的局部磨损,一般采取以下办法。

(1)如图 3-27a)所示,将挺杆底面工作面制成球面,将凸轮的母线做成斜率很小的锥体,这样可使挺杆在工作中绕其中心线稍有转动,从而达到磨损均匀的目的。

(2)如图 3-27b)所示,挺杆工作面是平面,凸轮是柱体,但在安装中使挺杆中心线与凸轮中心线不相重合而具有一定的偏心量($e=1\sim3$mm)。这样,在工作时也可使挺杆绕其中心线产生一定的转动。

(3)如图 3-27c)所示,挺杆外表面做成两端小,中间大的筒形。当挺杆在座孔中歪斜时,由于它的自定位作用,仍可保证凸轮型面全宽与挺杆表面相接触,从而可减小接触应力,并使磨损均匀。

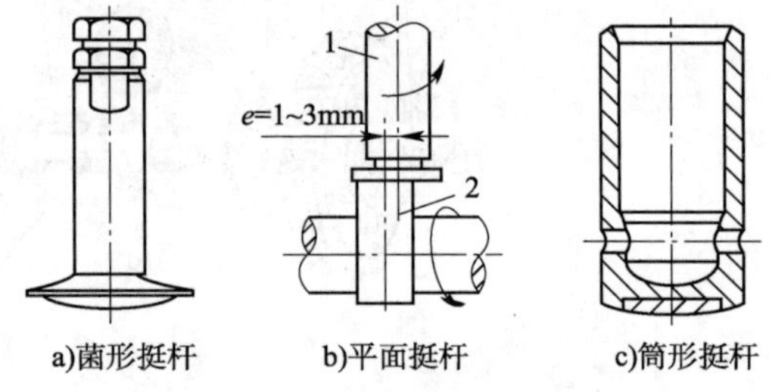

图 3-27 气门挺杆的形式
1-挺杆;2-凸轮

平面挺杆由于结构简单、质量轻,被广泛用于车用发动机上。

存在气门间隙的配气机构中,由于在高速运行时会产生很大的振动和噪声,为解决这一问题,有的发动机上采用了液压挺杆,如图 3-28 所示。

液压挺杆主要由挺杆壳体、柱塞、球阀、柱塞弹簧、阀簧等组成。

在挺杆体 4 中装有柱塞 3,柱塞 3 上端压有球座 2 作为推杆支承座,同时将柱塞内腔堵住。柱塞被柱塞弹簧 6 压向上方,其最上位置由卡圈 1 来限制。柱塞下端的单向阀架 5 内装有碟形弹簧 8,用以关闭单向阀 7。

发动机工作时,机油沿主油道供到气门挺杆,并充满柱塞内腔及其下面的空腔。当气门关闭时,机油经挺杆体和柱塞上的油孔压进柱塞腔 A 内,并推开单向阀充入挺杆体腔 B 内。柱塞弹簧 6 使柱塞 3 连同压合在柱塞中的球座 2 紧靠着推杆,使配气机构的间隙消失。

当凸轮转到工作面使挺杆上推时,挺杆作用于球座 2 和柱塞 3 的反力力图使柱塞克服柱塞弹簧的力相对于挺杆体 4 向下移动,于是柱塞下部空腔内的油压迅速升高,使单向阀 7

关闭。由于液体的不可压缩性，整个挺杆便像一个刚体一样，按凸轮的运动规律开闭气门。

当油压过高或者气门受热膨胀时，将有少许油液依靠柱塞弹簧的作用，使柱塞向上运动，始终保持与推杆的接触，同时柱塞下部空腔产生真空度，于是，主油道的油压将再次推开单向阀，向挺杆体腔内充油而再度充满整个挺杆内腔。

采用液压挺杆，消除了配气机构中的间隙，减小了各零件的冲击载荷和噪声，同时凸轮轮廓可设计得比较陡一些，使气门关闭更快，以减小进、排气阻力，改善发动机的换气，提高发动机的性能，特别是高速性能。

图 3-29 所示为捷达轿车发动机的液压挺杆，其工作原理与上述液压挺杆基本相同，其结构特点是：液压挺杆倒置，直接推动气门的开启；挺杆的上盖和圆筒是经加工后再用激光焊接成一体的薄壁零件；单向阀采用钢球、弹簧式结构。

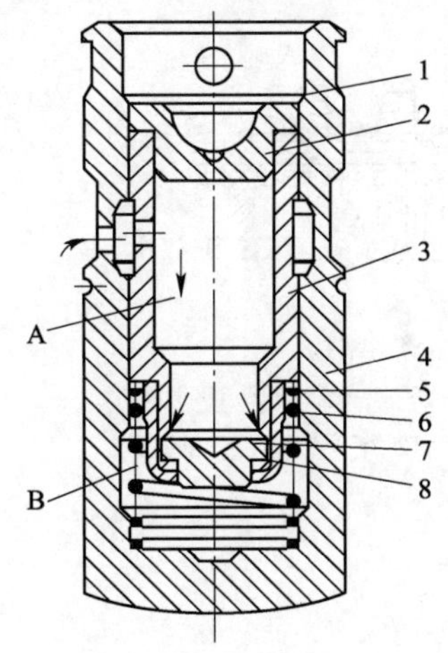

图 3-28 液压挺杆结构

1-卡圈；2-球座；3-柱塞；4-挺杆体；5-单向阀架；6-柱栓塞弹簧；7-单向阀；8-碟形弹簧；A-柱塞腔；B-挺杆体腔

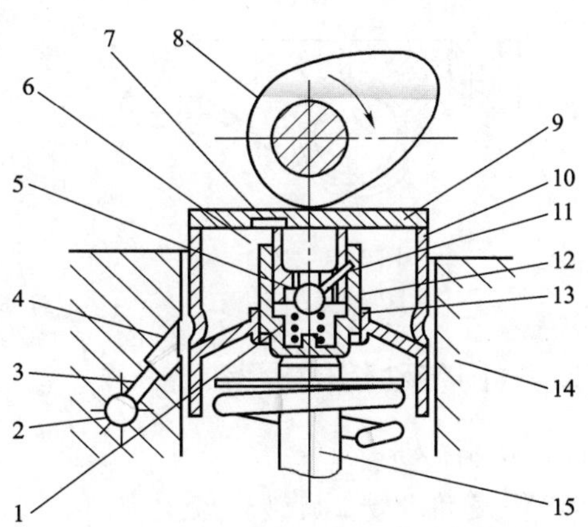

图 3-29 捷达轿车发动机液压挺杆结构

1-高压油腔；2-缸盖油道，3-油量孔；4-斜油孔；5-球阀；6-低腔；7-键形槽；8-凸轮轴；9-挺杆体；10-挺杆体焊缝；11-柱塞；12-套筒；13-弹簧；14-缸盖；15-气门杆

3. 推杆

推杆的作用是将从凸轮轴经挺杆传递的推力传给摇臂，如图 3-30 所示。为了减轻质量，推杆是一根细长空心杆，其上、下端压入或用电阻焊接经淬火和精加工的凹、凸球头，推杆的上、下两端均经热处理并磨光，以提高其耐磨性。

4. 摇臂和摇臂组

摇臂的作用是将推杆或凸轮传递的力改变方向，作用到气门杆端以推开气门。摇臂实际是一个双臂杠杆，如图 3-31 所示。摇臂一般制成不等长的，两边臂长的比值（称摇臂比）为 1.2 ~ 1.8，其中长臂一端用来推动气门。

摇臂的短臂上带有螺纹孔，拧入调整螺钉。调整螺钉上带有锁紧螺母，螺钉的球面端头与推杆顶端球座接触，以调整配气机构的气门间隙。

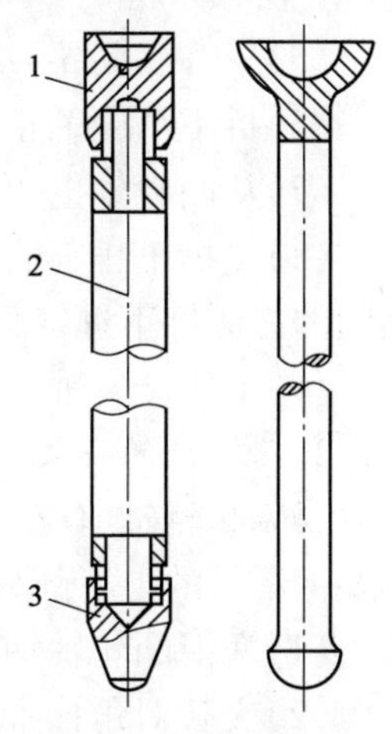

图 3-30 推杆

1-上端头；2-杆身；3-下端头

摇臂与气门杆尾端接触部分由于接触应力高,且相对滑移,因此,磨损严重,为此在该部分常堆焊耐磨合金或做成圆弧面状。摇臂内还钻有润滑油道和油孔。

摇臂的材料一般用中碳钢,也有的用球墨铸铁或合金铸铁。为了提高其耐磨性,摇臂的轴孔内镶有青铜衬套或装有滚针轴承与摇臂轴配合转动,有些高速发动机摇臂采用轻质合金铸铝,圆弧面上堆焊一层耐磨合金。

如图 3-32 所示,摇臂组中摇臂通过摇臂轴支承在摇臂轴支座上,摇臂支座安装在汽缸盖上。摇臂与推杆端、摇臂轴间的润滑可采用来自挺杆座、挺杆、推杆、摇臂内油道或来自汽缸体、汽缸盖、摇臂内孔的压力机油润滑。为了防止摇臂的窜动,在摇臂轴上每两摇臂之间都装有弹簧。摇臂轴为空心管状结构,用碳钢制成,它的工作面一般都经过表面淬火处理以提高其耐磨性。

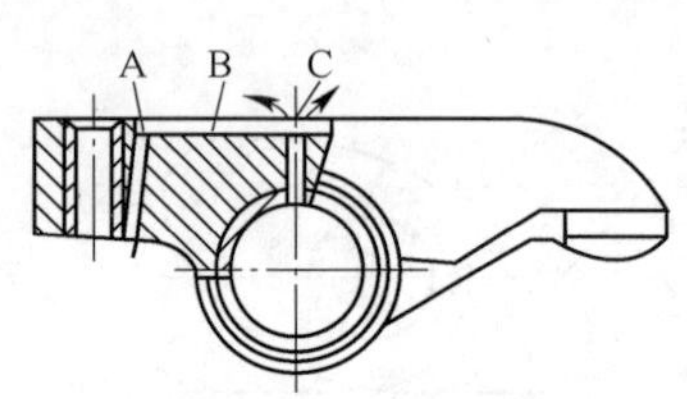

图 3-31 摇臂

A、C-油道;B-油槽

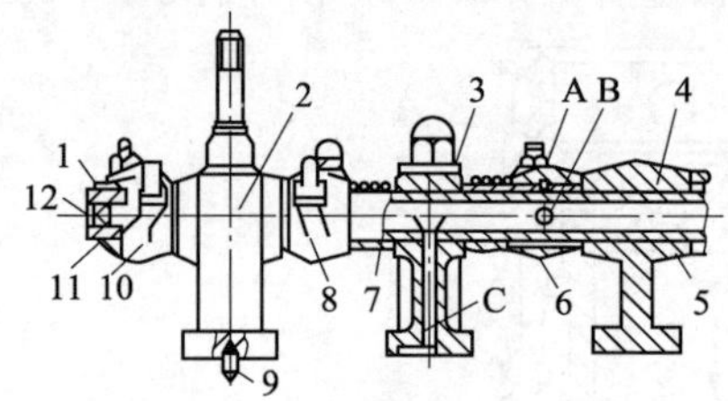

图 3-32 摇臂组结构

1-垫圈;2、3、4-摇臂轴支座;5-摇臂轴;6、8、10-摇臂;7-弹簧;9-定位销;11-锁簧,12-堵头;A、B、C-油孔

二、气门传动组的拆装

1. 凸轮轴的拆卸

(1)将发动机放在旋转台架上。

(2)取下各缸高压线,拆卸汽缸盖罩。

(3)拆卸正时齿形带防护罩。

(4)转动曲轴使凸轮轴正时齿形带轮位于第一缸上止点标记。凸轮轴正时齿形带轮上的标记必须对准。

(5)松开张紧轮,从凸轮轴正时齿形带轮上拆下正时齿形带,如图 3-33 所示。

(6)拆下凸轮轴正时齿形带轮。

(7)从凸轮轴上取下半圆键。

(8)先拆下排气凸轮轴第 1、3、5 号轴承盖,然后对角交替松开第 2、4 号轴承盖。然后用相同的方法拆下进气凸轮轴的轴承盖,如图 3-34 所示。

(9)取下凸轮轴。

2. 凸轮轴的安装

安装凸轮轴前应更换凸轮轴油封。安装凸轮轴时,第一缸的凸轮必须朝上,安装轴承盖时要保证孔的上下部分对准。

(1)润滑凸轮轴轴承表面。

(2)交替对角拧紧 2、4 号排气凸轮轴轴承盖螺栓,拧紧力矩为 20N · m。然后用同样的方法拧紧 5、1、3 号轴承盖螺栓,拧紧力矩为 20N · m,如图 3-34 所示。

(3)装上半圆键,装上凸轮轴带轮,用 100N · m 的力拧紧。

(4)用(2)相同的方法安装好进气凸轮轴轴承盖螺栓。

(5)安装好正时皮带,并拧紧张紧轮。

(6)安装正时齿轮罩。

(7)安装气门室罩盖。安装好凸轮轴后,发动机在约30min之内不得起动,以便液力挺杆的补偿元件进入状态,否则气门将敲击活塞。

图3-33 松开张紧轮

图3-34 拆下轴承盖

3. 摇臂轴总成的拆装要点

对于有摇臂轴的发动机拆装摇臂轴总成的要点如下:

拆装时要防止拆装不当造成摇臂轴弯曲。因为装在摇臂轴上的各摇臂,有的摇臂正处于压缩气门弹簧使气门打开的状态,这样的摇臂对摇臂轴有一个向上的作用力。所以,在拆卸摇臂轴时,要把全部摇臂支座的固定螺栓分几次逐渐拧紧,使摇臂轴平行地远离汽缸盖。同样,安装时也要分几次逐渐拧紧。

三、气门传动组常见故障诊断与维修

气门传动组常见的故障主要有:气门脚响、液压挺柱异响、正时齿轮异响、凸轮轴异响等。

1. 气门脚响故障诊断与维修

故障现象:

(1)发动机怠速时,发出有节奏的"嗒、嗒、嗒"响声。

(2)转速增高,响声也随之增高。

(3)发动机温度变化或做断火试验,响声不变。

故障原因:

(1)机件磨损或调整不当,使其气门间隙过大导致气门杆端与调整螺钉头部碰击。

(2)气门传动机构缺少润滑也会出现气门脚响。

故障诊断:

(1)先检查发动机的润滑油是否充足,气门室盖内的润滑是否正常。

(2)如果润滑系统工作正常,为查明是哪一只气门脚响,可将气门室盖拆下,在怠速时用手提起挺柱或用适当厚度的厚薄规插入可疑的气门脚与调整螺钉之间,若响声消失则说明该气门间隙大。

(3)若厚薄规插入后,气门没有间隙,响声减轻但没有消除,用螺丝刀撬气门杆,若响声消除,则说明气门杆与导管磨损过甚。

故障排除：

按照正确的操作方法调好气门间隙。更换相应的磨损零件。

2. 液压挺柱异响故障诊断与维修

故障现象：

(1)发动机运转时，出现有节奏的“嗒、嗒”声

(2)怠速时明显，中速以上减弱或消失。

故障原因：

(1)发动机机油油面过高或过低，致使有气泡的机油进入液压挺柱中形成弹性体而产生噪声。

(2)机油压力低。

(3)由于机油泵、集滤器损坏或破裂，使空气吸入到机油中。

(4)液压挺柱失效。

故障诊断及排除：

(1)检查机油油面，适当添加或排放，使油量正常。起动发动机，并使之运转直到散热器风扇运转，然后将发动机转速提高到约2000r/min，并运转2min，若此时气门脚响的现象消失，则可继续使用发动机，无需拆修。

(2)若气门脚响的现象仍存在，则应拆卸油底壳，检查更换机油泵、集滤器、更换机油。

(3)拆检配气机构，对于拆下的液压气门挺柱，可用手指捏住液压挺柱的上、下端面用力按压，如有弹性，则说明液压挺柱已失效，应更换。

3. 正时齿轮异响故障诊断与维修

故障现象：

这种响声比较复杂，有的有节奏，有的无节奏，有的间歇响，有的连续响。

(1)怠速或转速变化时，在正时齿轮盖处发出杂乱而轻微的噪声，转速提高噪声消失，急减速时，此噪声尾随出现。

(2)此响声不受温度和单缸断火试验的影响。

故障原因：

(1)正时齿轮啮合间隙过大或过小。

(2)曲轴和凸轮轴中心线不平行，造成齿轮啮合失常。

(3)更换曲轴和凸轮轴轴承后，改变了齿轮啮合位置。

(4)凸轮轴正时齿轮固定螺母松动。

(5)凸轮轴正时齿轮牙齿折损。

故障诊断及排除：

(1)发动机在怠速时，发出合节奏的、轻微的“嘎拉、嘎拉”的响声，中速时显得突出，高速时声音变得杂乱，严重时正时齿轮盖有振动，此种情况为齿轮啮合间隙过大。

(2)新车大修或更换正时齿轮后，如果发动机发出一种连续不断的“嗷、嗷”声，发动机转速越高响声越大，此种情况为齿轮啮合间隙过小。

(3)齿轮啮合不良引起的响声类似呼啸声，响声的大小随发动机转速变化而变化。

(4)发动机怠速运转时，发出有节奏的“哽、哽”响声，发动机转速提高，响声加大，此种

响声为齿轮啮合不均的响声。

(5)若随发动机运转而产生有节奏的清晰的撞击声,则为正时齿轮个别齿损坏。

3-1 配气机构的功用是什么?

3-2 简述顶置气门式配气机构的组成及特点。

3-3 比较下置、中置、上置凸轮轴式配气机构的优缺点及各自应用的场合。

3-4 配气机构中凸轮轴的传动方式有哪几种?各有何特点?

3-5 指出气门排列的几种形式及各自的特点。

3-6 配气机构中为什么要留气门间隙?气门间隙过大或过小有何危害?

3-7 什么是配气相位?画出发动机配气机构的配气相位图。

3-8 气门间隙的调整方法有哪几种?其调整步骤各怎样?

3-9 简述可变配气正时结构及工作原理。

3-10 气门头部有哪些形状?各有何特点?

3-11 什么是液压挺杆?简述其工作原理。

3-12 气门杆尾部与气门弹簧座连接的方式有哪几种?各有何特点?

3-13 为防止共振,气门弹簧的设计一般采用哪些措施?

3-14 简述气门组的拆装过程。

3-15 简述气门传动组的拆装过程。

【教学设计能力拓展训练二】

“发动机两大机构”教学过程设计训练

一、任务引导

简介中职学校学生学习汽缸盖的检查及汽缸衬垫的更换的起点、教学设备、教学目标、教学内容、教学重点难点、学时分配等内容,以便学习者设计教学过程时参考。

1. 中职生的学情分析

(1)文化基础知识薄弱,认知、记忆、思维能力较差,对授课内容难以理解,但渴望被人接纳和爱护,渴望得到别人的认可和称赞,渴望成功,形象思维丰富,好动,喜欢动手实践。

(2)学习过初中物理,同时对发动机的组成、工作原理有了一定的了解。

2. 中职学校汽缸盖的检查及汽缸衬垫的更换教学环境

理论实践一体化教室:配置多媒体教学设备、学生查阅资料的电脑、课桌椅、充足的实训台架等、实训工具、课程资源库教学平台(配置相关视频、动画、图片、电子教材、作业单、练习题、考核表等)。

3. 中职学校汽缸盖的检查及汽缸衬垫的更换教学目标

1)知识目标

(1)能叙述曲柄连杆机构的组成与工作原理。

(2)能识别发动机曲柄连杆机构主要零部件的名称和作用。

(3)能制订汽缸盖的检查及其衬垫的更换的计划。

2)能力目标

(1)能规范拆装汽缸盖。

(2)能正确进行汽缸盖的检查及其衬垫的更换。

4. 中职学校汽缸盖的检查及汽缸衬垫的更换教学内容与学时分配

任务一　曲柄连杆机构的组成与工作原理　　1 课时。

任务二　制订汽缸盖的检查及其衬垫的更换的计划　1 课时。

任务三　汽缸盖拆装　　3 课时。

任务四　汽缸盖的检查及其衬垫的更换　　1 课时。

5. 中职学校汽缸盖的检查及汽缸衬垫的更换的教学重点、难点

(1)教学重点:汽缸盖拆装规范和汽缸盖的检查及其衬垫的更换。

(2)教学难点:汽缸盖拆装规范和汽缸盖的检查方法。

6. 中职学校转向系统的教学方法与教学流程

采用理论实践一体化教学,通常采用任务驱动教学法(12221 教学模式)。

12221 教学模式内容:学生完成 1 份任务引导文,学生观察老师操作 2 次,学生亲自操作 2 次,学生指导其他同学操作 2 次,学生完成 1 份作业工单。

(1)任务资讯:完成任务引导文,收集必要知识点(例如汽缸盖的作用、结构名称,拆装、检查工具等)课前预习加上课上听老师讲解后完成(学生完成 1 份任务引导文)。

(2)布置学习任务:明确每个任务的目标和完成标准。

(3)教师示范和讲解:教师根据任务的难易程度作必要的示范和讲解,比如汽缸盖的螺栓的拆装拧紧顺序和注意事项等等;(学生观察老师操作 2 次)。

(4)任务实施:学生分组练习,教师巡逻指导→换组,直至完成每个细分的任务(学生亲自操作 2 次)。

(5)任务检查:学生对照任务目标和完成标准组内自我检查。

(6)任务指导:学生对照任务工单对其他学生进行指导(学生指导其他同学操作 2 次)。

(7)任务考核与评价:根据各组任务完成情况进行点评小结(可以先让小组汇报后再点评)。

(8)学生完成作业工单(学生完成 1 份作业工单)。

二、教学过程设计

项目	参　考　依　据
教学环节	有完整的教学过程 (1)任务驱动教学流程:任务准备→任务导入→任务分析→完成任务→任务总结→作业布置→教后反思; (2)行动导向教学流程:资讯→计划→决策→实施→检查→评估; (3)采用其他形式的教学实施过程方式(例如 12221 模式,12221 教学模式内容:学生完成 1 份任务引导文,学生观察老师操作 2 次,学生亲自操作 2 次,学生指导其他同学操作 2 次,学生完成 1 份作业工单)

续上表

项目	参 考 依 据
过程内容	(1)教学内容的连贯性、紧凑性; (2)教学做合一; (3)能激发学习动机
过程布局	(1)对教学内容顺序合理安排; (2)学生的活动指向教学目标; (3)学习者活动、教学活动、媒体活动融合穿插; (4)时间分配的总体考虑
过程方法	(1)方法多样化——小组作业、项目教学、舞台表演、角色扮演、社会调研等; (2)让每一个学生都动起来; (3)围绕学生兴趣进行选取
过程特点	(1)是学生主动的学习; (2)学习核心是完成一个任务; (3)学习以学生兴趣为起点,参照实际工作; (4)学生参与任务的设计、实施、评价全过程

三、单元二(发动机两大机构)教学过程设计任务单

全班分成4~6个设计小组,每组选择单元内的一个任务进行教学实施过程设计。

组别		设计任务	
设计项目	内 容		选取依据分析
(1)教学流程方式确定			
(2)教学过程内容范围			
(3)教学过程布局(内容顺序、时间分配)			
(4)教学过程方法			
展示评价	各小组自评、互评、PPT等形式展示本组的设计成果		

四、教学过程设计训练评分标准

序号	项 目	内 容	分 值	得 分
1	教学环节	教学环节设计合理、层次清楚,过渡自然	20	
2	过程内容	教学内容的连贯、紧凑,能激发学生学习积极性,教学做合一	20	
3	过程布局	能根据教学重、难点合理分配时间,对教学内容顺序合理安排,学习者活动、教学活动、媒体活动融合穿插	15	
4	过程方法	以学生兴趣为中心,让每个同学都能参与	20	
5	过程特点	教学过程设计巧妙、形式新颖、环环相扣,	25	
总 分			100	

项目四　汽油机燃油供给系统

知识目标

通过本项目的系统学习，要求学生掌握以下知识：

1. 掌握汽油发动机燃油供给系统的组成及工作原理。
2. 掌握电控汽油机燃油喷射系统的构成及传感器构造。
3. 掌握电控汽油机燃油系统的故障诊断与维修技能。

能力目标

通过系统学习，要求学生具备以下能力：

1. 理解汽油发动机燃油供给系统的组成。
2. 认识电控汽油供给系统的组成及其工作原理。
3. 有对电控燃油喷射系统进行故障诊断及检修的能力。
4. 懂得检测燃油压力和更换燃油滤清器。

任务一　汽油机的燃料

一、汽油

汽油是原油中最轻的馏分，英文名称是 Gasoline、Petrol。其主要成分是 C_4—C_{12} 的脂肪烃和环烷烃，是一种无色或淡黄色的挥发性液体；具有特殊的臭味，不溶于水，但易溶于苯、二硫化碳、醇和脂肪；熔点小于 -600℃ 沸点在 400 ~ 2000℃ 之间，闪点低，相对于水的密度为 0.70 ~ 0.79。汽油具有毒性，对人体存在健康危害，急性中毒表现为对神经中枢系统有麻醉作用；轻度中毒症状有头晕头疼、恶心呕吐等。慢性中毒则表现为神经衰落综合征，植物神经功能紊乱等，对皮肤也有损害。

汽油最初采用蒸馏方法进行生产，即将原油加热，在不同的温度即可分离得到汽油、柴油、煤油等不同产品。然而蒸馏法生产汽油效率低下，直接蒸馏法生产的汽油的收率仅大约为 20%，于是采用了裂解法，将这样能够获的汽油更多，也更优质。汽油的裂化方法有热裂化和催化裂化。目前使用较为广泛的是催化裂化，催化裂化可以从石油中提取更多的优质汽油。

汽油的使用性能指标主要是蒸发性、热值和抗爆性。

1. 蒸发性

汽油由液态转化为气态的性质，叫作汽油的蒸发性。汽油蒸发性不好，则混合气形成不良，低温时发动机起动困难，燃烧不完全，使发动机预热时间加长，油耗增加，排气污染物增加；未蒸发的汽油冲刷发动机汽缸润滑油膜，窜入曲轴箱后稀释发动机油，加剧机油变质，影响正常润滑。汽油的蒸发性太好又会使汽油机燃油供给系统产生气阻，阻碍汽油流动，导致发动机不能正常工作或停机后不能起动，还会使汽油在保管和使用中的蒸发损失增加，增加汽油蒸汽的排放浓度，使电子控制汽油喷射发动机中的炭罐容易过载，且油路中气泡增加，影响喷油器流量的稳定，直接影响发动机的运行控制。

影响蒸发性的因素：由其馏分组成决定。汽油中轻质的馏分含量较多、低沸点馏分的含量多，沸点越低则汽油的蒸发性越强。评定蒸发性：馏程和饱和蒸汽压。

气阻：在大气温度高或大气压低的使用条件下，汽车容易产生气阻，使汽车加速不良，功率不足甚至熄火的可能。为减小气阻发生可采取如下措施：

(1)使用合适饱和蒸汽压的汽油。

(2)加强发动机罩下的通风，降低进油管、油泵的温度。

(3)改善进油管道的布置、减小输油管的弯角。

2. 热值

热值指的是1kg燃料完全燃烧后产生的热量。汽油的热值约为44000J/kg。

3. 抗爆性

可燃混合气在发动机汽缸内被电火花点燃后，在火花塞附近形成火焰中心。火焰前锋以20～60m/s的速度分层、逐渐向火焰前方的未燃混合气平稳推进。在这期间汽缸内压力升高率约为170kPa/曲轴转角度。最高压力出现在活塞上止点以后10°～15°，温度上升很均匀，这样的燃烧为正常燃烧。在某些条件下，可燃混合气不正常燃烧。这种不正常燃烧的过程是当可燃混合气在发动机汽缸内被电火花点燃以后，一部分未燃混合气因受到正常火焰前锋面的压缩和热辐射作用，温度和压力急剧升高，化学反应加剧，生成和积累了许多不稳定的过氧化物。在正常火焰前锋尚未传到之前，这些过氧化物就发生剧烈分解而自行燃烧。形成一个或多个火焰中心向四面八方传播。这种火焰可高达300～1000m/s，比正常燃烧的火焰传播速度快15到20倍。由于燃烧极为迅速，气体来不及膨胀，以致燃气压力及温度在局部极速增长。在自然区形成一个压力脉冲，这就是爆震燃烧。

它的特征为：

(1)燃烧室内发出金属振音。

(2)在轻微爆震燃烧室，发动机功率稍有所增加；强烈爆震时，发动机功率下降，油耗上升，工作不稳定且伴有较大震动。

(3)冷却系统过热。

(4)汽缸温度上升。

影响爆震的因素：

(1)发动机压缩比。在燃用同一汽油情况下压缩比高的汽油机比压缩比低的汽油机更容易产生爆震。

(2)点火提前角。点火过于提前增加了活塞上行的阻力，燃烧室温度压力上升，增大了爆震倾向。

(3)混合气浓度。稀混合气时,因汽油少,混合气燃烧房产热量少,燃烧速度也慢,发动机输出功率较小,这种混合气浓度会使发动机爆震燃烧的倾向减小;稍浓的混合气燃烧速度快,发动机爆震倾向增加。

(4)发动机转速。发动机转速增大时,燃料与空气形成的混合气从压缩到着火燃烧时间短,减弱了高温下燃料着火前的氧化过程。也加强了汽缸中混合气的涡流运动,混合气涡流运动的增强,进一步增大了汽缸受热部分传至混合气的热量,因而使燃料的蒸发与空气形成混合气的过程条件有所改善,同时也改善了发动机中的整个燃烧过程。发动机爆震倾向降低。

(5)发动机负荷。发动机负荷大,则汽缸中温度压力也就提高。所以产生爆震燃烧的可能性也就提高。大多数爆震燃烧都是发生在发动机大负荷工作状态下。

(6)燃烧室积炭。积炭增多后,发动机实际压缩比大于正常值。同时积炭也是热的不良导体易使发动机过热而产生爆震。

(7)燃料因素。燃料的抗爆性与发动机的压缩比匹配,汽油抗爆性越好,在使用中就不容易产生爆震。抗暴性不好的燃料在燃烧过程中因受高温、高压的影响,会生成许多不稳定的过氧化物,在正常火焰面未到之前,这些过氧化物就聚集到一定浓度,就会发生爆震。

除上述因素外,还有冷却液的冷却温度,进气温度,进气压力等。

二、汽油标号

汽油标号的高低只是表示汽油辛烷值的大小。汽油辛烷值的给定是以抗爆性较好的辛烷值给定为100,以抗爆性差的正庚烷给定为0。汽油辛烷值的测定是以异辛烷和正庚烷为标准燃料,在一台专用可变压缩比的单缸试验发动机上,选用被测汽油作为燃料,试验中逐步提高发动机的压缩比,直至试验发动机产生标准强度的爆震。然后在该压缩比下使标准燃料产生的爆震强度与被测试样相同,标准燃料中异辛烷所占的体积百分数就是试样的辛烷值。辛烷值高,抗爆性好。汽油的等级(牌号)是按辛烷值划分的。高辛烷值汽油可以满足高压缩比汽油机的需要。所谓的97号汽油,就是97%的异辛烷,3%的正庚烷。压缩比的高低对发动机使用汽油等级的要求有很大影响,一般来说,压缩比越大,要求使用的汽油标号越高。高压缩比的发动机如果选用低标号汽油,会使汽缸温度剧升,汽油燃烧不完全,机器强烈震动,从而使输出功率下降,机件受损。低压缩比的发动机硬要用高标号油,就会出现"滞燃"现象,燃烧滞后,出现燃烧不完全现象,发动机的动力性能、燃油经济性、排放都受影响。车辆越高档对燃油质量的要求也越高,例如30万元以上的中高档车,就只能加95号或97号汽油。这里说的95号和97号代表的只是汽油中的辛烷值的大与小,并不能说明97号汽油就比93号汽油清洁。高档汽车对汽油的清洁度却要求极高,如果汽油的标号不对,对车辆的影响很快就能表现出来,如加完油后马上出现加速无力的现象;如果汽油杂质过多,对汽车的影响就要一段时间后才能反映出来,因为积炭或胶质增多到一定程度才会影响汽车行驶。通常,压缩比在7.5~8.0应选用90号车用汽油;压缩比在8.0~8.5应选用90号~93号车用汽油;压缩比在8.5~9.5应选用93号~95号车用汽油;压缩比在9.5~10应选用95号~97号车用汽油。一般可以在汽车说明书中查到压缩比,除说明书以外,有的车辆生产厂也会在油箱盖内侧标注推荐使用的燃油标号。车主应严格按发动机不同的压缩比,选用相应标号的车用汽油,才能使发动机发挥出最佳的效能。如图4-1所示为加油站所标示的汽油的标号。

图4-1　汽油标号

三、混合气

发动机工作混合气浓度的表示方法:燃烧本身是一种剧烈的氧化还原反应,它不仅仅需要气和燃料,而且还有一个非常重要的因素,那就是空气和燃油的比例。表述混合气浓度,引入了两个概念:空燃比和过量空气系统。

1.空燃比

空燃比就是混合气中空气的质量和燃油质量的比值。

例如1kg汽油和20kg空气混合,那么形成的混合气的空燃比为20:1(或20)。汽油,是一大堆碳氢化合物的综合物,在汽油和空气混合,完全燃烧后,得到的是二氧化碳和水,这即是一个化学平衡点。标准汽油混合气的空燃比为14.7:1(或14.7),意味着1kg汽油完全燃烧需要14.7kg空气。不同的燃料空燃比也不一样,那是因为燃料中的碳氢化合物的成分不同,比如说,天然气17.2:1,石油液化气15.5:1,乙醇9.0:1,甲醇6.4:1,氢气34:1,柴油14.6:1。

2.过量空气系数 a

空燃比是一个绝对的空气和燃油质量的比例,不同燃料因为碳氢化合物的成分不同,标准空燃比不完全相同。而引入过量空气系数就很好地解决了这个问题。过量空气系数是一个相对比例:混合气的实际的空燃比和标准空燃比的比例。

过量空气系数 a 代表的含意:$a=\dfrac{\text{燃烧1kg燃料实际供给的空气质量}}{\text{完全燃烧1kg燃料所需的理论空气质量}}$

混合气浓度对发动机工作的影响如下。

(1)发动机正常工作时:

$a=0.88\sim0.92$ 时,混合气稍浓,发动机的动力性能好;

$a=1.11$ 左右时,混合气稍稀,发动机的经济性能好;

$a=1.0$ 时,三元催化转化器工作效率高,电控发动机闭环控制时控制 $a=1.0$。

所以,采取化油器供油的发动机,正常工作时混合气的浓度保持 $a=0.88\sim1.11$。

(2)混合气过浓的后果:

随着混合气的变浓,发动机工作的变化如下:发动机油耗增大⇨排气管冒黑烟和碳尘⇨动力下降,加速性能变差⇨熄火。

(3)混合气过稀的后果:

随着混合气的变稀,发动机工作变化:发动机油耗增大⇨进气管回火及拍击声⇨动力下降,加速性能变差⇨熄火

四、汽油使用注意事项

1. 防火、防爆

(1)能指标汽油属于易燃物品,它的燃烧温度范围很宽,因此在接触和使用汽油时,必须注意安全,如图4-2所示。

图4-2　易燃标识

(2)油罐及储油容器倒装汽油时,附近要严禁烟火。一切火种不得带入倒装现场(如油库、油站及车库等),倒装现场要用防爆灯具和防爆开关,切勿使用明火照明。

(3)不要用工具敲击汽油桶,特别是敲击装过,汽油的空桶,因为桶内充满汽油与空气的混合气,一遇到明火就可能引起爆炸。

(4)沾有油料的抹布、棉纱、手套等不要随意丢弃在车库、车间或油库内,以免自燃。

(5)注意仓库、油库、车间等操作场所通风良好,油蒸汽容易逸散到大气中去,防止其聚积。

2. 注意静电

汽油在运输或使用过程中,油料分子之间和油料与其他物质之间的摩擦会产生静电,使其电压随着摩擦而加剧而增高,当电压增高到一定程度后,就会产生火花放电,如遇可燃混合气就会被点燃,如图4-3所示。

图4-3　防静电标识

措施:

(1)加注汽油时,油管出口处不许绑扎过滤绸布套或其他过滤介质。

(2)加注汽油时,尽可能采用暗流输油,严禁悬空灌注燃料。即油管出口要插入油箱面以下或尽量插入到油箱深处。

(3)加注汽油时,流速不宜过大,尤其是在开始加注时要减低流速。

(4)尽可能减少汽油搅动,油罐车往返途中行车应平稳,车速不宜过快,且必须有接地铁链。

(5)需要加注的汽车,进入油站后,不宜马上开油箱盖,立刻加油,应稍等几分钟,再操作。

(6)不要用塑料桶来装汽油。

3. 预防中毒

(1)汽油对人体有一定的危害,应采取措施,如图4-4所示。

(2)尽量避免汽油蒸汽和呼吸道的直接接触,避免大量汽油蒸汽直接吸入人体。

(3)养成良好的卫生习惯。

(4)禁止用嘴吸吮汽油。

(5)在洗刷油罐、油罐车时,必须遵守操作流程。

图4-4 有毒标识

五、醇类汽油

为了克服能源消费制约因素,促进经济协调发展,以新的能源代替新型资源型能源,是人们今后需要探索的新方向。在众多的汽车使用燃料的研发中,醇类汽油是很有希望的代用燃料。

1. 甲醇汽油

甲醇是各地氨厂、化肥厂、炼油厂的副产品,来源广泛,价格便宜。甲醇汽油是将甲醇和汽油以一定比例混合形成的一种车用燃料。天津大学姚春德教授研究发现,在成品油里添加20%甲醇,制成车用混合燃料,可以在不改变发动机结构及参数的情况下替代成品油应用于发动机上,而且可以随时和成品油换用。使用甲醇混合燃料可以使汽车排气中有害物质明显降低,例如汽油机使用甲醇汽油,与汽油相比CO排放减少15.7%~90%,碳氢化合物比汽油减少21.0%~93.5%。

清洁甲醇燃料产品特点:

(1)辛烷值高。该产品辛烷值比同牌号国标无铅汽油辛烷值高3~5个单位,适用于高压缩比发动机,可增加动力性。

(2)动力性强。甲醇汽油在配制过程中,复配有清洁剂等可增加发动机动力的组分物。

(3)能耗率低。该产品添加剂配制中可以加入提高热值组分,加之对车辆的适应性调整,能耗率降低5%以上。

(4)高清洁型。使用甲醇汽油的有害物质排放CO、NO可降低30%~50%。

(5)通用性好。甲醇汽油可在不改变发动机结构及参数的情况下直接使用,能满足发动机的动力要求和运行平稳。

(6)保持期长。甲醇汽油在水分含量不超标或正常温度范围内可稳定保持三个月以上。

2. 乙醇汽油

乙醇汽油是指在不添加含氧化合物的汽油中,加入一定量变性燃料乙醇后用作点燃式发动机的燃料,乙醇体积分数加入量为10%的,称为E10;乙醇体积分数加入量为20%的,称为E20;依此类推。所谓变性燃料乙醇是指加入变性剂后不能饮用,只做燃料的用的乙醇。推广使用这种汽油的目的,主要是粮食生产大国陈化粮的出路问题,有效解决玉米等粮食转化问题。目前国内汽车厂家生产的汽车元件,绝大部分都能适应使用乙醇汽油的要求,只有少数几种的橡胶垫圈存在问题。对于乙醇问题,腐蚀和水分问题直接关系到汽车的寿命和行车质量。乙醇与汽油勾兑达到10%,确实会对铜产生腐蚀作用,但只要按规定执行使用,就可以解决问题。至于水分问题,只要不人为加水就没问题。乙醇汽油的油水分层会造成汽车打不着火的现象,但如同腐蚀一样,它也是一个学术上的分层,比如说,汽油中勾兑的是10%的燃料乙醇,如果水分多了,经过检测分析,可能发现上面是8%的乙醇含量,中间是

10%,下面可能变成了12%,这在学术上叫作分层,而不是油是油,水是水,明显分开。石油资源的匮乏和汽车尾气污染的日益严重,促使燃油电子喷射技术和乙醇汽油燃料在国内外获得广泛的使用。国内外学者对电喷汽油机燃用乙醇汽油做了大量的研究,研究表明:电喷汽油机改燃小比例掺烧(10% ~15%)的乙醇汽油后,与普通汽油相比,乙醇汽油的燃油消耗率增加5% ~10%,但能耗率会有所改善;CO 排放可以减少14% ~20%,HC 排放也可以减少7% ~14%左右,NO_x 排放会增加或减少5%左右。

任务二　燃油供给系统的组成

燃油供给系统由油箱、电动汽油泵、汽油滤清器、油管、燃油共轨、压力调节器与喷油器等组成,如图4-5所示。

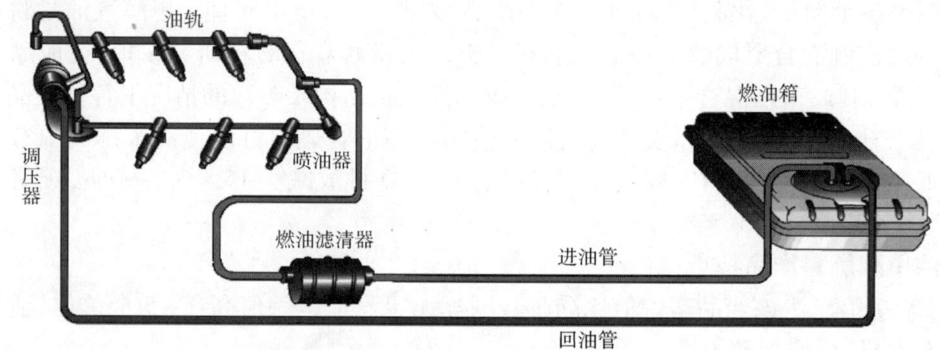

图4-5　多点喷射燃油供给系统

1. 油箱

油箱用以储存汽油,汽油箱的数目及容量随车型而异,普通汽车具有一个油箱,越野车则常有主、副两个油箱,油箱的典型结构如图4-6所示。一般汽车汽油箱的储备里程,即储存的燃油可供汽车行驶的里程为200 ~600km。在货车上,汽油箱通常装在车架外侧、驾驶座位下或货台下面,而轿车的汽油箱则装在车身的后部。液压系统中的油箱有整体式和分离式两种。整体式油箱利用主机的内腔作为油箱,这种油箱结构紧凑,各处漏油易于回收,但增加了设计和制造的复杂性,维修不便,散热条件不好,且会使主机产生热变形。分离式油箱单独设置,与主机分开,减少了油箱发热和液压源振动对主机工作精度的影响,因此得到了普遍的采用,特别在精密机械上。

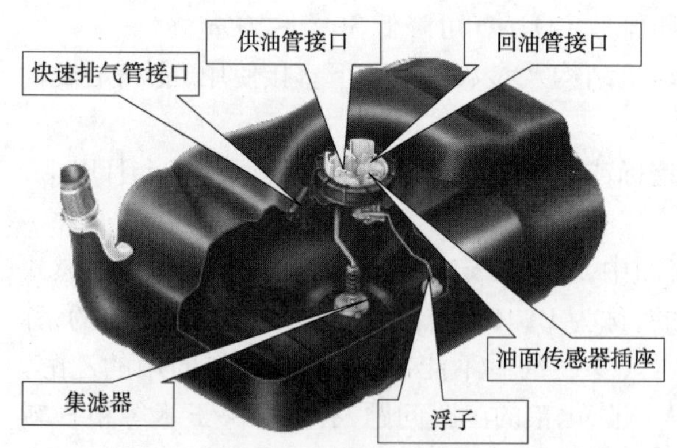

图4-6　油箱的典型结构

2. 电动汽油泵

电动汽油泵从油箱中吸入燃油,加压后通过喷油器供给发动机。其安装方式有两种:一种是在燃油箱外，安装在输油管路中的外装串联式；另一种是安装在油箱中的内装式。从结构形式上分，电动燃油泵有滚柱式、涡旋式和摆线式。目前电动燃油泵一般都暗装在油箱内。

1）涡轮式电动燃油泵

原理：如图4-7所示，油泵电动机通电时，电动机驱动涡轮泵叶片旋转，由于离心力的作用，使叶轮周围小槽内的叶片贴紧泵壳，将燃油从进油室带往出油室。由于进油室的燃油不断增多，形成一定的真空度，将燃油从进油口吸入；而出油室燃油不断增多，燃油压力升高，当达到一定值时，顶开出油阀出油口输出。出油阀在油泵不工作时阻止燃油流回油箱，保持油路中有一定的压力，便于下次起动。涡轮式电动燃油泵的实物图如图4-8所示。

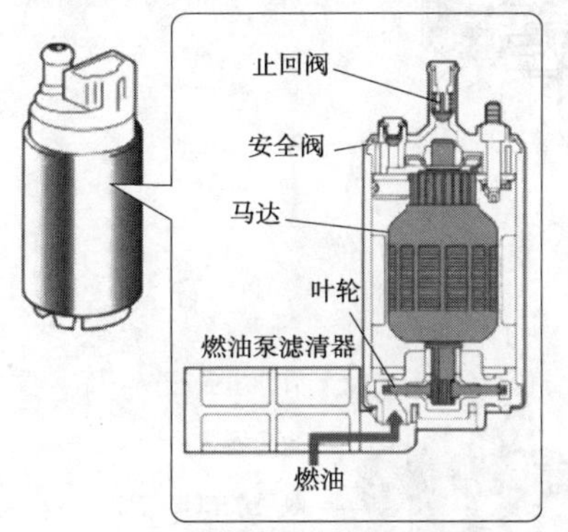

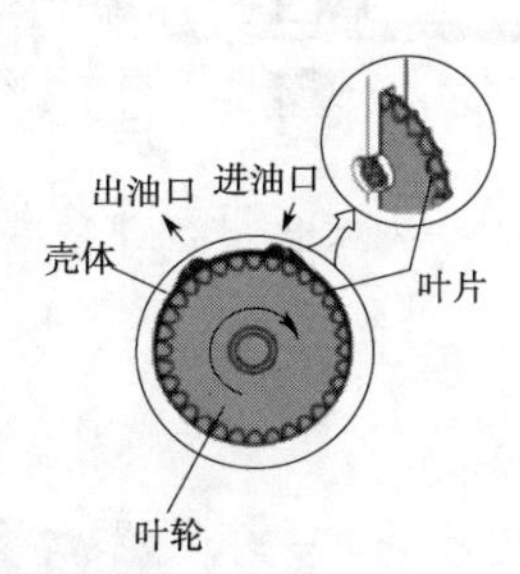

图4-7　涡轮式电动燃油泵结构组成

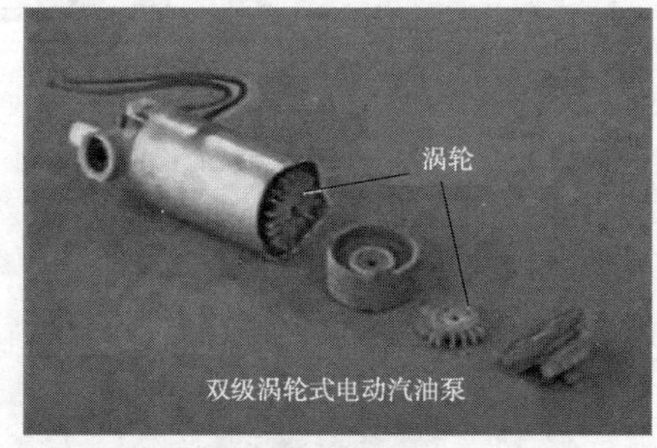

图4-8　涡轮式电动燃油泵实物图

优点：涡轮式电动燃油泵泵油量大、泵油压力较高、供油压力稳定、运转噪声小、使用寿命长等优点。此外，由于不需要消声器所以可以小型化，因此广泛地应用在轿车上，如捷达、本田雅阁等。

2）滚柱式电动燃油泵

结构：如图4-9所示，滚柱式电动燃油泵主要由燃油泵电动机、滚柱式燃油泵、出油阀、卸压阀等组成。

原理：当转子旋转时，位于转子槽内的滚柱在离心力的作用下，紧压在泵体内表面上，对周围起密封作用，在相邻两个滚柱之间形成工作腔。在燃油泵运转过程中，工作腔转过出油口后，其容积不断增大，形成一定的真空度，当转到与进油口连通时，将燃油吸入；而吸满燃油的工作腔转过进油口后，容积不断减小，使燃油压力提高，受压燃油流过电动机，从出油口输出。

3. 滤清器

作用：滤清器的实物图及结构图如图4-10和图4-11所示，滤清器可以滤除燃油中的氧化铁、粉尘等固体夹杂物，防止燃料系统堵塞，减小系统的机械磨损，确保发动机稳定运转，提高工作可靠性。

性能：应具有过滤效率高、寿命长、压力损失小、耐压性能好、体积小、质量轻等性能。

使用：滤芯阻塞时，将使油压下降、起动困难、发动机功率降低，故应按规定更换滤清器。

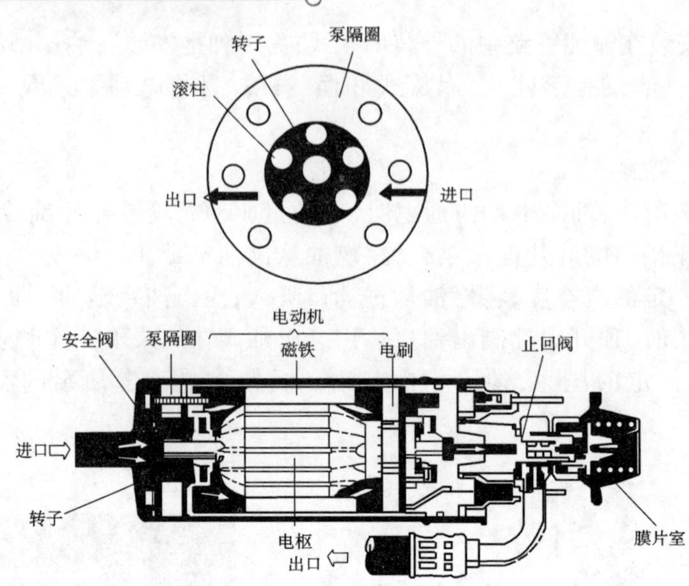

图 4-9 滚柱式电动燃油泵

图 4-10 滤清器实物图

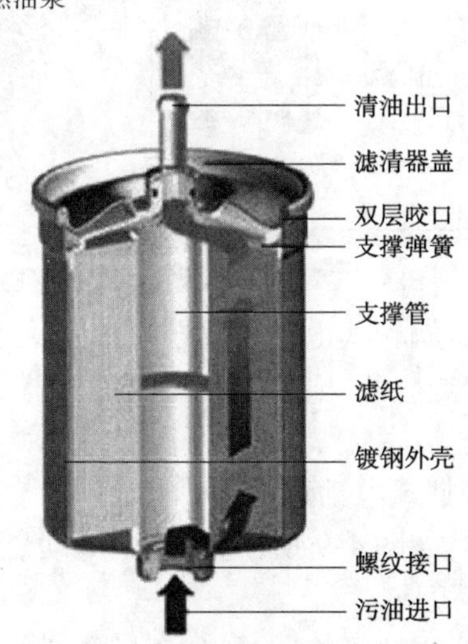

图 4-11 滤清器结构图

4. 燃油分配管

如图 4-12 所示，燃油分配管的作用是将燃油均匀的、等压的分配给各个喷油器，此外，还具有储油蓄压的作用，其容积油量相对于发动机循环喷油量要大很多，以防止燃油压力的波动，这样可供给各喷油器以等量的燃油，此外燃油分配管的结构应使喷油器的安装不复杂。

5. 油压调节器

油压调节器其结构如图 4-13 所示，由上、下壳体；膜片；弹簧；进油管；回油管；真空管；阀等组成，分为弹簧式和燃油室两部分。其工作原理如图 4-14 所示，来自输油管路中的高压油由入口进入并充满燃油室，推动膜片，打开阀门在设定压力下和弹簧力平衡，部分燃油经回油管流回油箱，输油管内的压力的大小取决于膜片弹簧的压力。由于燃油压力调节器的弹簧室和发动机进气管想通，进气歧管的真空度作用于调压器的膜片弹簧一侧，从而减弱了作用在膜片上的弹簧力，使回油量增加，燃油压力降低，即在进气歧管真空度增加时，喷油压力减小，但油压和进气歧管真空度的综合保持不变，即喷油器处压差恒定。油泵停止工作时，在弹簧力的作用下使阀关闭。这样，油泵内的单向阀和压力调节器内的阀门使油路中残留压力保持不变，一般使用的压力调节器，设定压力为250kPa左右。

作用：保证各工况喷油压力恒定。即使供油总管内油压与进气歧管内压力差保持恒定。

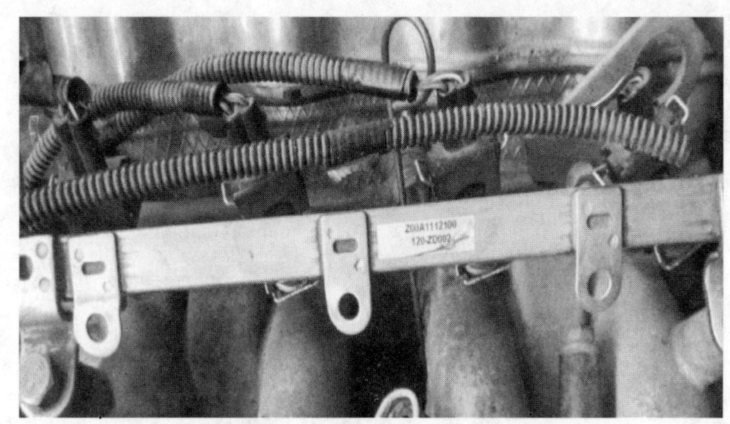

图4-12 燃油分配管

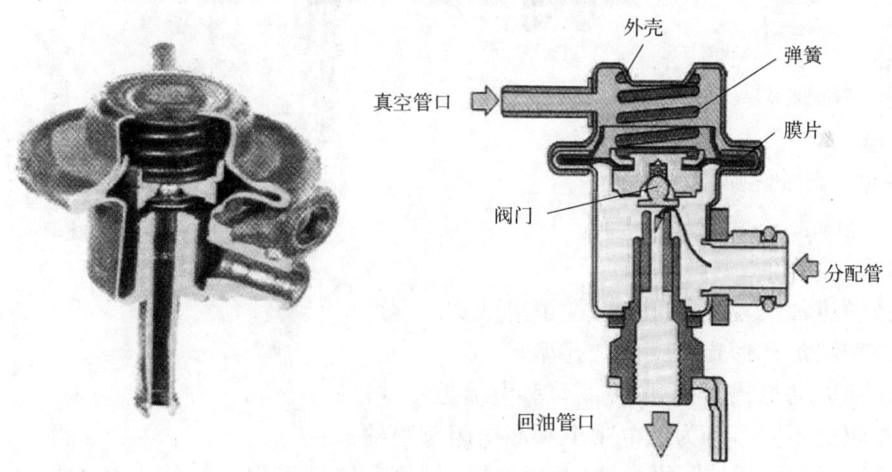

图4-13 油压调节器机构

6. 喷油器

喷油器俗称为喷油嘴，是供油系统中最重要的部件。它实质是一个电磁阀，当ECU发出指令后，电磁线圈通电使针阀打开，喷射汽油。

工作原理：如图4-15所示，喷油器通过绝缘热圈安装在进气歧管或进气道附近的汽缸盖上，根据ECU发出的喷油脉冲信号将电磁线圈接通，在电磁线圈磁场的作用下，针阀克服弹簧力而升起，向进气歧管或总管喷射汽油。当ECU将电路切断时，吸力消失，回位弹簧使针阀复位关闭喷油器，停止喷油。在喷油器的结构和喷油压力一定时，喷油器的喷油量取决于针阀的开取时间，即电磁阀的通电时间。

喷油器要求：

(1)具有良好的雾化能力和适当的喷雾形状，以保证发动机的冷起动性、怠速稳定性，并满足降低排放污染的要求。

(2)具有良好的流量特性，以适应于多种排量发动机的使用。

(3)具有良好的防积炭功能。

(4)使用寿命长。

(5)结构简单。

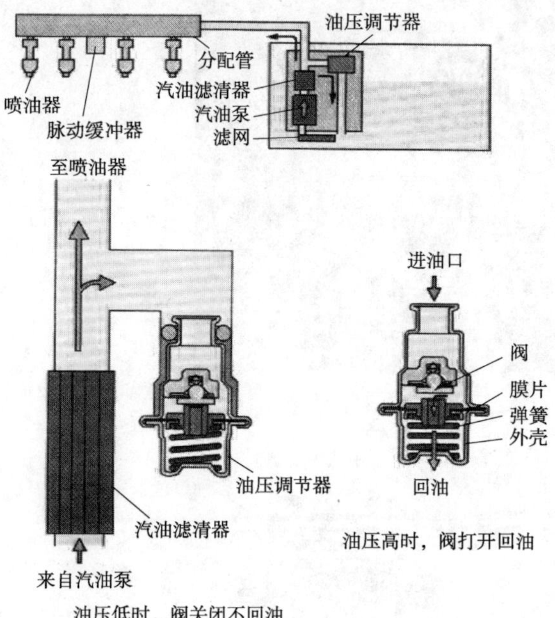

图 4-14 油压调节器工作原理

图 4-15 喷油器结构图

喷油器分类：

(1)按照进油位置分：上进油式、下进油式。

(2)按照喷油孔形式分：针型、孔型。

(3)按照驱动方式分：电压控制式和电流控制式。

(4)按阻值不同可分为低电阻型和高电阻型喷油器：

喷油器主要由滤网、回位弹簧、电磁线圈、针阀和衔铁等组成。特点是轴针可使汽油环状喷出，有利于雾化；针阀在喷口中往复运动，不易引起喷口堵塞。

喷油器所喷燃油的雾化情况和油束形状对发动机工作影响很大，如果形状合理，雾化效果好，那么发动机就会获得冷起动性好、怠速平稳、排污少的效果。雾化质量与喷油压力、喷射位置、喷油器结构、积炭情况有关。

对 SPI 系统而言，由于喷油器安装在节气门附近，燃油喷出后，在进气管中有较长时间的雾化过程，故所需燃油压力较低；而对 MPI 系统而言，喷油器一般安装在进气管或者汽缸盖上，因为是朝向进气门喷射燃油，雾化时间短，为保证良好的雾化，应该使油压相应提高。为提高雾化质量，轴针式喷油器利用端部加工而形成的锥形，使燃油以 100 ~ 400 的喷雾角喷出，锥形的尖锐边缘促使燃油雾化。

任务三　电控汽油喷射系统

一、电控汽油喷射系统的分类

1. 按喷射方式分类

1）连续喷射式

连续喷射式又称稳定喷射，在发动机运转期间是连续喷射汽油，如博世公司的 K-Jetronic 系统和 KE-Jetronic 系统。连续喷射都是喷入进气歧管内，而且大部分汽油是在进气门关闭时喷射的，因此大部分汽油是在进入歧管内蒸发。由于连续喷射系统不需要考虑发动机的工作顺序及喷油时机，故控制系统比较简单。

2）间歇喷射式

间歇喷射式又称脉冲喷射，喷射是以脉冲的方式在某一段时间内进行，因此有一定的喷油持续时间。间歇喷射的特点是喷油频率与发动机转速同步，且喷油量取决于喷油器的开启时间。故 ECU 可根据各传感器所获得的发动机运转参数动态变化的情况，精确计量发动机所需喷油量，在由控制脉冲宽度而得到各种工作状况的空燃比。间歇喷射又分为同步喷射、分组喷射、顺序喷射、变动喷射和混合喷射。

2. 按汽油喷射位置分类

在发动机电子控制系统中，按喷油器的喷射部位进行分类，又可分为缸内喷射和缸外喷射两种形式。

1）缸内喷射

如图 4-16 所示，它是将喷油器安装于缸盖上直接向缸内喷油，因此需要较高的喷油压力（3～12MPa）。由于喷油压力较高，故对供油系统的要求较高，成本也相应较高。同时由于要求喷出的汽油能分布到整个燃烧室，故缸内喷油器的布置及气流组织方向比较复杂，同时发动机设计时需保留喷油器的安装位置，使发动机的结构设计受到限制，需要优化设计。

2）缸外喷射

如图 4-17 所示，它是指在进气歧管内喷射或进气门前喷射。在该方式中，喷油器被安装于进气歧管内或进气门附近，故汽油在进气过程中被喷射后与空气混合形成可燃混合气再进入汽缸内。理论上，喷射时刻设计在各缸排气行程上止点前 70°左右为佳。喷射方式可以是连续喷射或间歇喷射。

相比而言，由于缸外喷射方式汽油的喷油压力（0.1～0.5MPa）不高，且结构简单，成本较低，故目前应用较为广泛。

3. 按照喷油器的数目分类

在发动机燃油喷射控制系统中，按喷油器数目进行分类，又可分为单点喷射（Single-Point Injection，SPI）和多点喷射（Multi-Point Injection，MPI）两种形式。

单点喷射与多点喷射的区别如图 4-18 所示。

1）单点喷射（SPI）

只有单一喷油嘴，由于进入各缸的喷油量不均匀，燃烧差。单点喷射在现在汽车中以很少使用，故不做介绍。

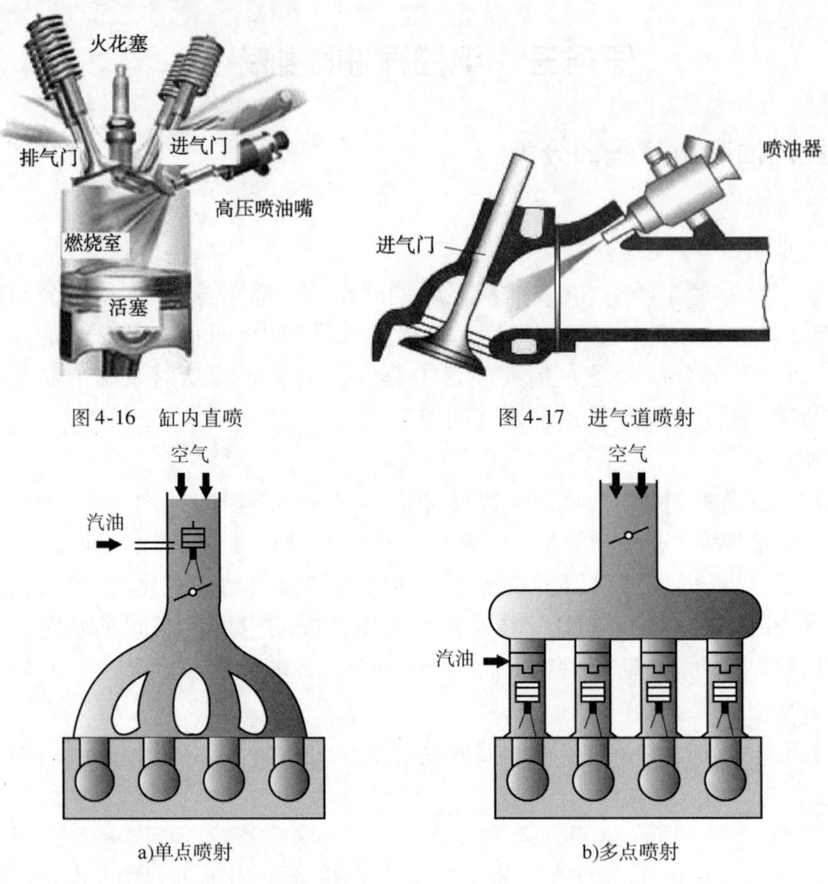

图 4-16　缸内直喷

图 4-17　进气道喷射

图 4-18　汽油喷射方式

2)多点喷射(MPI)

多点喷射系统是在每缸进气口处装有一只喷油器,由电控单元(ECU)控制顺序地进行分缸单独喷射或分组喷射,汽油直接喷射到各缸的进气门前方,再与空气一起进入汽缸形成混合气。多点喷射又称为多气门口喷射(MPI)或顺序燃油喷射(SFI)。

显然,多点燃油喷射避免了进气重叠带来的影响使得燃油分配均匀性较好,从而提高了发动机的综合性能。同时,由于它的控制更为精确,使发动机无论处于何种状态,其过渡过程的响应及燃油经济性都是最佳的。但是,多点喷射系统结构复杂,成本高,故障源也较多。由于电子技术日益成熟,法规的日益严格,多点喷射系统由于其性能卓越占主导地位。目前,随着技术成本的下降和排放法规的要求,多点喷射系统不仅为高级轿车和赛车所采用,基本上已经在所有的汽车发动机上使用。

4. 按照控制模式分类

1)开环控制

就是把根据试验确定的发动机各种运行工况所对应的最佳供油量的数据事先存入计算机中,发动机在实际运行过程中,主要根据各个传感器的输入信号,判断发动机所处的运行工况,再找出最佳供油量,并发出控制信号。

2)闭环控制

闭环控制系统又称为反馈控制系统，其特点是加入了反馈传感器，输出反馈信号，反馈给控制器，以随时修正控制信号。闭环控制系统在排气管上加装了氧传感器，可根据排气管中氧含量的变化，测出发动机燃烧室内混合气的空燃比值，并把它输入计算机中再与设定的目标空燃比值进行比较，将偏差信号经功率放大器放大后再驱动电磁喷油器喷油，使空燃比保持在设定的目标值附近。因此，闭环控制可达到较高的空燃比控制精度，并可消除因产品差异和磨损等引起的性能变化对空燃比的影响，工作稳定性好，抗干扰能力强。

采用闭环控制的燃油喷射系统后，可保证发动机在理论空燃比（14.7）附近很窄的范围内运行，使三元催化转换装置对排气的净化处理达到最佳效果。

但是，由于发动机某些特殊运行工况（如起动、暖机、加速、怠速、满负荷等）需要控制系统提供较浓的混合气来保证发动机的各种性能，所以在现代汽车发动机电子控制系统中，通常采用开环与闭环相结合的控制方式。

二、电控汽油喷射系统的组成和原理

电控汽油喷射系统由传感器、电控单元（ECU）和执行器三部分组成。

工作原理：

如图4-19所示，喷油器喷射到进气歧管中的汽油量，由喷油器喷孔的横断面面积，汽油的喷射压力和喷油持续时间来决定。为了便于控制，在实际的喷油控制系统中，喷孔的横断面面积和喷油压力都是恒定的，汽油的喷射量只取决于喷油持续时间。喷油器的喷孔由电磁阀来开闭，电磁阀的开启时刻（喷油开始时刻）和开启延续时间（喷油持续时间）的长短，由发动机的各种参数确定。

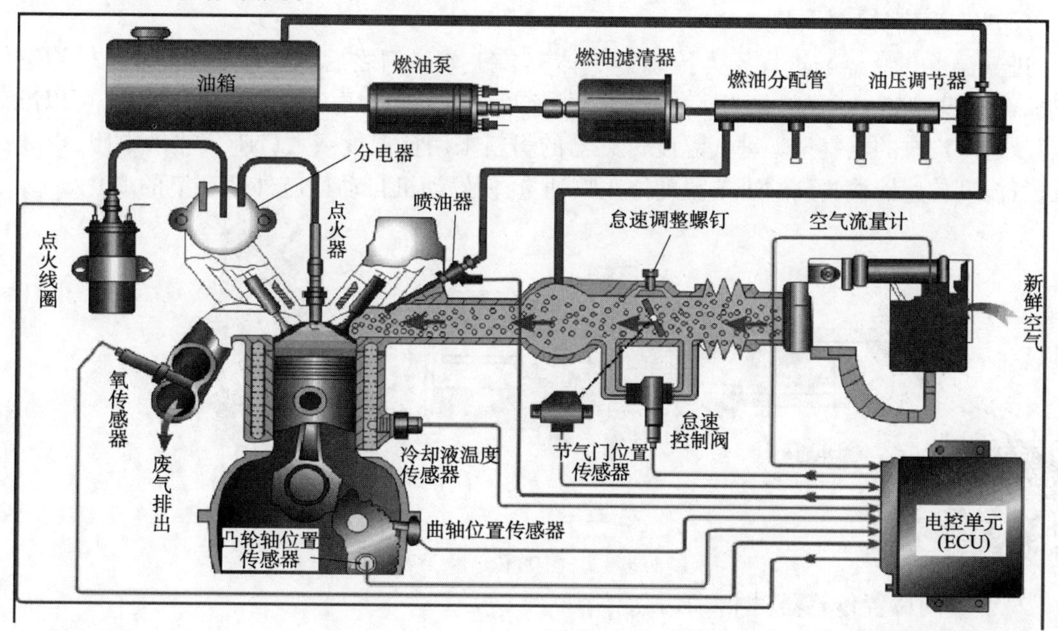

图4-19　电控汽油喷射系统

传感器将发动机各种非电量的工况参数（如转速、负荷、发动机冷却液及进气温度、空气流量、曲轴转角、节气门开度等）转变为电信号，并把这些信号以信息形式送入电控单元

(ECU),再经电控单元转化为长短不一的电脉冲信号传到喷油器,控制喷油器打开时刻及延续时间长短,使之准确地工作。

EFI 系统的工作过程即是对喷油时间的控制过程。装用 EFI 系统的发动机具有良好的动力性、经济性,排放污染大为降低,这都源于空燃比的精确控制。而这种空燃比的控制是通过对汽油喷射时间的控制实现的。ECU 通过绝对压力传感器(D 型 EFI)或空气流量计(L 型 EFI)的信号计量空气质量,并根据计算出的空气质量与目标空燃比比较即可确定每次燃烧所必需的燃料质量。

目标空燃比即实际充入汽缸的空气质量与燃烧所需要的燃料量的比值。根据空气质量和发动机转速计算出的喷油时间称为基本喷油持续时间。目标空燃比是在考虑了发动机的动力性、经济性、响应性、排气净化等之后决定的,它所要求的喷油时间与基本喷油时间有差异,各种传感器检测冷却液温度、进气温度、节气门开度等与发动机工况有关的参数后,对基本喷油持续时间进行修正,确定最佳喷油持续时间,使实际喷油持续时间接近由目标空燃比确定的喷油持续时间。

三、系统组成部件

1. 传感器

传感器是信号转换装置,安装在发动机的各个部位,其功用是检测发动机运行状态的电量参数、物理参数和化学参数等,并将这些参数转换成计算机能够识别的电信号输入 ECU。

检测发动机工况的传感器有:冷却液温度传感器、进气温度传感器、曲轴位置传感器、节气门位置传感器、车速传感器、氧传感器、爆燃传感器等。

1)进气温度传感器(图 4-20)

进气温度传感器与进气压力传感器一体安装于节气门之后的进气管上,用以检测进气温度,测量进气温度的目的是为了确定进气的密度,它与进气压力传感器联合使用,可以准确地反映进入汽缸的空气量。进气温度传感器的材料采用负温度系数(NTC)热敏电阻,ECU 根据进气温度传感器检测到的进气温度修正喷油量,使发动机自动适应外部环境的变化。

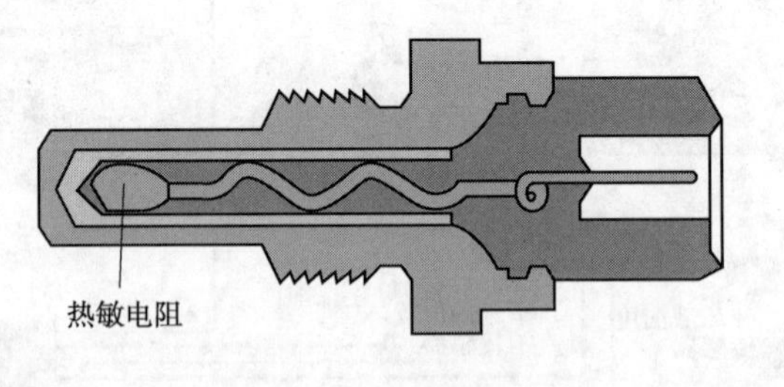

图 4-20　进气温度传感器结构图

2)节气门位置传感器(图 4-21)

节气门位置传感器安装在节气门体上,用来检测节气门的开度,它通过杠杆机构与节气门联动,进而反映发动机的不同工况(怠速、加速、减速和全负荷等)。此传感器可把发动机的这些工况检测后输入 ECU,从而控制不同的喷油量。

节气门位置传感器属于开关触点式,如图所示。它主要由活动触点、怠速触点、功率触点。节气门轴、控制杆、导向凸轮和槽等组成。活动触点可在导向凸轮槽内移动,导向凸轮由固定在节气门轴上的控制杆驱动。

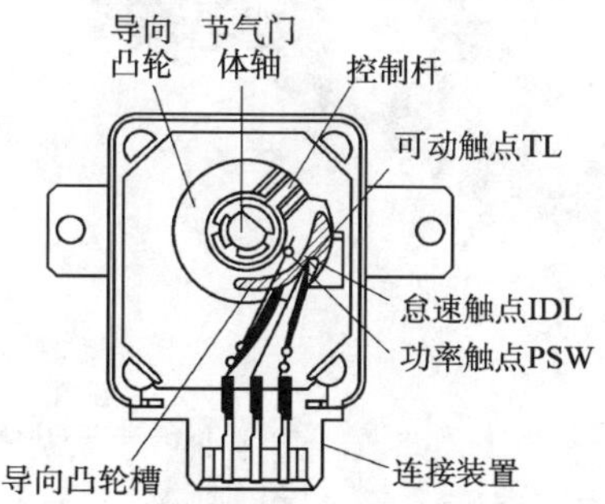

图 4-21 节气门位置传感器

3)进气压力传感器(图 4-22)

进气压力传感器采用半导体压敏电阻式(全称是进气歧管绝对压力传感器)。它由硅膜片、集成电路、滤清器、真空室和壳体等组成,如图所示。硅膜片是压力转换元件,它是利用半导体的压电效应制成的。硅膜片的一面是真空室,另一面是导入的进气压力。集成电路是信号放大装置,它的端头与 ECU 连接。

图 4-22 进气压力传感器

发动机工作时,从进气管来的空气经传感器的滤清器滤清后作用在硅膜片上,硅膜片产生变形(由于进气流量对应着相应的进气压力,故进气流量越大,进气管压力就越高,硅膜片变形也就越大)。硅膜片的变形,使硅膜片上电阻的阻值改变,导致电桥输出的电压变化。传感器上的集成电路将电压信号放大处理后,作用进气管压力信号送到电控单元,此信号成为电控单元计算进入汽缸空气量的主要依据。

4)冷却液温度传感器(图 4-23)

冷却液温度传感器作用是测定发动机冷却液温度,并将它变为电信号送入 ECU,为其修正喷油量提供重要依据。

冷却液温度传感器装在发动机的冷却液回路中,如图所示。目前是利用负温度系数半导体电阻来测定温度。负温度系数的电阻在温度上升时,其电阻值是下降的。

5)爆震传感器

爆震传感器安装于汽缸体上,如图 4-24 所示。它能将发动机爆震情况转换成电信号,输入给电控单元,供其修正点火时刻。

爆震传感器是一种固有频率大于 25kHz 的宽带加速度传感器,控制元件由压电陶瓷制成。为了隔热,传感器用塑料套包起来,允许工作温度为 130℃。

6)曲轴位置传感器

图 4-25 为电磁式曲轴位置传感器示意图,触发轮外圆上加工了若干齿与曲轴同步旋转,传感器固定在机体上,磁头与触发轮齿保持 1 ~2mm 的间隙。

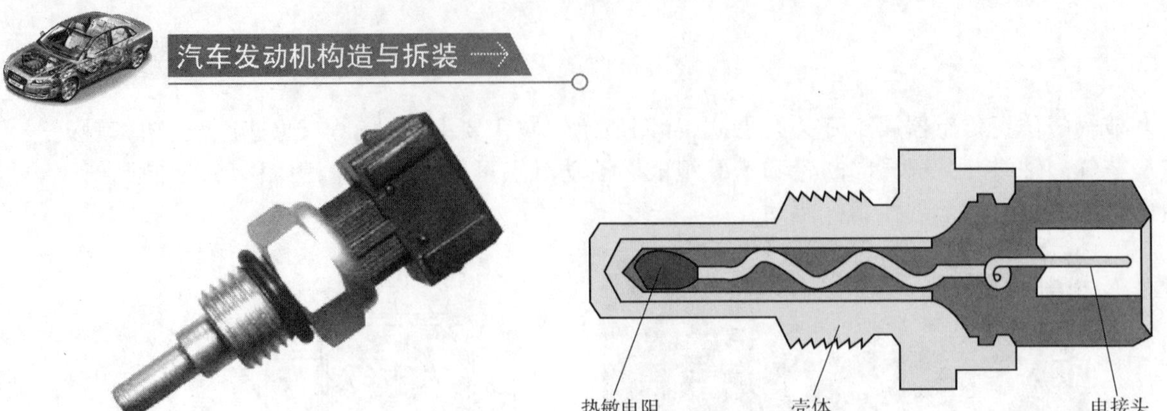

图 4-23　冷却液温度传感器

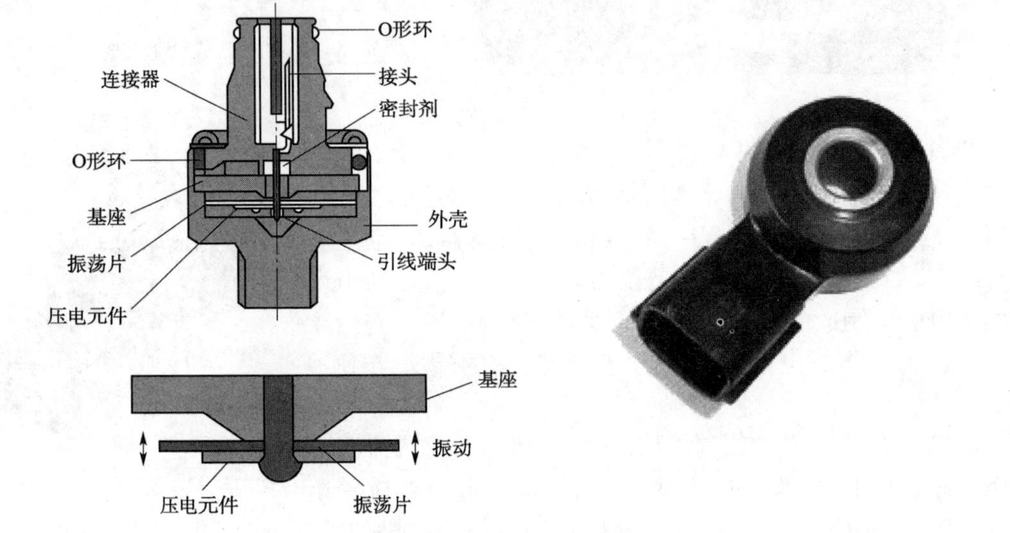

图 4-24　爆震传感器结构图

图 4-25　曲轴位置传感器

触发轮齿依次通过磁头，使磁隙不断发生变化，通过感应线圈绕组的磁通也不断发生变化，从而在线圈的两端产生了交变的感应电动势，此交流信号经整形、放大后，形成方波送入 ECU。

7）凸轮轴位置传感器（图 4-26）

凸轮轴位置传感器与曲轴位置传感器同时输出信号，凸轮轴位置传感器信号作为判缸信号，所以凸轮轴位置传感器也叫作同步信号传感器。

8）氧传感器（图 4-27）

氧传感器（λ 传感器）又称空气汽油混合比传感器，用以控制发动机的燃烧状况，随时向 ECU 提供修正喷油量的电信号。氧传感器装在发动机排气管上，伸入到废气流中，外电极端受废气拂过，内电极端与外界空气接通。氧传感器基本上由一专用陶瓷体构成，其表面装有可透气的铝电极，如图 4-27 所示。传感器起作用的原理是陶瓷材料为多孔的，允许空气中的氧扩散（团体电解质），陶瓷在高温下是导电的。如果两电极端的含氧量不一样，则电极上产生一个电压，即测定出排气管中的含氧浓度，并随时向 ECU 反馈信号来修正喷油量，以保证空气和汽油混合气过量空气系数 $\alpha=1.00$（理想混合气）。

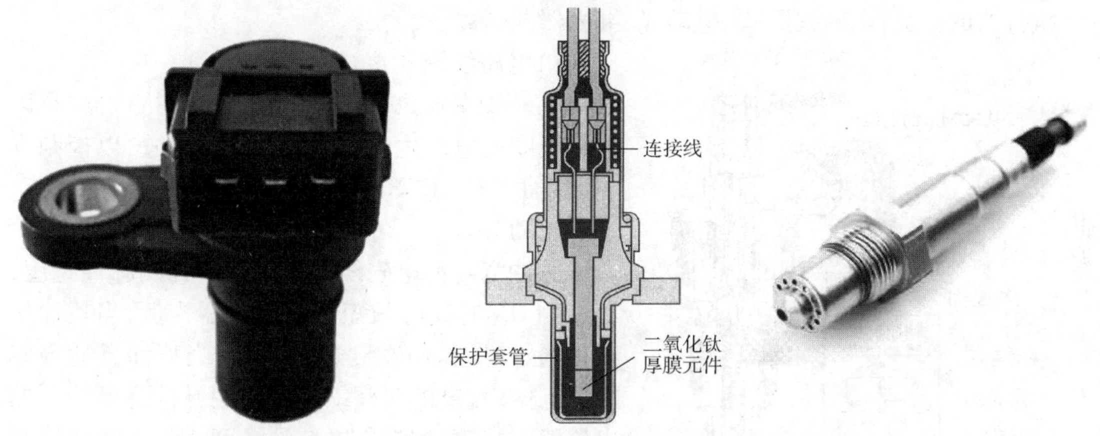

图 4-26　凸轮轴位置传感器

图 4-27　氧传感器

2. 控制器

电控单元俗称电脑或 ECU。ECU 是一种电子综合控制装置，它是电了控制汽油喷射装置的控制中枢。它通过分析各种传感器提供的发动机工况数据，并借助于编好程序的综合特性曲线，发出喷油器和点火提前角的控制脉冲。ECU 安装在驾驶员仪表板下。ECU 在更换后，应与发动机相互匹配，并进行怠速检测。

ECU 主要由输入回路（包括 A/D 转换器）、微机，以及输出回路等组成。

输入回路：输入回路的作用是对输入信号进行预处理。即将传感器输入的信号中的杂波去除掉，将正弦信号转换为矩形波信号，然后将其转换成输入电平。

微机：微机将中央处理器、存储器、定时/计数器、输入/输出（I/O）接口电路等主要计算机部件集成在一块电路芯片上的微型计算机。

输出回路：其作用是将微机发出的控制指令转换成能够控制驱动执行器工作的控制信号。

3. 执行器

传感器的输入信号经电脑计算比较后，再使输出装置工作，这些装置成为执行器，以产生所需的动作。各种执行器用来控制汽车线路及零件。

其任务为：

（1）空燃比控制。

（2）怠速及怠速控制。

(3)主继电器/汽油泵控制。

(4)A/C 压缩机离合器继电器控制。

(5)EGR 控制。

(6)EEC 控制(或称 EVAP 控制)。

ECM 输出给大多数执行器的电压为 ON/OFF 或高/低的信号。由 ECM 控制线路的搭铁侧,以供应蓄电池电压给大多数的执行器,称为搭铁侧换器,故 ECM 能以小电流的线路,控制大电流的流动。ECM 是利用晶体管来控制搭铁侧换器,此晶体管称为驱动器。

4. 执行器分类

执行器的分类:电磁线圈式、电动式、继电器式、感温式。

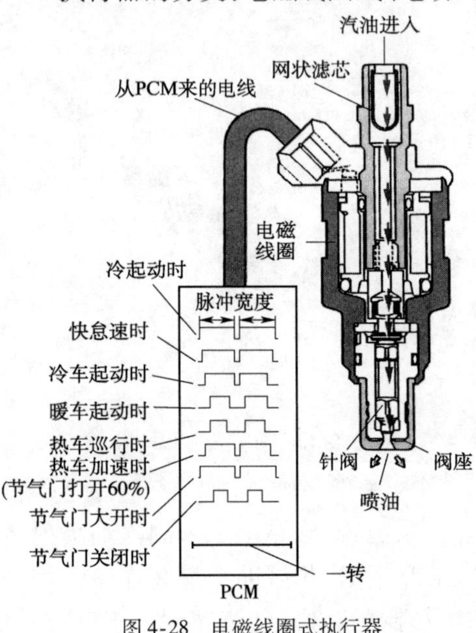

图 4-28 电磁线圈式执行器

1)电磁线圈式执行器(图 4-28)

电磁线圈式执行器为用途最广的执行器,是以电磁线圈通电产生的吸力改变阀的位置,以控制真空、燃油气体、EGR 气体、气流、机油流动、水流、ATF 流动等。

脉冲宽度型电磁线圈是以时间计测脉冲宽度,即计测 ON 时间的长短。以喷油器为例,当喷油量必须增加时,脉冲宽度适当延长;当喷油量适当减少时,脉冲宽度的时间缩短。采用脉冲宽度控制的电磁线圈式喷油器构造如图 4-28 所示,针阀移动行程在 0.1mm 左右,针阀打开的时间也很短,在各种状态下,在 1.5 ~ 10ms 之间。例如,加速时间因节气门开度大,空气进气量多,需要更多的汽油,ECM 会增加脉冲宽度,使喷油器打开的时间变长,喷油量增加。

2)电动机式执行器

永久磁铁式:博世 Motronic 系统采用的永久磁铁电动机式旋转怠速执行器。如图 4-29 所示,通过改变旁通空气量,以调整怠速。常用的单线式和双线式两种基本形式,单线式有两个端子,双线式有三个端子。单线圈式时,ECU 发送矩形脉冲信号给线圈,克服弹簧力使旋转阀打开,而以弹簧力关闭;矩形脉冲的 ON/OFF 比或工作周期,将决定旋转阀的开度,进而调整怠速转速。双线圈式时,矩形脉冲信号送给其中一组线圈,反信号送给另外一组线圈,当两线圈的工作周期都是 50% 时,旋转阀不动,也就是电动机不转;任一组线圈工作周期比另一组大时,电动机会朝某一方向转动,带动旋转阀,以调节一定的怠速转速。

步进电动机式执行器:步进电动机有多种形式,目前采用最多的是永久磁铁式,具有较好转矩及保证持转矩的特点。各形式步进电动机的步进角度,可少至 0.36°、0.75°和 1.8°,大至 15°、18°和 45°等。

GM 汽车采用永久磁铁式步进电动机,用于汽油喷射系统的怠速空气控制阀,如图 4-29 所示。

IAC 阀为一可逆式直流电动机安装在节气门体内,轴阀由电动机带动,在节气门全关时，用以改变空气旁通道的大小。有两组电动机线圈，PCM 送出脉冲电压给正确的线圈时，轴阀即移动至正确位置，通过旁通道的空气经空气流量传感器计量，送出信号给 PCM，控制喷油器喷油，即可获得稳定的怠速转速。

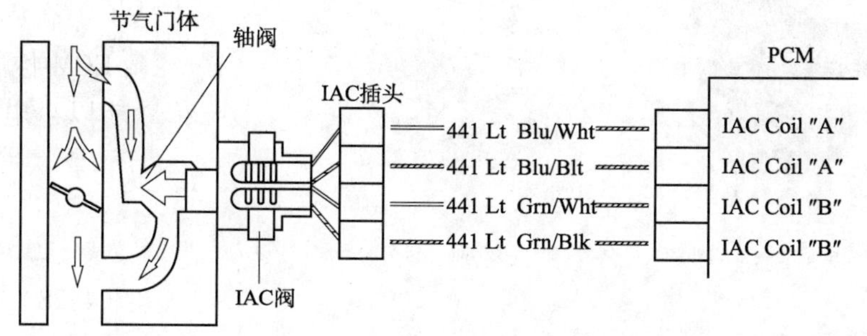

图 4-29　步进电动机式执行器

3）继电器式执行器（图 4-30）

继电器式执行器，是利用电脑适时的使继电器内线圈的线路搭铁，让较大电流进入需要运行的装置，常用于电动汽油泵，发动机冷却风扇、空气调节压缩机离合器，或提供电源给电脑、喷油器、氧传感器的加热器等。电动汽油泵的控制如图 4-30 所示，大多数的继电器为常开型，也就是由电脑控制线路的搭铁，以判定电源的通断与否。

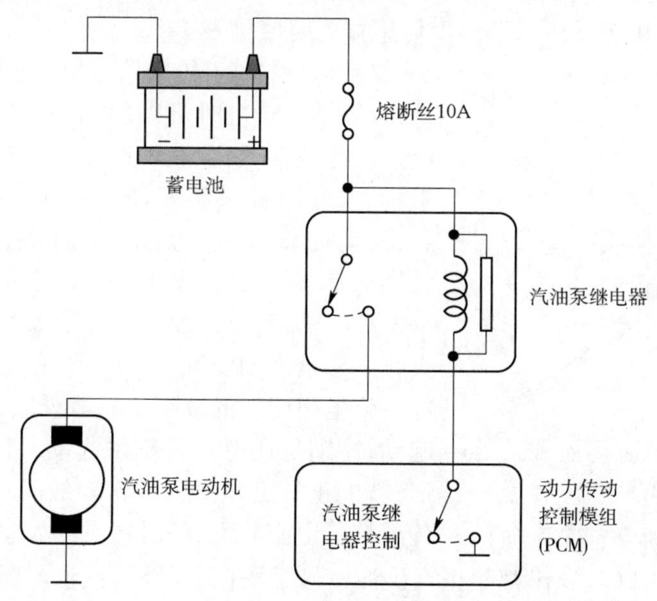

图 4-30　继电器式执行器

4）感温式执行器

感温式执行器通常用在较早的汽油喷射系统，作为控制冷发动机时的怠速使用，称为辅助空气装置，又称空气阀。辅助空气装置的构造及作用如图 4-31 所示，当发动机刚起动时，转板上开口部分与旁通道相通，旁通空气进入汽缸，使转速提高，热车时，热偶片因通电加热而弯曲，弹簧将转板向逆时针方向拉动，使旁通道逐渐被转板封闭，到发动机工作温度时，旁通道完全被封闭，快怠速作用停止。

a)辅助空气装置的外观

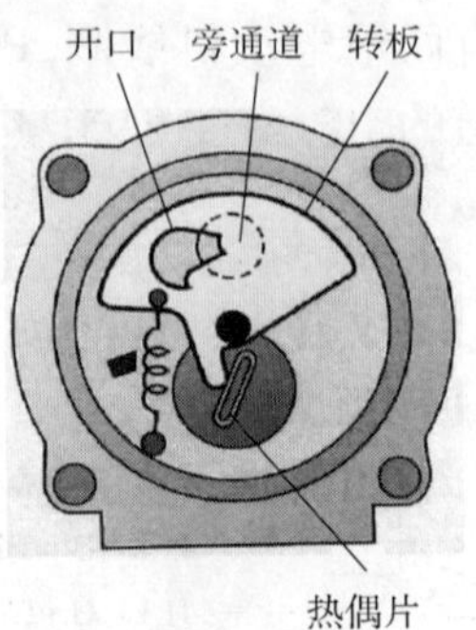

b)旁通道部分打开时

c)旁通道封闭时

图 4-31 感温式执行器

任务四 冷却液温度传感器的检测

一、冷却液温度传感器常见故障

冷却液温度传感器所引发的故障原因为高电阻或低电阻。冷却液温度传感器特性曲线如图 4-32 所示。丰田车系冷却液温度传感器电阻值见表 4-1。

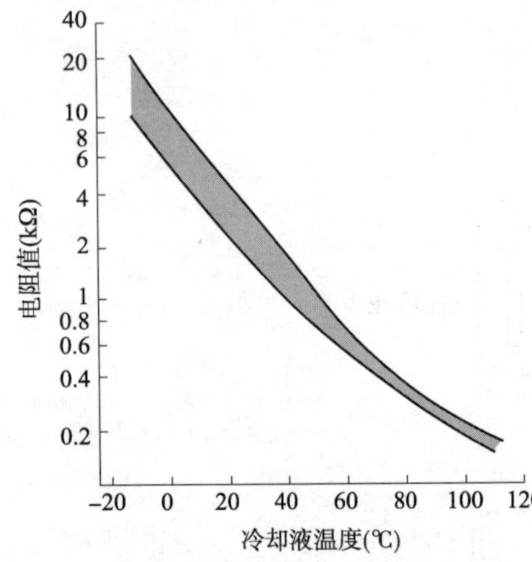

图 4-32 冷却液温度传感器特性曲线

高电阻引发的故障故。故障现象为发动机难以起动,特别是在热机时难以起动,起动后,又一直供给浓混合汽,因富油而怠速偏高。冷却液温度传感器高电阻状态,随时提供给发动机 ECU 的都是冷机状态信息,发动机 ECU 发出都是低温供油信号,会不停地加大供油量。起动时,由于 ECU 得到冷却液温度信号是一个冷车信号,所以加大喷油量以利起动,结果是导致火花塞常被燃油浸湿。

低电阻引发的故障。故障现象为发动机往往难以起动,特别是在冷机时难以起动。但是一旦起动成功后,就能正常工作而无异常。故障原因是冷却液温度传感器低电阻状态,随时提供给发动机 ECU 的都是热机状态信息,发动机 ECU 发出都是正常供油信号,没有温度补偿供油。因而起动时,由于发动机 ECU 得到的冷却液温度信号是一个热机信号,所以不发出加大喷油量的指令,由于起动时混合气不浓,发动机往往难以起动。

丰田车系冷却液温度传感器电阻值 表 4-1

温度(℃)	阻值(Ω)	温度(℃)	阻值(Ω)
-20	10000 ~ 20000	40	900 ~ 1300
0	4000 ~ 7000	60	400 ~ 700
20	2000 ~ 3000	80	230 ~ 360

二、冷却液温度传感器检测

1. 就车检测

工具:万用表(图4-33)

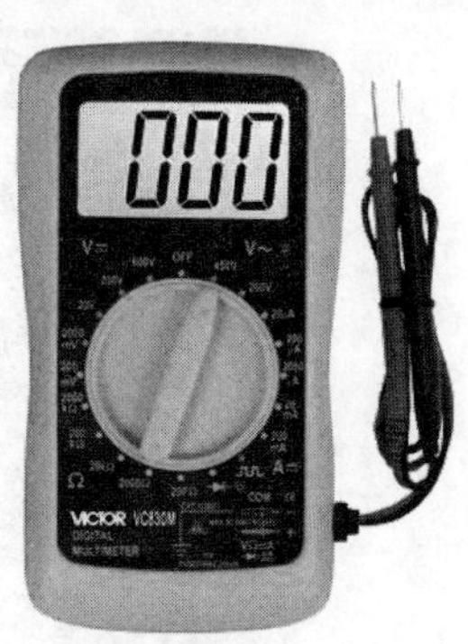

图4-33　万用表

(1)找到冷却液温度传感器,如图4-34所示。

(2)拔下冷却液温度传感器的连接插头(图4-35)。

(3)测量冷却液温度管脚;用万用表的电阻挡,测量管脚之间的电阻(图4-36)。

(4)冷机状态下阻值为2.45kΩ,80度时为0.05kΩ。

(5)测量线束插头电压(图4-37):1脚为传感器地线,2脚为传感器信号,3脚为传到仪表盘信号。使用电压挡测量,黑表笔接1脚,红表笔接2脚。测量其电压应为5V左右基准电压。

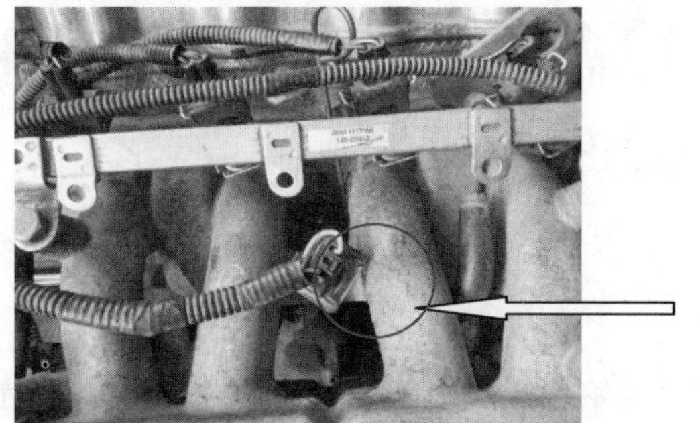
图4-34　找到冷却液温度传感器

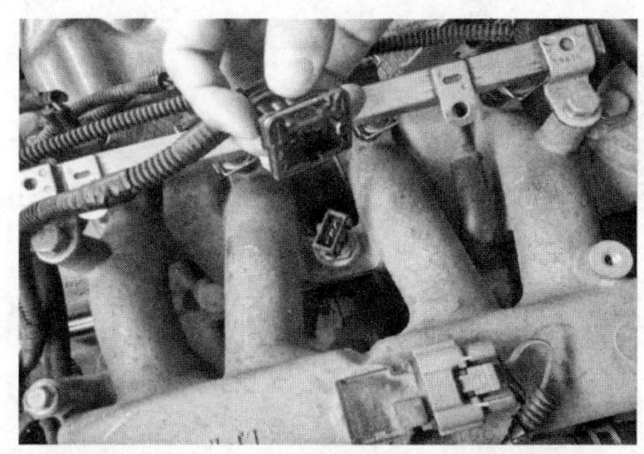
图4-35　拔下冷却液温度传感器的连接线束插头

图4-36　测量管脚之间的电阻

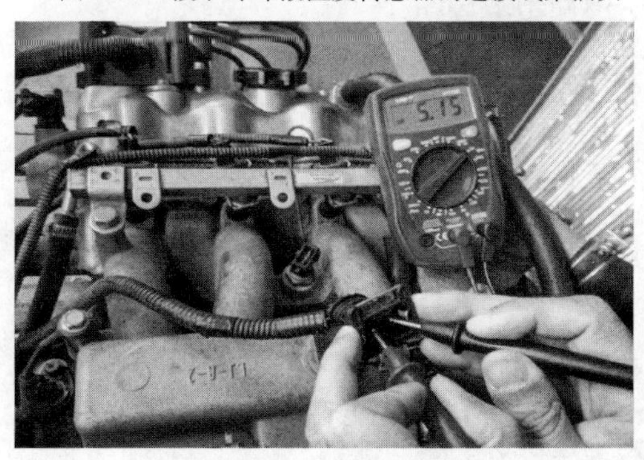

图4-37　测量线束管脚的电压

2. 单件检测

工具:万用表、温度计、热得快、铁丝。

(1)拔下冷却液温度传感器

(2)将冷却液温度传感器和温度计适当的浸入水中,打开热得快热水,并用万用表使用电阻挡检测冷却液温度传感器电阻,观察其随温度的变化关系(图4-38)。

(3)绘制温阻特性曲线、阻值随着温度升高而降低,并且与其特性曲线符合,则冷却液温度传感器正常。

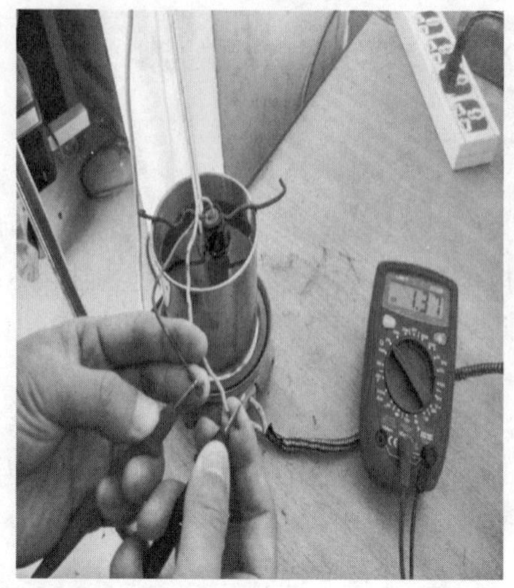

图 4-38　测量传感器温阻特性

任务五　节气门位置传感器的检测

一、节气门位置传感器常见故障现象

节气门位置传感器出现故障,造成发动机怠速不稳、无怠速、加速不良等现象。节气门位置传感器还是电控自动变速器中重要的换挡信号,当出现故障时,将导致自动变速器的产生换挡冲击故障。

二、节气门位置传感器检测

工具:万用表(图 4-39)

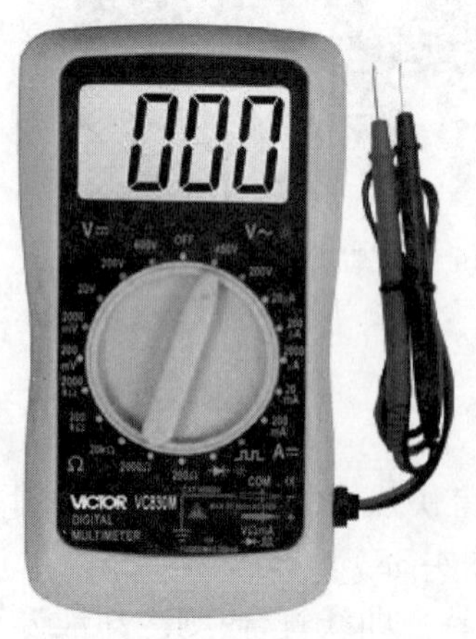

图 4-39　万用表

1. 检测线束插头

节气门位置传感器位置如图 4-40 所示。

拔下线束插头,用万用表电压挡测量其电压,阻值为 5V 左右,说明线束无故障。

2. 测量节气门位置传感器的信号值

使用万用表测量信号输出端和地线之间的电阻(图 4-41),当节气门全闭合时,电阻最小,节气门逐渐打开时,电阻值逐渐增大,节气门全开时,电阻值最大。当绘出节气门的开度曲线与维修手册进行对比,确定传感器的性能好坏。

3. 将线束插头插接好

测量结束后将线束插入传感器接头,插接时候左手扶传感器接头、右手将线束插头对孔插入。注意不要左右晃动,避免损坏接头。

图 4-40　节气门位置传感器位置

图 4-41　测量信号输出端和地线之间的电阻

任务六　用解码仪读取电控汽油喷射系统故障码

一、解码仪

故障码见表 4-2。

故　障　码　　表 4-2

45	P0141	下游氧传感器 1 加热电路故障
46	P0150	上游氧传感器 2 断路
47	P0151	上游氧传感器 2 对地短路
48	P0152	上游氧传感器 2 对电源短路
49	P0153	上游氧传感器 2 老化
50	P0155	上游氧传感器 2 加热电路故障
51	P0171	燃油系统第 1 列混合气过稀
52	P0172	燃油系统第 1 列混合气过浓
53	P0174	燃油系统第 2 列混合气过稀
54	P0175	燃油系统第 2 列混合气过浓
55	P0201	01 缸喷油器控制电路开路
56	P0202	02 缸喷油器控制电路开路
57	P0203	03 缸喷油器控制电路开路
58	P0204	04 缸喷油器控制电路开路
59	P0205	05 缸喷油器控制电路开路
60	P0206	06 缸喷油器控制电路开路
61	P0222	电子节气门位置传感器信号 2 电压过低
62	P0223	电子节气门位置传感器信号 2 电压过高
63	P025C	油泵继电器控制电路对地短路
64	P025D	油泵继电器控制电路对电源短路
65	P0261	01 缸喷油器控制电路对地短路
66	P0262	01 缸喷油器控制电路对电源短路

据 ISO 5031-6(或 SAE J2012,以后也可能执行 SAE J1939)标准,OBD Ⅱ和 EOBD 都统

一使用标准的故障码。其故障码共由 5 位数组成,其各位数的含义如下:

第一位表示系统英文字母代码:

B-Body,车身;C-Chassis,底盘;P-Power,动力系统(发动机电控发动机);U-网络。

第二位表示标准代码或生产厂家代码:

0-SAE,定义的代码;1,2,3-各厂商自定义的代码。

第三位表示故障范围代码:

1,2-燃油和空气控制系统;3-点火系统;4-废气或第二空气喷射控制系统;5-车速和怠速控制系统;6-微机输出电路;7、8-电控发动机控制系统;9、0-保留或 SAE 定义系统

第四位和第五位表示故障码内容:

00～99 代表具体故障。

例如,P0100 为空气流动电路故障码(SAE 定义),P1456 为电子加热催化剂故障码(生产厂商自定义)。

通常厂家对一个系统的故障码部分用 SAE 定义,部分用生产厂家定义。例如,大众公司既有 SAE 定义的故障码字母打头的五位码,也有生产厂家自己定义的 VAG 故障码,特点是数字打头的五位码。

二、故障诊断

工具:故障诊断仪 KT600(图 4-42)。

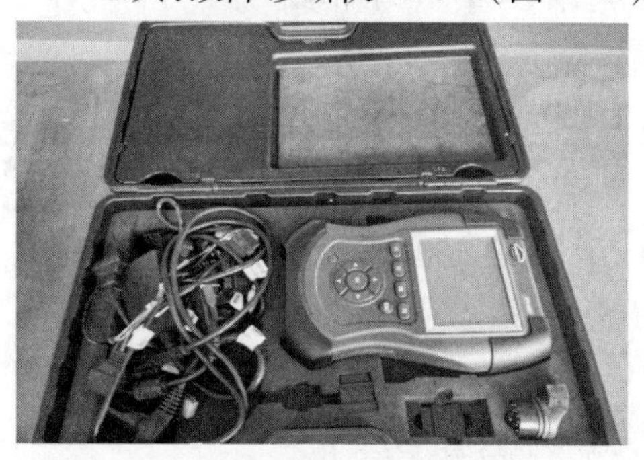

图 4-42 KT600 故障诊断仪

检测步骤:

(1)选择 OBDⅡ插头,插入诊断插口(图4-43)。

(2)启动诊断仪。

步骤:选择菜单汽车诊断⇨选择车系(图 4-44)。

选择发动机项目⇨选择电控系统(图 4-45)。

(3)选取读取故障码(图 4-46)。

(4)清除历史故障码(图 4-47)。

(5)起动发动机再次读取故障码、获取在线故障(图 4-48)。

(6)解决故障后再读取故障码和清除故障码(图 4-49)。

(7)关闭发动机、收拾工具、打扫工位。

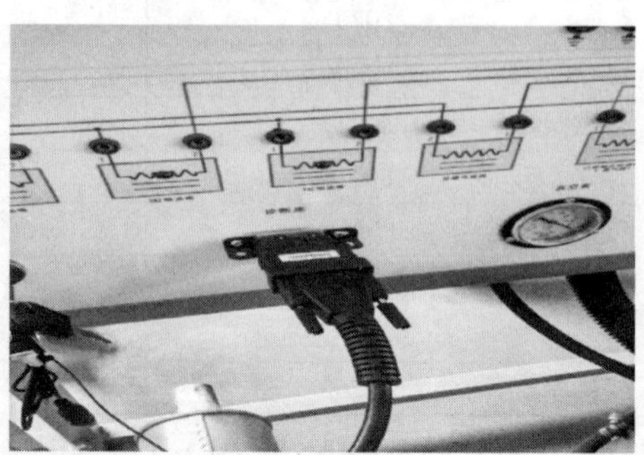

图 4-43 选择 OBDⅡ插头,插入诊断插口

图 4-44　开机、选择车系

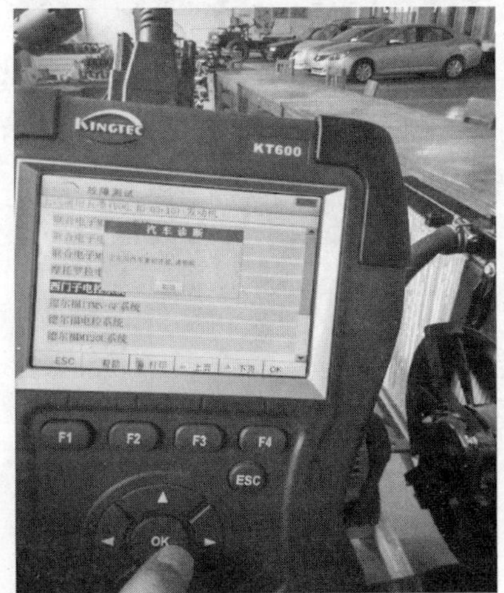

图 4-45　选择发动机、选择电控系统

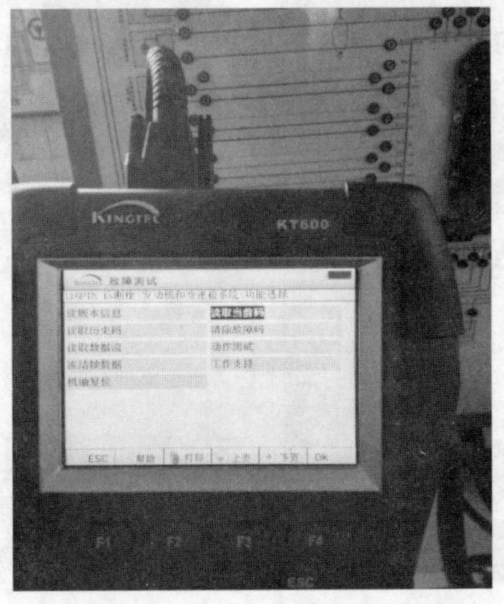

图 4-46　读取故障码

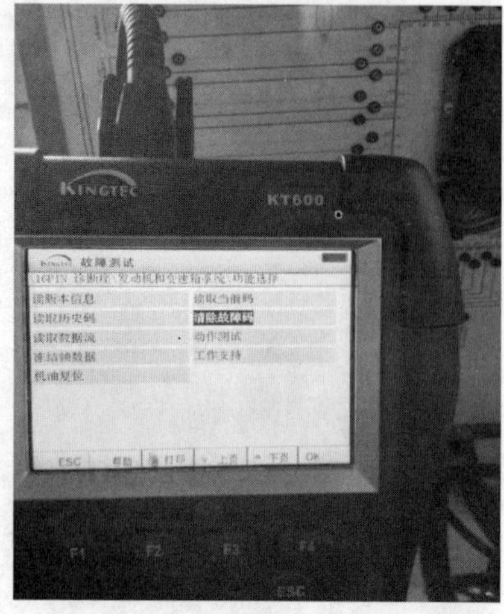

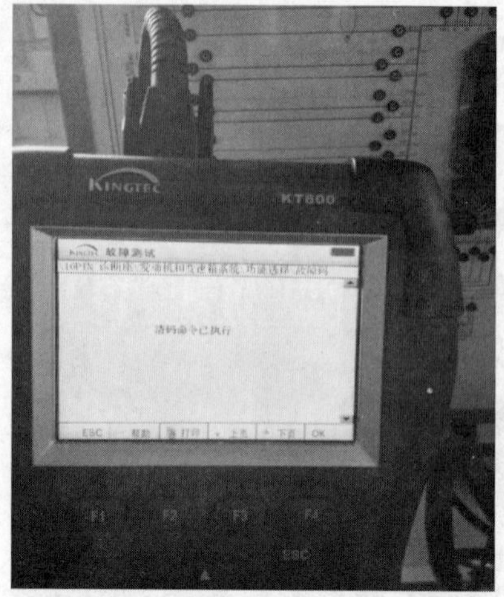

图 4-47　清除历史故障码

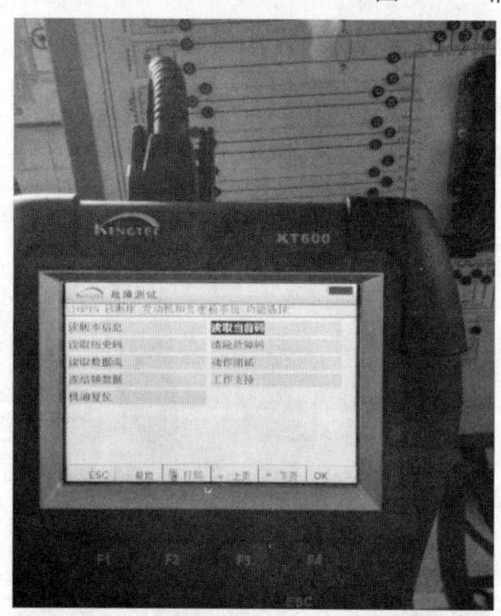

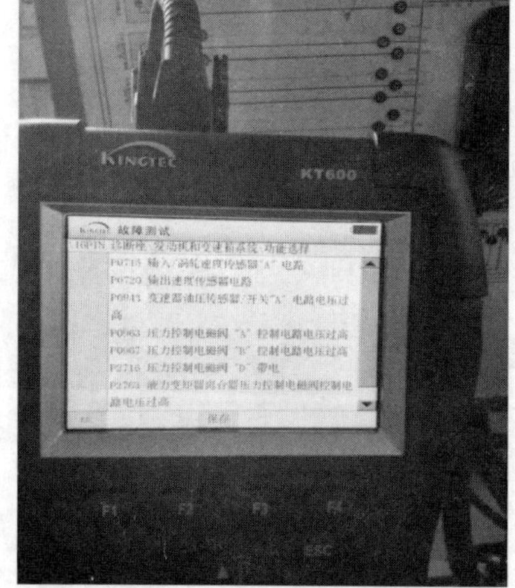

图 4-48　读取在线故障码

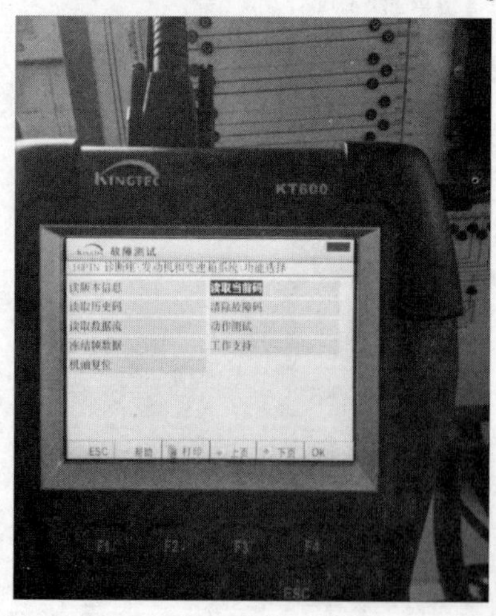

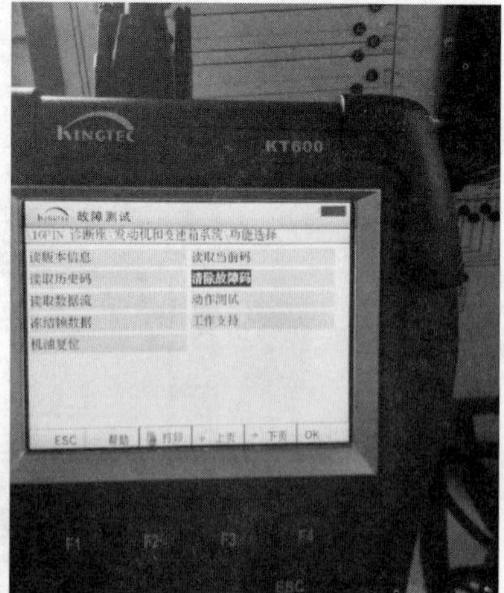

图 4-49　维修完后清除故障码

任务七　燃油压力检测及更换燃油滤清器

一、燃油压力常见故障

(1)燃油压力过高:发动机怠速过高,发动机油耗过高,混合气过浓,发动机起动时火花塞“淹死”,火花塞积炭严重,发动机排放超标,三元催化转化转换器发热。原因:燃油压力调节器真空软管破裂,连接部位漏气,压力调节器失效(卡死、阻塞);回油管堵住或回油不畅。

(2)燃油压力过低:冷车起动困难,热车起动困难,怠速不稳,运转无力,混合气过稀,加速失速,发动机回火,排气管放炮。原因:燃油压力调节器不良,燃油泵供油压力不足,燃油泵进油滤网堵塞。

(3)无油压:发动机无法起动。原因:燃油泵损坏,燃油电路短路,保护器烧断、燃油压力调节器损坏,燃油滤或输油管路堵塞。

(4)燃油压力不稳:怠速不稳,发动机运转不稳,加速无力发喘。原因:燃油压力调节器不良,燃油泵供油不足或进油滤网堵塞,燃油泵电路接触不良,燃油滤清器或输油管路堵塞。

二、燃油压力检测

(1)检查燃油,释放燃油系统压力。

(2)检查蓄电池,拆下负极电缆。

(3)将专用压力表接在脉动阻尼器位置(对于韩国大宇或通用)或进油管接头处。

(4)接上负极电缆,起动发动机使其维持怠速运转。

(5)拆下燃油压力调节器上真空软管,用手堵住进气管一侧,检查油压表指示的压力,多点喷射系统应为0.25~0.35MPa,单点喷射系统为0.07~0.10MPa。

(6)接上燃油压力调节器的真空软管,检查燃油压力表的指示应有所下降(约为0.05MPa)。

(7)将发动机熄火,等待10min后观察压力表的压力,多点喷射系统不低于0.20MPa,单点喷射系统不低于0.05MPa。

(8)检查完毕后,应释放系统压力拆下油压表,装复燃油系统。

三、滤清器更换

工具(图4-50):螺丝刀、千斤顶、升降机。

降低燃油系统的气压(喷油系统工作在非常高的压力环境下,需要降低气压),按照下面的步骤进行:

(1)松开气门盖以降低燃油系统气压。

(2)拆下燃油泵继电器或熔断器(按照用户手册操作)。

①开启发动机盖(图4-51)。

②打开继电器盒(图4-52)。

图4-50　工具

③拔下燃油泵继电器熔断器(图 4-53)。

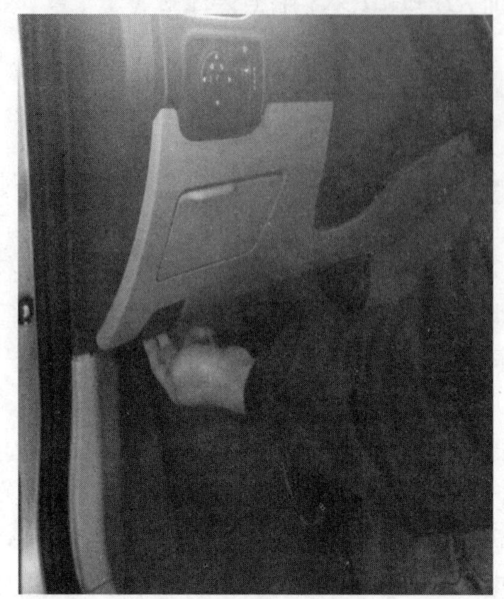

图 4-51　开启发动机盖

图 4-52　打开继电器盒

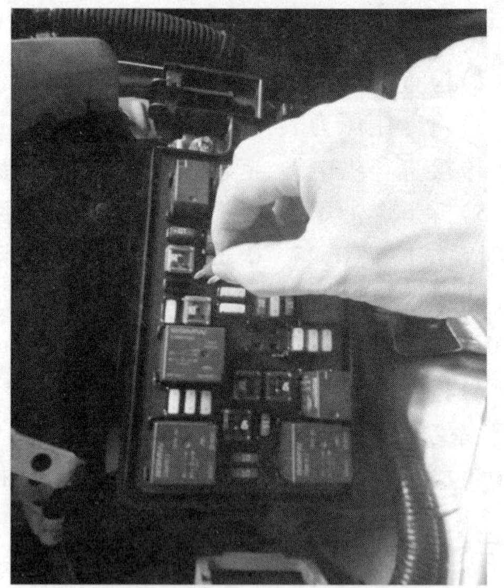

图 4-53　拔下燃油泵继电器熔断器

(3)起动发动机直到管道中的汽油用完发动机停止运转。

(4)找到燃油滤清器的位置,它一般在发动机下面或油箱下面。如果必要的话,可以使用千斤顶抬升汽车,并从燃油滤清器断开输油管(图 4-54)。

(5)移除燃油滤清器的安装螺栓,然后就可以拆除燃油滤清器(图 4-55)。

(6)对比新的燃油滤清器是否和拆下来的型号一致,确认后安装新的燃油滤清器,注意方向确保其指向发动机,确认后就可以安装滤清器固定螺栓。

图 4-54　找到燃油滤清器

图 4-55　拆下燃油滤清器

(7)接上输油管并安装燃油泵熔断器、盖好继电器盒盖(图 4-56)。

(8)重新连接电池盒,完成后就可以放低汽车(图 4-57)。

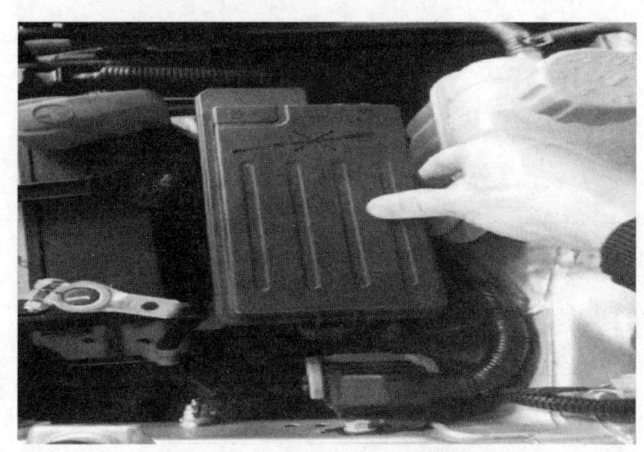

图 4-56　安装燃油泵熔断器

图 4-57　降下汽车

(9)起动发动机并检查燃油泄漏情况。

注意:由于缺乏燃油,发动机可能不会立刻起动,但是随着燃油气压的增长发动机就会起动。

(10)实际驾驶汽车,检查发动机工作是否乏力。

(11)收拾工具、打扫工位。

复习思考题

4-1　汽车的使用对汽油标号有什么要求?

4-2　燃油供给系统有哪些部件组成?

4-3　冷却液温度传感器低电阻会使汽车出现什么故障?

4-4　节气门位置传感器如何检测?

4-5　使用诊断仪检测汽车故障的步骤是什么?

4-6　燃油压力不稳会使汽车出现什么现象?

4-7　滤清器更换前需要做什么准备?

项目五　柴油机燃油供给系统

知识目标

通过本项目的系统学习，要求学生掌握以下知识：

1. 掌握柴油发动机燃油供给系统的组成及工作原理。
2. 掌握柴油机燃油系统的各个部件的结构及工作原理。
3. 掌握柴油机燃油系统的故障诊断与维修技能。

能力目标

通过系统学习，要求学生具备以下能力：

1. 理解柴油发动机燃油供给系统的组成。
2. 能够对柴油发动机喷油泵进行结构拆装和检修。
3. 能够对柴油发动机喷油器进行结构拆装和检修。
4. 懂得柴油发动机燃油系统的故障现象和检修方法。

任务一　柴油机燃料和燃油供给系统的组成

一、按照所用燃料分类

用于压燃式发动机（柴油机）中作为能源的石油燃料称为柴油。柴油分为轻柴油和重柴油。轻柴油适用于全负荷转速不低于960r/min的高速柴油机；重柴油适用于全负荷转速在300r/min以上的中速柴油机及300r/min以下的低速柴油机。汽车、拖拉机及工程机械使用的都是高速柴油机，因此，以下主要介绍轻柴油的规格及其使用性能，为叙述方便将轻柴油简称为柴油。

柴油按质量分为优级品、一级品与合格品三个等级，每个等级的柴油按其凝点又可分为10号、0号、-10号、-20号、-35号和-50号六种牌号。10号柴油表示其凝点不高于10℃，依此类推，柴油标号如图5-1所示。

二、燃油供给系统的组成

1. 燃油供给系统的作用

燃油供给系统的作用就是储存、滤清和输送燃油，并按照柴油机各工况的要求，将燃油增压，定时通过喷油器喷入燃烧室，与空气混合燃烧并将废气排入大气。

图 5-1　柴油标号

2. 燃油供给系统的组成

燃油供给系统由柴油箱、输油泵、柴油滤清器、喷油泵、喷油器等组成，如图 5-2 所示。

(1)低压供油系统(图 5-3)：将过滤后的清洁燃油输入喷油泵的低压油腔，并将多供和喷油器泄漏的柴油送回油箱。该系统由油箱、低压油管、柴油滤清器、输油泵组成。一般称为燃油系统的辅助装置。输油泵油压力为 0.1 ~ 0.25MPa。

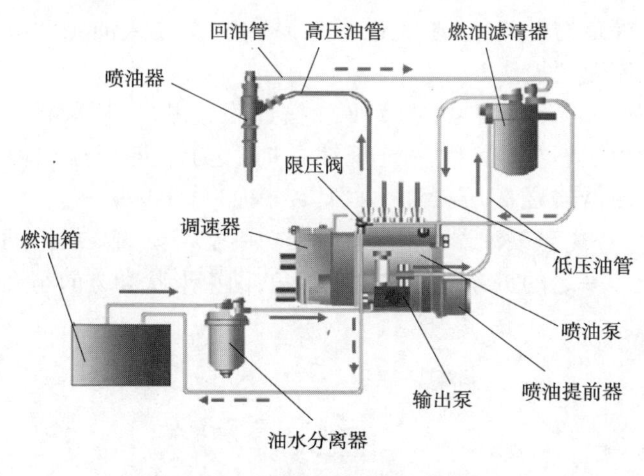

图 5-2　燃油供给系统的组成

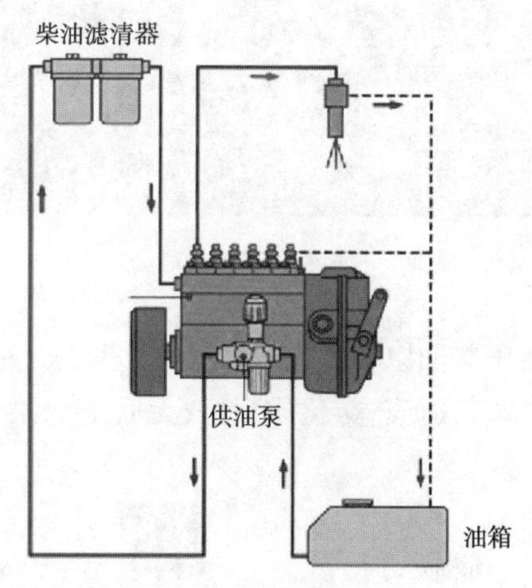

图 5-3　低压供油系统

(2)高压喷油系统：将输入的低压油加压到超过喷油器开启压力，以雾状喷入汽缸。一般柴油机燃油喷射装置指的是高压喷油系统。由喷油泵、高压油管、喷油器组成、称为泵-管-嘴系统。也有喷油泵、喷油器合一的所谓泵喷嘴系统(图 5-4)。

(3)自动调节系统：喷油提前器能在转速变化时自动调整喷油正时。调速器能够根据柴油机负荷的变化，自动增减喷油泵供油量，使转速保持稳定。

高压喷射系统可以分为：机械-液压控制方式：如直列泵 + 高压油管 + 喷油器、分配泵 + 高压油管 + 喷油器、单体泵 + 高压油管 + 喷油器、泵喷嘴等。电控-位置控制：直列泵 + 高压

油管 + 喷油器、分配泵 + 高压油管 + 喷油器;电控-时间控制式:分配泵系统、单体泵系统、泵喷嘴系统。

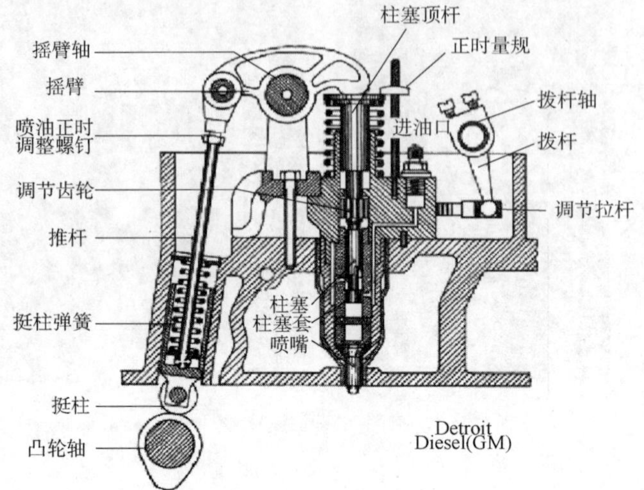

图 5-4　泵喷嘴系统

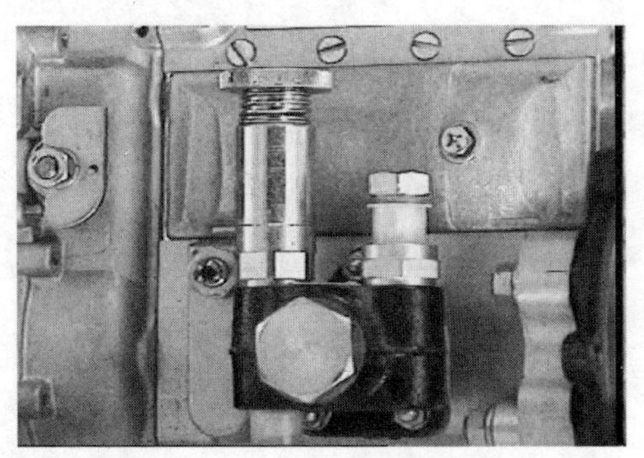

图 5-5　输油泵

(4)输油泵(图 5-5):保证有足够柴油送到喷油泵,有一定的供油压力,使柴油在低压油管中循环。手动输油泵如图 5-6 所示。

(5)柴油滤清器(图 5-7):负责把柴油中的铁屑等杂物过滤掉,避免进入油泵和喷嘴导致油泵和喷嘴受到损伤。

(6)喷油泵(图 5-8):按照发动机的工作顺序和运行情况,以一定规律适时、定量、定压地向喷油器输送高压柴油。阀体结构如图 5-9 所示。

(7)喷油器(图 5-10):其功用是将喷油泵供给的高压柴油以雾状喷入燃烧室。要求:油束有一定的贯穿距离和喷雾锥角,油束形状和方向与燃烧室相适应;雾化质量好;无后滴现象。

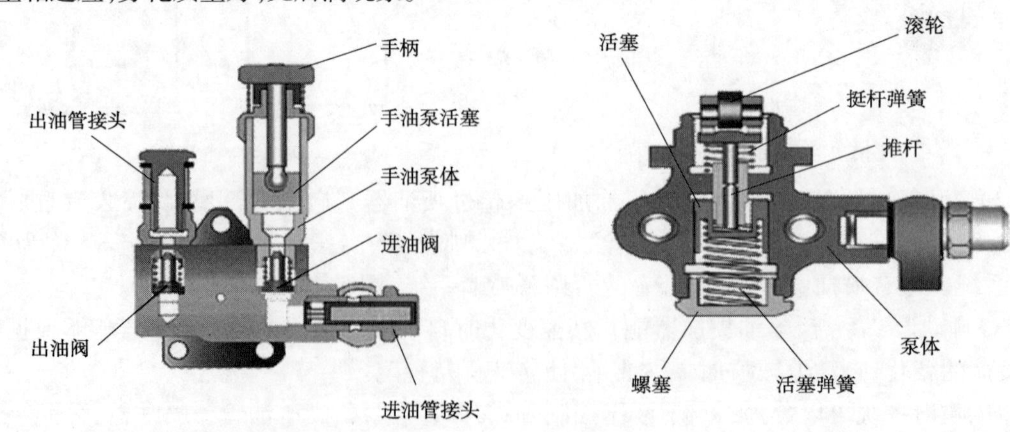

图 5-6　手动输油泵

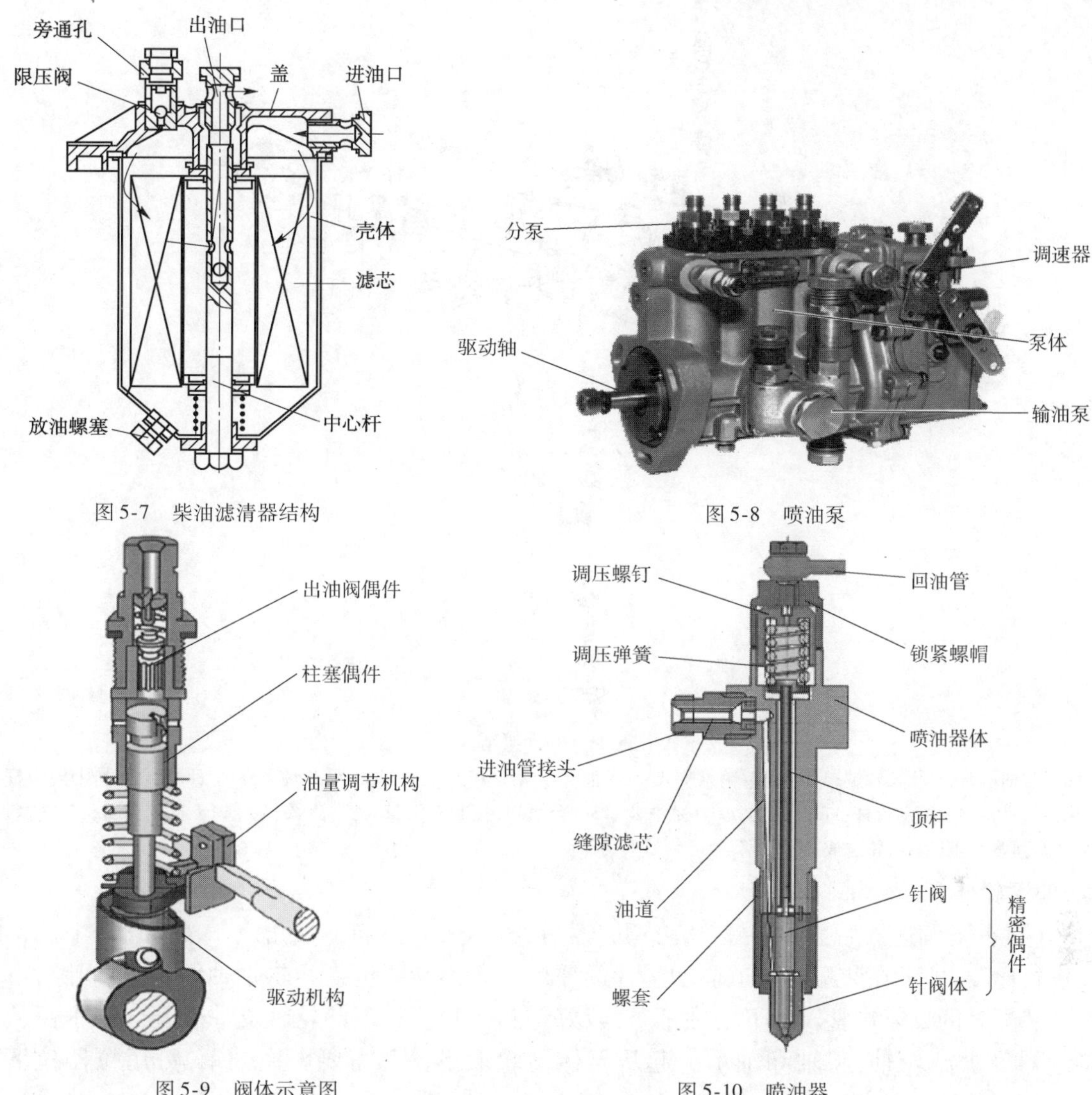

图 5-7　柴油滤清器结构

图 5-8　喷油泵

图 5-9　阀体示意图

图 5-10　喷油器

任务二　喷油泵拆装与检修

一、喷油泵拆装

喷油泵结构如图 5-11 所示。

实训操作步骤：

(1)先堵住低压油路进出油口和高压油管接头,防止污物进入油路。用柴油、煤油、汽油或中性金属洗剂,清洗泵体外部。旋下调速器底部的放油螺钉,放尽机油。

(2)将油泵固定在专用拆装架或自制的 T 形架上,拆下输油泵总成、检视窗盖板、油尺等总成附件,以及泵体底部螺塞。

(3)转动凸轮轴,使 1 缸滚轮体处于上止点。将滚轮体托板插入调整螺钉与锁紧螺母之

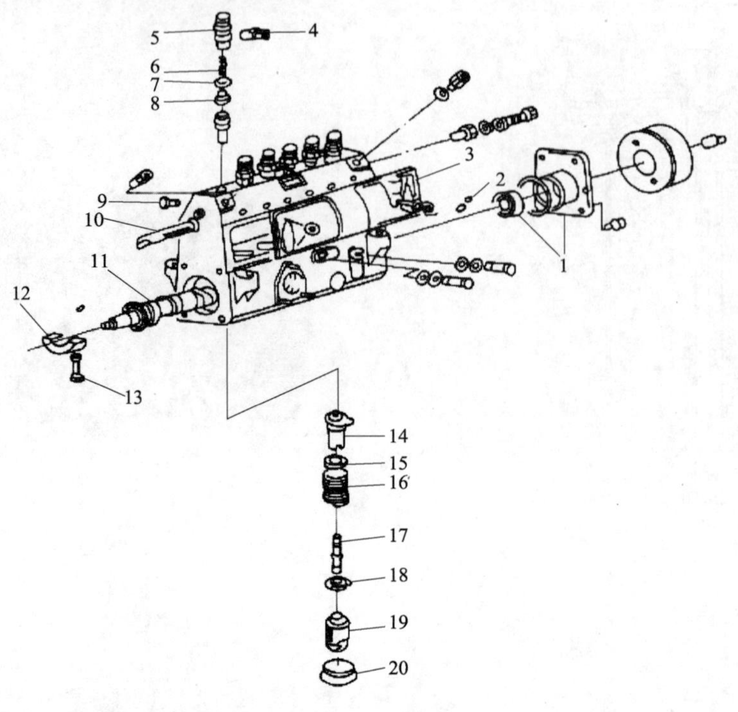

图 5-11　喷油泵结构

1-轴承与轴承盖;2-凸轮轴键;3-盖板;4-销紧支架;5-出油阀压紧座;6-出油阀弹簧;7-出油阀密封垫圈;8-出油阀;9-齿杆导出螺钉;10-供油控制齿杆;11-凸轮轴;12-中心轴承;13-螺栓;14-控制套筒;15-柱塞弹簧上座;16-柱塞弹簧;17-柱塞;18-柱塞弹簧下座;19-滚轮总成;20-螺塞

间,使滚轮体和凸轮轴脱离。

(4)拆下调速器后盖固定螺钉,将调速器后壳后移,并倾斜适当角度。拨开连杆上的锁夹进行比较,即可在装配时知道应增垫片的厚度。若不需要更换凸轮轴轴承,先测间隙,可减少装配时的反复调整。拆下前轴承盖,收好调整垫片。拆下凸轮轴支撑轴瓦。用木锤从调速器敲击凸轮轴,将轴和轴承一起从泵体前端取下。若需要更换轴承,可用拉器拉下轴承。

(5)将泵体检视窗一侧向上放平。从油底塞孔中装入滚轮挺柱顶持器,顶起滚轮部件。拔出挺柱托板,取出滚轮体总成。按上述方法,依次取出各缸滚轮体总成。如果需对滚轮体解体,则应先测量记下其高度,取出柱塞弹簧、弹簧上下座、油量控制套筒,旋出齿杆限位螺钉,取出供油齿杆,旋出出油阀压紧座,用专用工具取出油阀偶件及减容器、出油阀弹簧、柱塞偶件,按顺序放在专用架上。

二、检修

1. 故障现象:发动机无法起动

故障原因检查:

(1)输油泵不供油　检查输油泵止回阀,检查输油泵挺杆是否卡滞(图 5-12 ~ 图 5-14)。

(2)输油泵供油但喷油泵不喷油 检查控制齿条是否在少喷油量位置卡滞,检查出油阀是否卡滞(图5-15,图5-16)。

图5-12 拿出输油泵止回阀

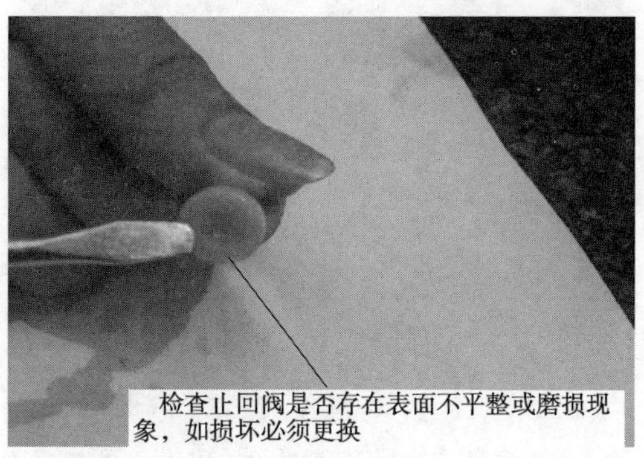

图5-13 检查输油泵止回阀

图5-14 检查输油泵挺杆

图5-15 输油泵

(3)喷油正时不准确 检查挺柱体滚轮面磨损情况(图5-17)。

故障原因检查:高原冬天反应难起动 溢流阀损坏导致隔夜起动困难(图5-18)。

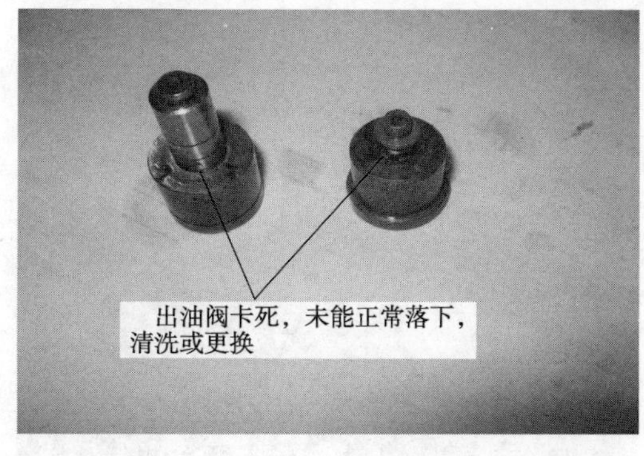

图5-16 出油阀

图5-17 滚轮面

2.故障现象:发动机冒黑烟

故障原因检查:喷油量过多或喷油泵各缸间隔角调整不当,应当调整单缸供油角度。P/PN泵通过加减预行程垫片调整单缸供油角度(图5-19)。

图 5-18　溢流阀

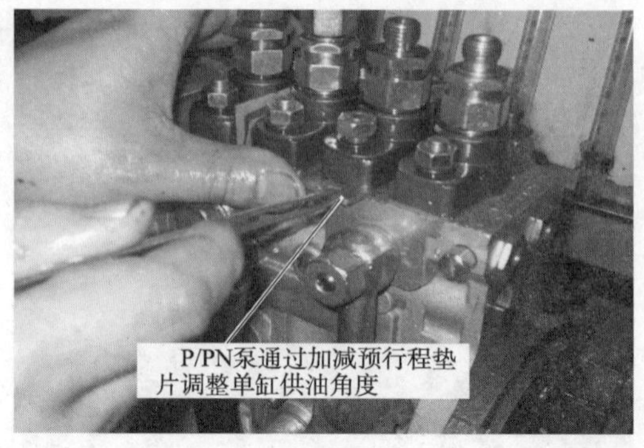

图 5-19　调整单缸供油角度

A/AD 泵通过调整预行程螺钉调整单缸供油角度(图 5-20)。

3. 故障现象:低速烟大或无力(调整转矩凸轮和增压补偿器(图 5-21)。

拧紧螺钉可适当增加低速转矩和提供加速性,拧出则可以降低低速烟度(图 5-22)。

4. 故障现象:发动机功率不足

检查加速踏板是否能拉大最大位置,检查滑块销磨损情况。加速踏板拉大最大位置后,油泵手柄不能拉大最大油量位置,需调整加速踏板拉线距离,如图 5-23 所示。

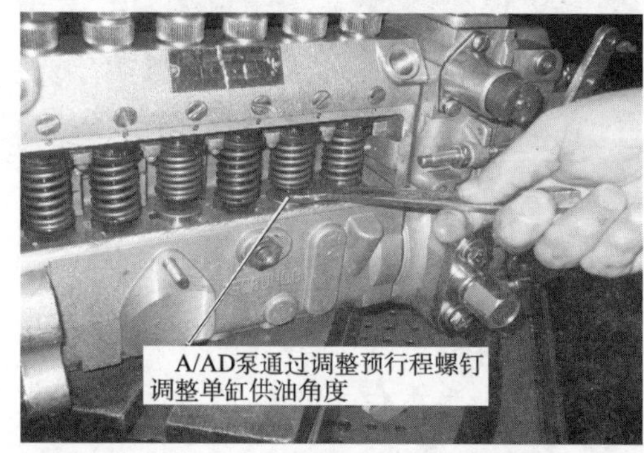

图 5-20　调整预行程螺钉

图 5-21　调整凸轮转矩

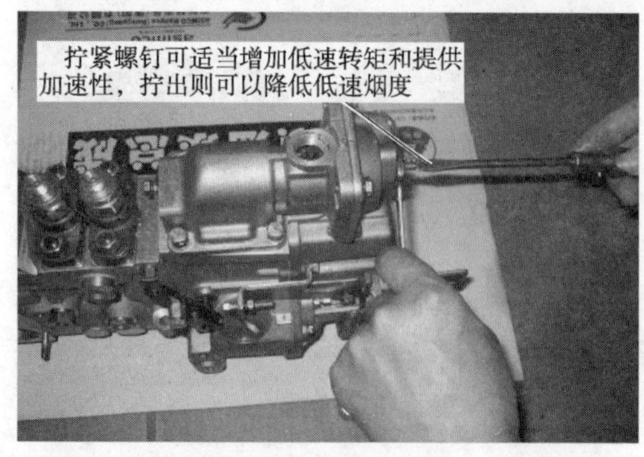

图 5-22　调整螺钉

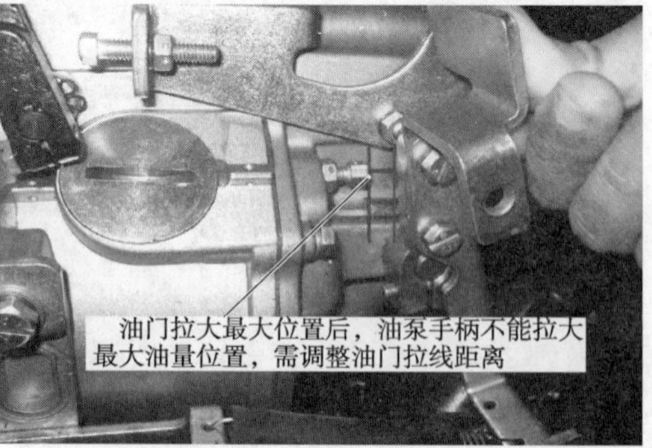

图 5-23　调整油门拉线距离

滑块销在凸轮板中磨损过度会导致无力、怠速不稳、加速慢等问题,如图 5-24、图 5-25 所示。

图 5-24　检查滑块销

图 5-25　检查滑块销

5. 故障现象：发动机抖动

加装稳定装置防止中低速抖动。稳定器装上后，在中低速抖动状况下调整稳定器装置，直到不抖动为止，如图 5-26 和图 5-27 所示。

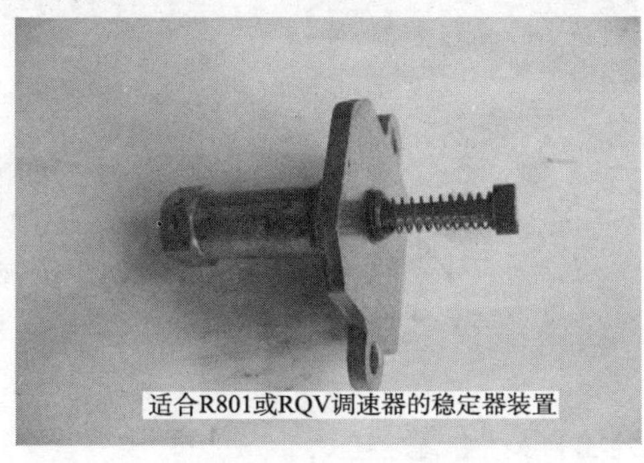

图 5-26　稳定器装置

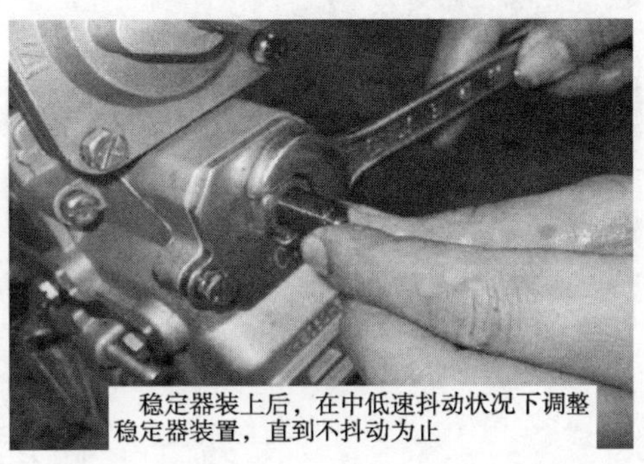

图 5-27　调整稳定器

6. 故障现象：喷油泵漏油

更换加速轴漏油油封。将油封平稳放入壳体，用榔头敲入，不得倾斜，如图 5-28 ~ 图 5-30所示。

7. 故障现象：更换端盖漏油油封

取出端盖，将油封取出，注意不要损坏端盖，将新的骨架油封放入端盖内，涂上密封胶，如图 5-31 和图 5-32 所示。

更换柱塞密封圈，安装前应在柱塞胶圈部位涂上适量黄油，如图 5-33 所示。

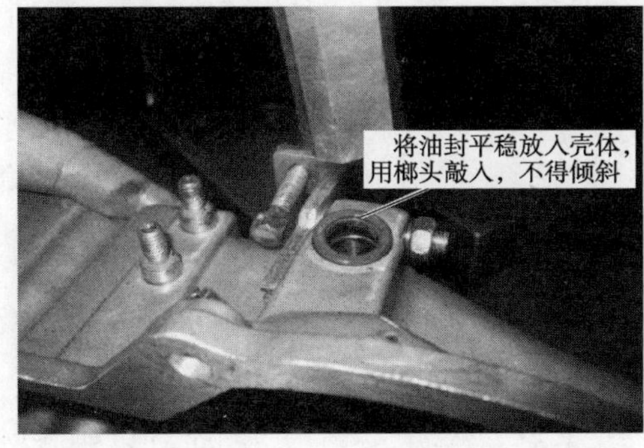

图 5-28　放置油封

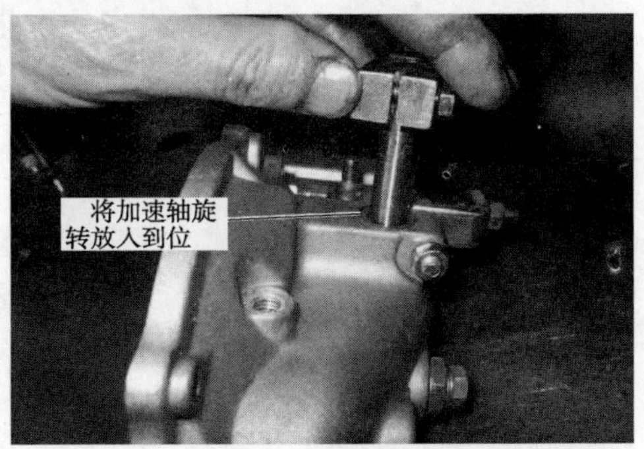

图 5-29　安装加速轴

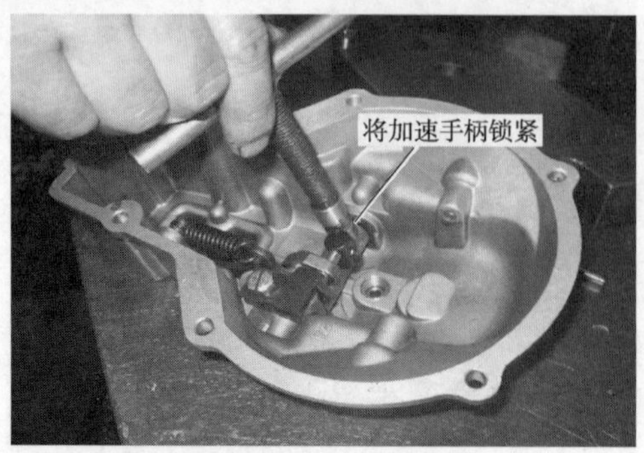

图 5-30 锁紧加速手柄

图 5-31 稳定器

图 5-32 更换新的骨架油封

图 5-33 柱塞密封圈

任务三 调速器的拆装与检查

1. 调速器的功用

调速器根据发动机负荷变化而自动调节供油量，从而保证发动机的转速稳定在很小的范围内变化的装置。

2. 调速器的工作原理

柴油机喷油泵的调速器基本上都是机械式的，机械式结构简单，工作可靠，应用最广泛。

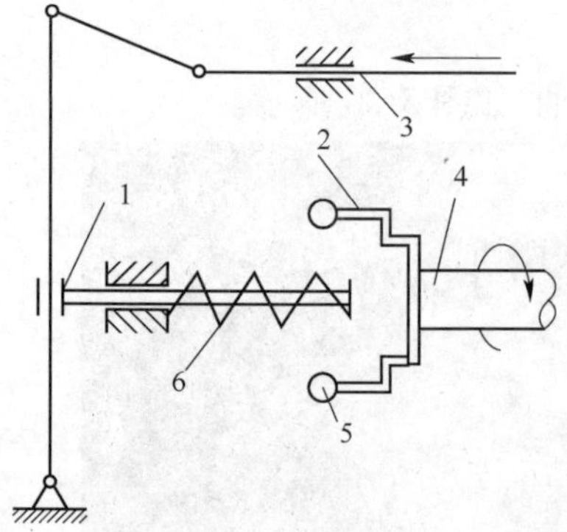

图 5-34 调速器

1-滑杆；2-推力杆；3-喷油泵齿条；4-调速器轴；5-飞块；6-调速弹簧

机械调速器的原理是采用了具有一定质量的，与调速弹簧相平衡的飞锤或钢球作为驱动元件，当转速发生变化时，离心力的变化使得飞锤张开或闭合，驱动推力盘轴向运动，推力盘上连接有供油齿条，这样可以改变油泵柱塞的供油行程，从而改变供油量，当离心力与调速弹簧达到相互平衡时，使供油量达到一个稳定值，使转速稳定在这个平衡位置。当转速或调速弹簧的预紧力发生变化时，调速系统会改变供油量使转速稳定在相应的工况下。

单机式调速器工作原理：调速器轴由曲轴驱动旋转，如图 5-34 所示，其轴端的十字架上由铰链连接着两个飞块，飞块和调速器轴一起旋转产生的离心力，通过推力杆作用在滑杆的右端面上，有使滑杆推向左端的趋势；另外，调速器弹簧在安装时有预加的压缩力，压缩力作用在滑杆的左端面上，将滑杆推向右端，滑杆的左端通过杆件与喷油泵的调节齿条相连，齿条向右移，增加供油量，齿条向左移，减少供油量。当外界负荷减少时，柴油机的转速升高，飞块在离心力的作用下向外甩开，克服弹簧的压力，迫使飞块推力杆推动滑杆向左移动，杠杆左摆，拉动油泵齿条向左，以减少供油量，使柴油机不能继续提高。当外界负荷增大时，柴油机的转速降低，飞块向里收拢，弹簧的作用力大于飞块的离心力，滑杆向右移动，使杠杆右摆，拉动油泵齿条向右，以增加供油量。此时，柴油机转速上升，直到离心力和弹簧再一次平衡，从而使柴油机保持在一定转速下工作。该种调速器只能限制柴油机的一种转速，因而调速器弹簧的预加压力是固定的，而限制的转速决定于弹簧力的大小。如果调速器中安装有预紧力的调速弹簧，或者调速弹簧的弹力可以由驾驶员在工作中进行操纵，则调速器就可以使柴油机在最高和最低转速之间的任一转速下稳定运转。全程式调速器就是根据这个原理制成的。

3. 调速器故障表现

调速器损坏会导致发动机怠速不稳、转速不稳定、加速不良等故障现象。

4. 调速器的拆装

拆去调速器盖上的紧固螺钉，取下调速器盖，如有增压补偿器，应先拆下补偿器。支承轴及轴上的调速弹簧，调速弹簧应与限位螺钉一起取下，其余零件不必拆卸。

(1) 先拆调速器后盖总成，如图 5-35 和图 5-36 所示。

图 5-35　拆调速器后盖总成

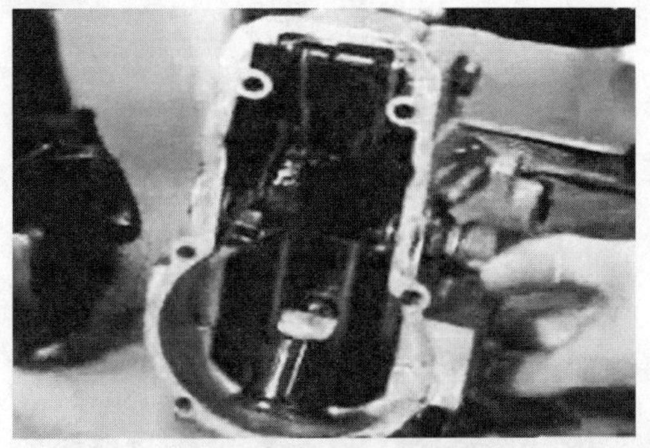

图 5-36　调速器后盖总成

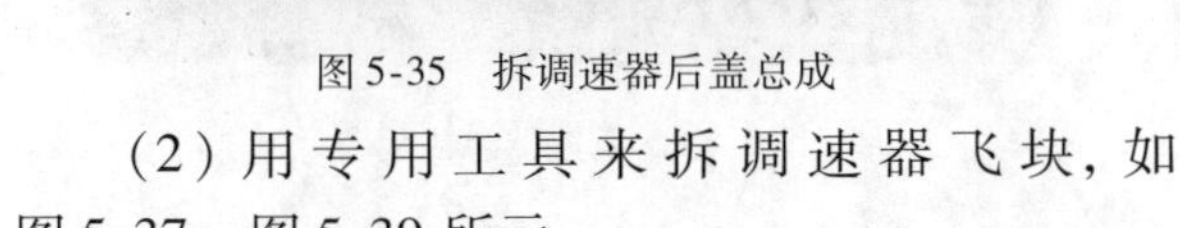

(2) 用专用工具来拆调速器飞块，如图 5-37 ~ 图 5-39 所示。

(3) 拆调速器总成后盖，如图 5-40 和图 5-41 所示。

(4) 拧出调速器校正装置，如图 5-42 ~ 图 5-47 所示。

图 5-37　专用工具

5. 调速器的检修

通常在对喷油泵调速器进行修理时，应对下述调速器零件进行检查：

(1) 调速器弹簧：调速器经长期使用后，调节弹簧疲劳，刚度减弱，并因此而引起柴油机转速降低，影响发动机功率的正常发挥。调速弹簧对保证调速器正常工作是非常重要的。当刚度变化不是很大时,可以通过改变调节弹簧的预拉力恢复调速器的正常作用。经过几次调整无效时,则应更换新弹簧。在调速器大修时,作为常规,通常是要更换调速器弹簧的,并且在装复前应在弹簧试验器上进行检试合格。

(2)调速杠杆:如果调速杠杆长臂的叉口磨损,会使叉口与齿杆球头的配合松旷,容易引起发动机转速不稳,严重时球头还会从叉口中脱出,造成飞车事故,此时应更换调速器杠杆。

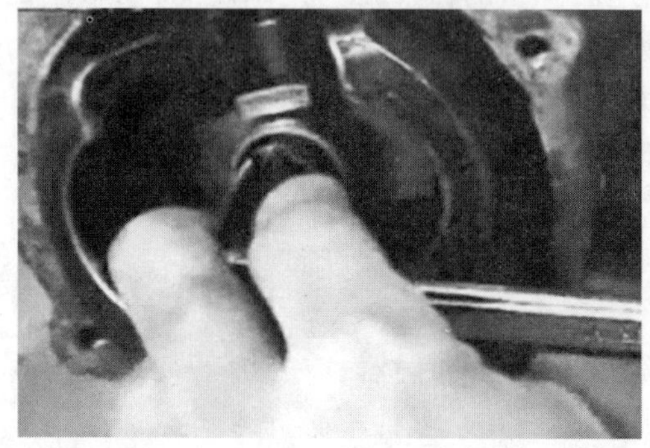
图 5-38　拆调速器飞块

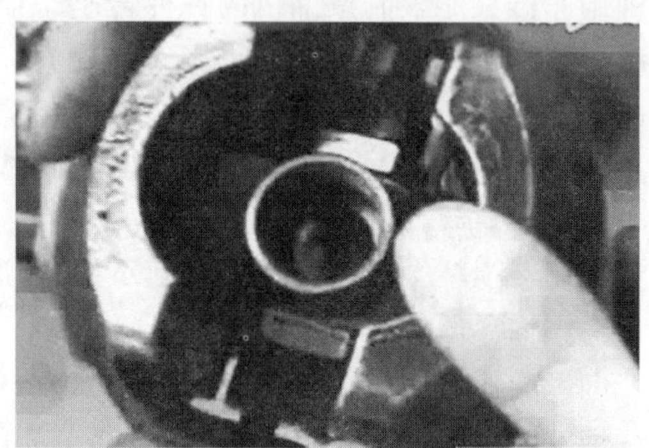
图 5-39　调速器飞块

图 5-40　拆调速器总成后盖

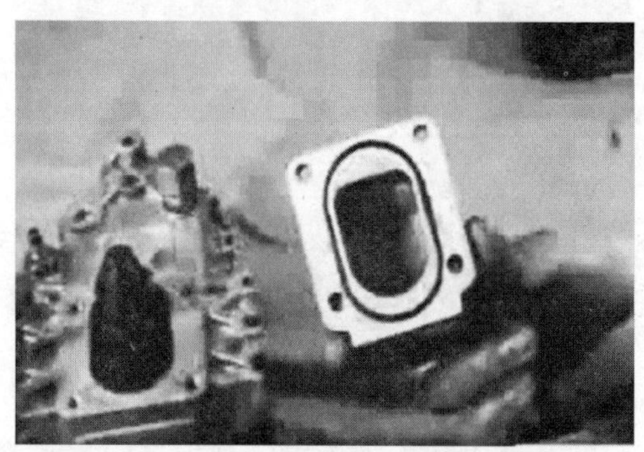
图 5-41　调速器总成后盖

图 5-42　拧出调速器校正装置

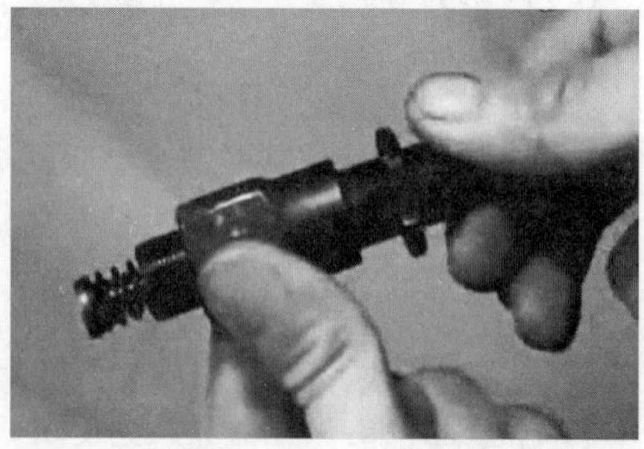
图 5-43　调速器校正装置

图 5-44　调速器校正装置组件

图 5-45　调速器怠速装置

图 5-46　调速器怠速装置组件

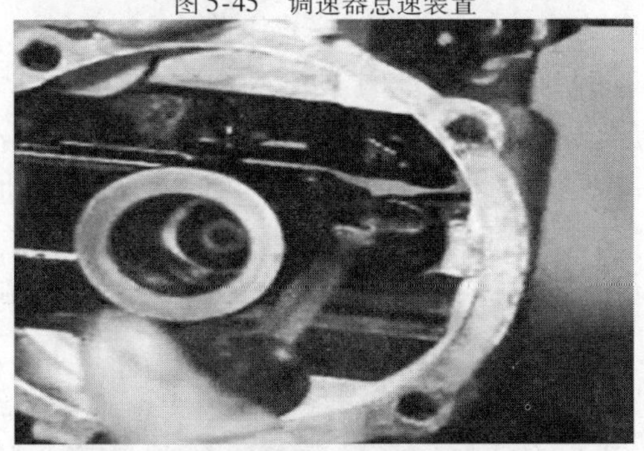
图 5-47　调速器调节螺钉

(3)对于飞锤式调速:当飞锤销孔及飞锤推脚磨损后,会改变调速器的工作特性,影响发动机的正常工作。应该对飞锤的铰接处仔细地进行检查,如果飞锤轴及轴套、滚轮轴及轴孔等磨损严重,应予更换。若滚轮的工作表面磨损过大,也应更换。虽然可采用加大销轴、轴孔镶套和焊补推脚等方法进行修复,但比较麻烦,因此一般是更换新件。

(4)对于飞球式调速器:容易磨损的部位是:钢球磨损失圆,调速器滑盘内表面磨出凹槽,或调速杠杆短臂的圆弧面磨损,使杠杆短臂与推力轴承之间的间隙增大。以上缺陷都会引起调速器失灵,发动机转速增高。当上述间隙太大时,可以在推力轴承与调速滑盘之间增加适当厚度的垫片进行维修,或者更换新件。

(5)轴承与衬套:在调速器大修时,所有的轴承与衬套都应更换。

(6)滑动套和移动销:应仔细地检查其端面和轴孔的磨损情形。如果磨损严重影响调速器工作的灵敏性和调整性,应予更换。

(7)杆件与销:所有杆件的铰接处都应检查其磨损情况,是否有磨损,飞边以及凹坑斑点等。在大修时,所有磨损的零件都应更换或检修。若杆件有变形,应予校正,甚至更换。

任务四　喷油器的拆装与检修

1. 喷油器的作用

将燃油以较高速度喷进汽缸,要保证良好的雾化和响应。

2. 喷油器的故障表现

喷油器故障会导致发动机无法起动、发动机加速无力、冒黑烟等现象。

(1)喷油雾化不良:当喷油压力过低、弹簧端面磨损或弹簧弹力下降时,会使喷油器提前开启、延时关闭,并出现喷油雾化不良现象,导致柴油机功率下降、燃烧不充分而排气管冒黑烟。

(2)密封失效、排白烟并伴有放炮声:喷油器工作时,针阀体的密封锥面由于受到针阀频繁的强力冲击和磨料磨损,锥面会逐渐出现划痕或点蚀,配合锥面接触宽度增加,从而造成密封失效,使喷油器滴油。当柴油机温度低时,排气管有冒白烟现象;当柴油机温度高时,排气管除冒黑烟外,还会不时地发出放炮声。这时,若停止向该缸供油,排烟与放炮声则迅速消失。

(3)针阀卡死,无法喷油:柴油中的水分或酸性物质过量时会使针阀因锈蚀而被卡住;当针阀密封锥面受损后,汽缸内可燃混合气也会窜入配合面并形成积炭,使针阀被卡住,喷油器无法喷油,致使该缸停止工作。

(4)内漏、喷油时间长、起动困难:当针阀在针阀孔内作频繁的往复运动时,如果柴油中杂质微粒直径过大,则会使针阀孔导向面逐渐磨损,致使喷油器内漏增加、压力下降和喷油时间延长,造成柴油机起动困难,工作时振动增大。

(5)喷油器与缸盖的结合孔漏气、窜油:若喷油器在缸盖上的安装孔内有积炭,铜垫圈不完好、不平整,以石棉板或其他材质代替紫铜材质,或垫圈的厚度不能确保喷油器伸出缸盖平面,都会造成散热不良或起不到密封作用,导致喷油器与缸盖的结合孔处漏气、窜油。

图 5-48 喷油器操作台

(6)冒黑烟:由于高压柴油的不断喷射冲刷,喷油嘴喷孔会因逐渐磨损而加大,导致喷油压力下降、喷射距离缩短和可燃混合气混合不均,从而使柴油机出现冒黑烟现象,缸内积炭也会随之增加。

3. 喷油器的喷油压力和油束检查

柴油机喷油器喷油压力一般不低于 20MPa,完好的喷油器喷油不会有滴漏油情况。为确定喷油器的技术情况可以对喷油器进行实验检测。如图 5-48 所示,按照图示装好喷油器。

检测喷油器开启压力,如图 5-49 所示。

不应出现如图 5-50 所示的滴漏油现象。

图 5-49 压力表

图 5-50 滴油情况

4. 喷油器的拆装

1)喷油器的拆卸

(1)拆卸时首先拆下高压油管和固定螺母,然后用木锤振松喷油器,取出总成,视需要可用专用拉器拉出。

(2)从发动机上卸下喷油器总成后,应先清洗外部,然后逐一在喷油试验台上进行检验,检查喷射初始压力、喷雾质量、漏油情况。

(3)分解时先分解喷油器的上部,旋松调压螺钉紧固螺母,取出调压螺栓、调压弹簧和顶杆,将喷油器倒夹在台钳上,旋下针阀体紧固螺帽,取下针阀体和针阀。

(4)针阀偶件应成对浸泡在清洁的柴油里。如果针阀和针阀体难以分开,可用钳子垫上橡胶片夹住针阀尾端拉出。

先分解喷油器的上部,如图5-51所示。

旋松调压螺栓,如图5-52所示。

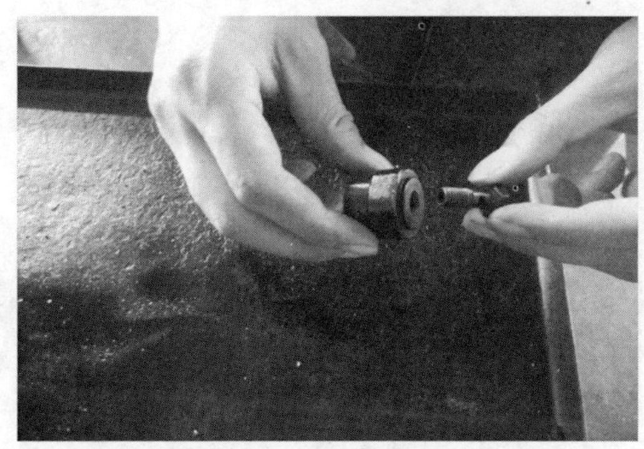

图5-51　取下紧固螺母

图5-52　旋松调压螺栓

取下调压螺栓,如图5-53所示。

拿出调压弹簧、垫片、顶杆,如图5-54所示。

旋出针阀体,如图5-55所示。

拿下针阀体,如图5-56所示。

从针阀体中取出针阀,如图5-57所示。

喷油器全部零件展示,如图5-58所示。

图5-53　取下调压螺栓

图5-54　拿出调压弹簧、垫片、顶杆

图 5-55　旋出针阀体

图 5-56　取出针阀体

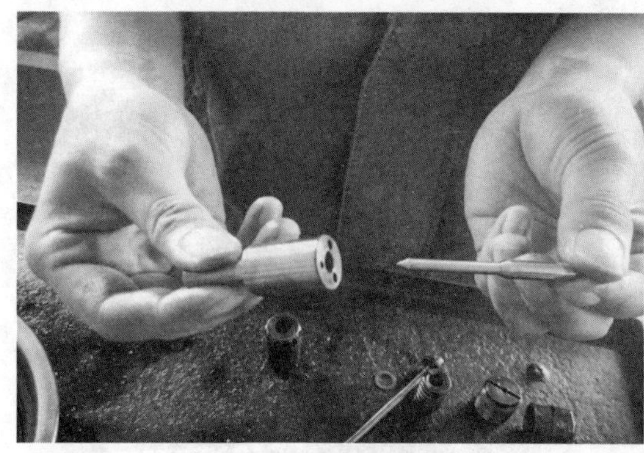
图 5-57　取出针阀

图 5-58　部件组成

2）喷油器的装配

把各个零件都放进油液中清洗浸泡，针阀放进针阀体时，先把针阀和针阀体涂上柴油，针阀体倾斜 30°，让针阀自动滑进去。与拆装顺序相反，装配喷油器。具体步骤如图 5-59 ~ 图 5-63 所示。

安装完成后要将喷油器装到试验台上检测喷油压力，调节油压螺栓，喷油器开启压力为 20MPa，如图 5-64 所示。

图 5-59　装针阀

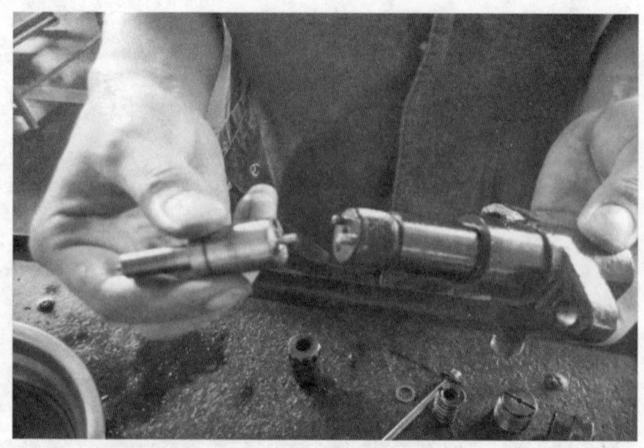
图 5-60　装针阀体

图 5-61　拧紧针阀体

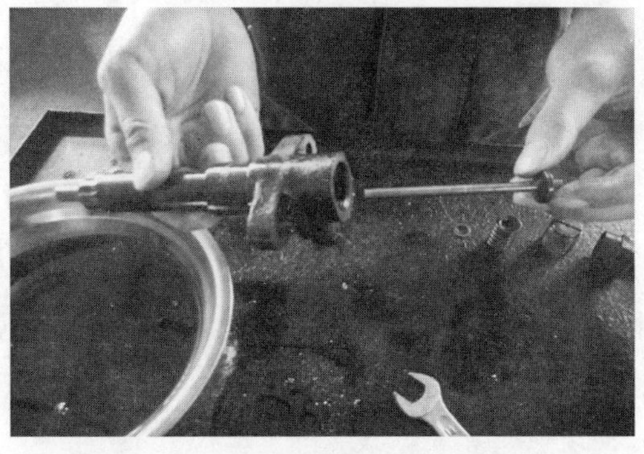

图 5-62　拿装入顶杆、调压弹簧、垫片

图 5-63　安装调整螺钉、螺帽

图 5-64　调整调整螺钉

任务五　电控柴油机的燃油供给系统

一、发展历程

随着汽车电子控制技术的发展和人们对于低油耗、低排放、高动力的追求，柴油机电子控制燃油喷射系统得到了长足发展。第一代电子控制式燃油喷射装置中，将机械式调速器和提前器换成电子控制的机构，燃油压送机构和机械式燃油系统相同，如图 5-65 所示。

第二代电控喷油装置是在第一代位置控制式的基础上发展起来的。采用高速电磁阀对喷油量和喷油时间进行时间控制，如图 5-66 所示。

第三代柴油机电控燃油系统是第二代的进一步发展，将喷油量和喷油时间控制融为一体，使燃油的升压机构独立，亦即燃油压力与发动机转速、负荷无关，具有可以独立控制压力的蓄压器共轨。喷油量、喷油时间等参数直接由装在各个汽缸上的喷油器控制，如图 5-67 所示。

二、电控共轨式燃油系统的工作原理

电控共轨式燃油系统是全新的一代燃油系统。特别是在降低柴油机的排放，保护环境方面将会起到不可替代的作用。图 5-68 是第三代柴油机电控燃油系统电控共轨式燃油系统的控制原理框图。

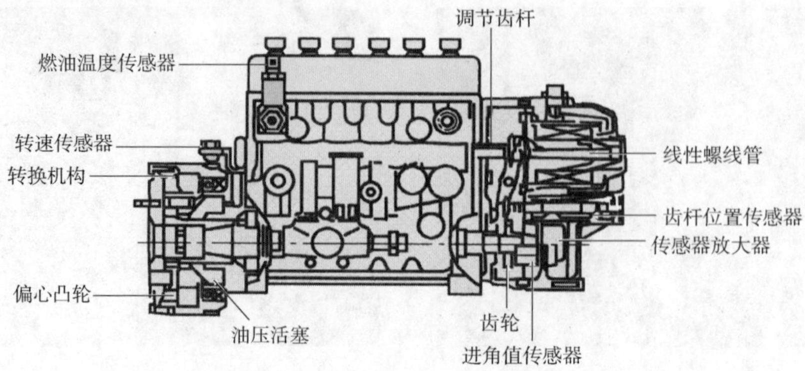

图 5-65　电子控制直列泵、电子调速器

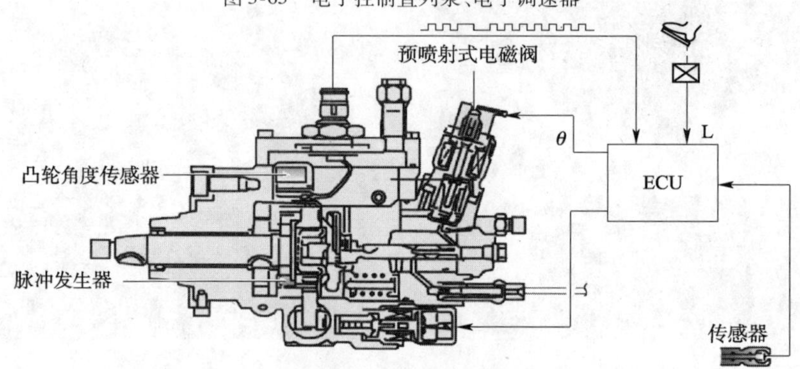

图 5-66　电子分配泵

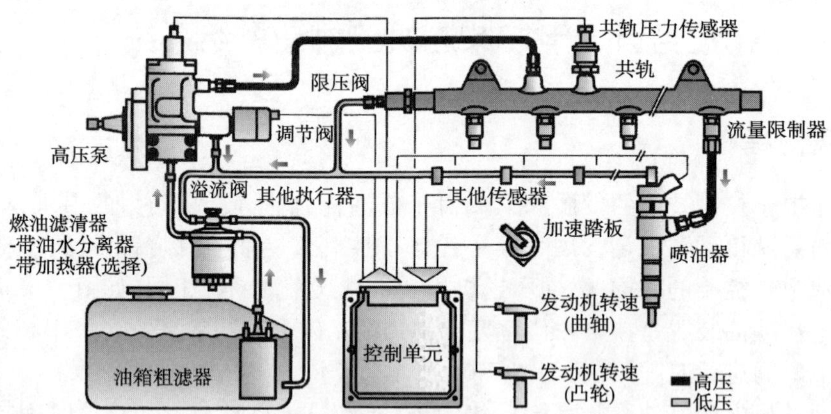

图 5-67　共轨系统结构图

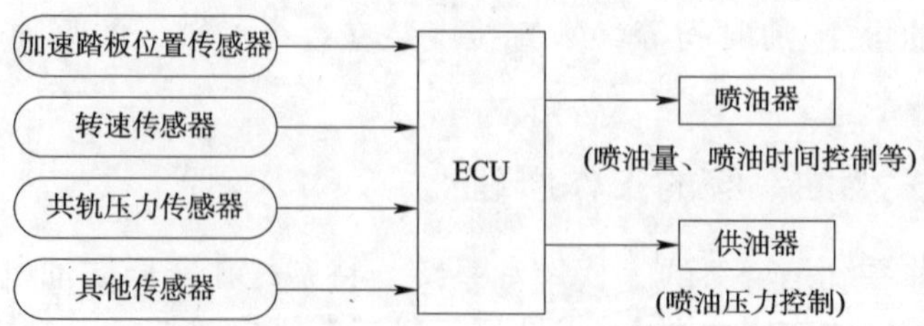

图 5-68　共轨系统控制原理图

电控柴油机喷射系统主要工作原理就是靠传感器将发动机的运转参数指标和驾驶员指令传给 ECU(中央控制单元);ECU 经过处理后把最佳喷油量和喷油时刻指令发给执行器。以实现燃油的高效燃烧、提高发动机的动力性能、降低油耗和排放。

三、电控共轨燃油喷射系统组成及特点

图 5-69 为博世电控共轨系统,其主要由燃油箱、滤清器、油泵、溢流阀、压力传感器、燃油轨、喷油器、ECU 等组成。

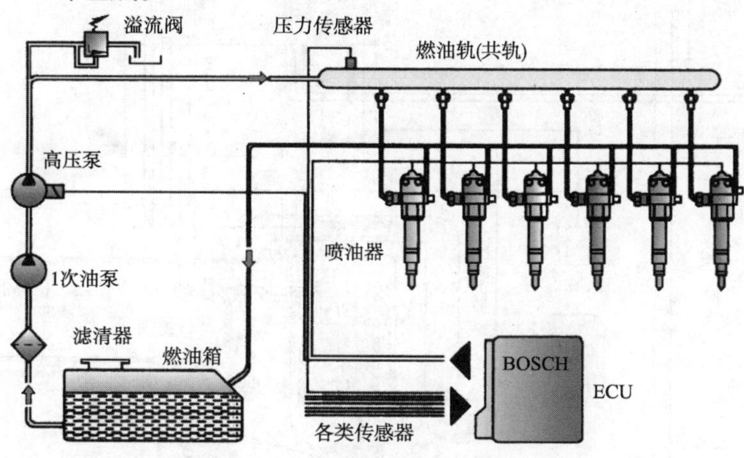

图 5-69　博世电控共轨系统

喷油器:可分为几个功能组件:孔式喷油嘴,液压伺服系统和电磁阀等,如图 5-70 所示。

供油泵:主要作用是将低压燃油加压成高压燃油,储存在共轨内,等待 ECU 的喷油指令,如图 5-71 所示。

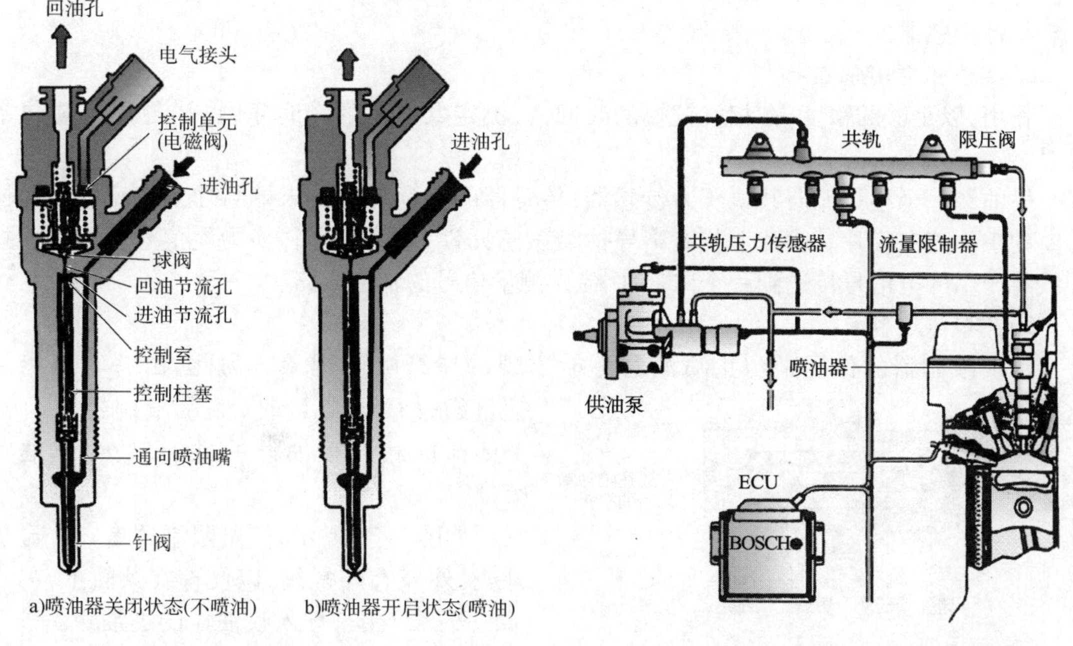

图 5-70　共轨喷油嘴

图 5-71　博世公司电控系统高压部分

ECU:基本功能是结合实时工况和外界条件,始终使发动机控制在最佳燃烧状态。

ECU按照预先设计的程序计算各种传感器送来的信息,如图5-72所示。经过处理以后,并把各个参数限制在允许的电压电平上,再发送给各相关的执行机构,执行各种预定的控制功能。

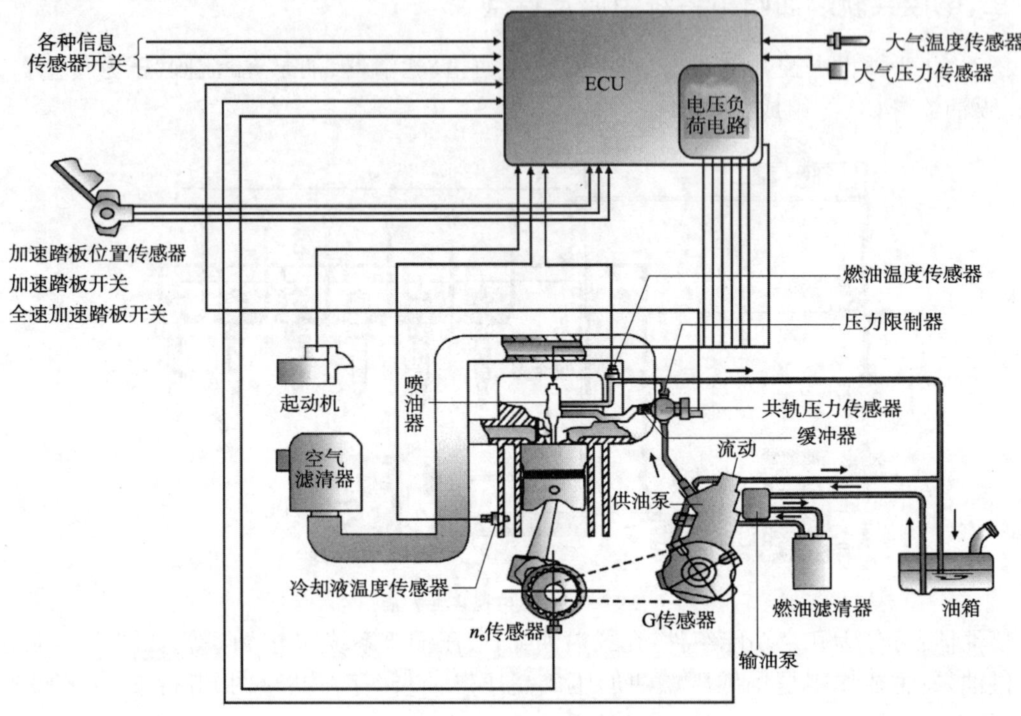

图5-72　6HK1-TC柴油机电控共轨系统线路图

特种传感器:

1)共轨压力传感器

作用:以足够的精度,在相应较短的时间内,测定共轨中的实时压力,并向ECU提供电信号。

燃油经一个小孔流向共轨压力传感器,传感器的膜片将孔的末端封住。高压燃油经压力室的小孔流向膜片。膜片上装有半导体型敏感元件,可将压力转换为电信号。通过连接导线将产生的电信号传送到一个向ECU提供测量信号的求值电路。

2)流量限制器

流量限制器的作用是防止喷油器可能出现的持续喷油现象。为此,由共轨流出的油量超过最大流量时,流量限制器将自动关闭流向相应喷油器的进油口,停止继续喷油。

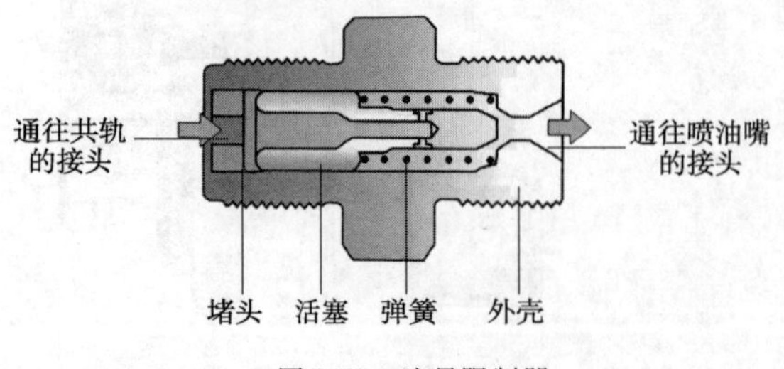

图5-73　流量限制器

如图5-73所示,流量限制器有一个金属外壳,外壳有外螺纹,以便拧在共轨上,另一端的外螺纹用来拧入喷油器的进油管。外壳两端有孔,以便与共轨或喷油器进油管建立液压联系。流量限制器内部有一个活塞，一根弹簧将此活塞向共轨方向压紧。活塞对外壳壁部密封。活塞上的纵向孔连接进油孔和出油孔。纵向孔直径在末端是缩小的，这种缩小的作用就像流量精确控制的节流孔效果一样。

3）调压阀

调压阀的作用是根据发动机的负荷状况调整和保持共轨中的压力。当共轨压力过高时，调压阀打开，一部分燃油经集油管流回油箱；当共轨压力过低时，调压阀关闭，高压端对低压端密封。

博世公司电控共轨系统中的调压阀（图5-74）有一个固定凸缘，通过该凸缘将其固定在供油泵或者共轨上。电枢将一钢球压入密封座，使高压端对低压端密封。为此，一方面弹簧将电枢往下压，另一方面电磁铁对电枢作用一个力。为进行润滑和散热，整个电枢周围有燃油流过。

调压阀有两个调节回路：一个是低速电子调节回路，用于调整共轨中可变化的平均压力值；另一个是高速机械液压式调节回路，用以补偿高频压力波动。

4）限压阀

限压阀的作用相当于安全阀，它的基本作用是限制共轨中的压力。当共轨中燃油压力过高时，打开放油孔卸压。共轨内允许的短时间最高压力为150MPa。

博世公司电控共轨系统中的限压阀（图5-75），主要由下列构件组成：外壳（有外螺纹，以便拧装在共轨上），通往油箱的回油管接头，活塞和弹簧等。

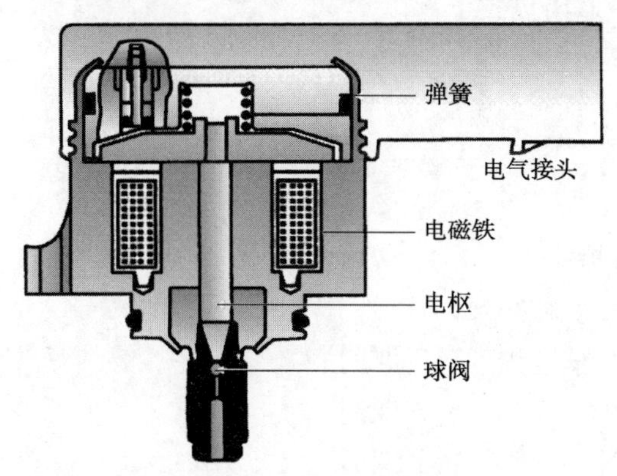

图5-74　调压阀

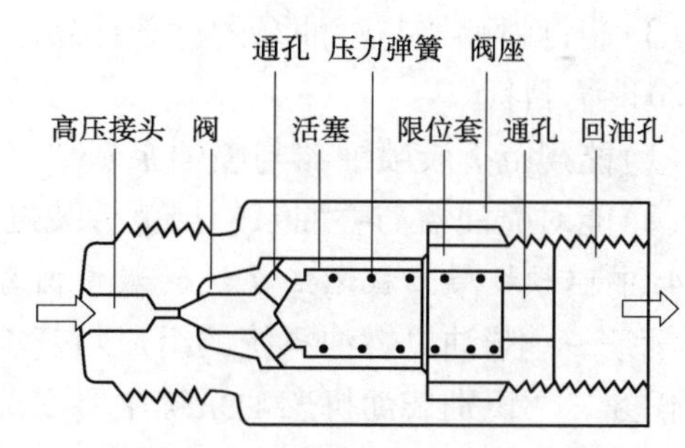

图5-75　限压阀

复习思考题

5-1　简述柴油机燃油供给系统的组成。

5-2　简述柴油机喷油泵的工作原理。

5-3　柴油机调速器失效会有什么故障现象？

5-4　喷油器开启压力过低柴油机会有什么故障现象？

5-5　喷油器滴油，柴油机会有什么故障现象？

5-6　简述高压共轨柴油的组成和工作原理。

【教学设计能力拓展训练三】

“发动机五大系统”教法与学法设计训练

一、任务引导

简介中职学校学生学习柴油机燃油系统的起点、教学设备、教学目标、教学内容、教学重点难点、学时分配等内容,以便学习者设计教法与学法时参考。

1. 中职生的学情分析

(1)文化基础知识薄弱,认知、记忆、思维能力较差,对授课内容难以理解,但渴望被人接纳和爱护,渴望得到别人的认可和称赞,渴望成功,形象思维丰富,好动,喜欢动手实践。

(2)学习过初中物理,同时对柴油机工作原理有了一定的了解。

2. 中职学校柴油机燃油供给系统教学环境

理论实践一体化教室:配置多媒体教学设备、学生查阅资料的电脑、课桌椅、充足的实训台架或教学整车等、实训工具、课程资源库教学平台(配置相关视频、动画、图片、电子教材、作业单、练习题、考核表等)。

3. 中职学校柴油机燃油系统教学目标

1)知识目标

(1)能叙述柴油机燃油系统的组成与基本工作过程。

(2)能识别柴油机燃油系统主要零部件。

(3)制订喷油器与喷油泵的拆装计划。

2)能力目标

(1)能规范拆装喷油器与喷油泵。

(2)能对喷油器与喷油泵的规范拆装进行检查。

4. 中职学校柴油机燃油系统的教学内容与学时分配

任务一　柴油机燃油系统的组成与基本工作过程　2 课时

任务二　识别柴油机燃油系统主要零部件　2 课时

任务三　制订喷油器与喷油泵的拆装计划　1 课时

任务四　喷油器与喷油泵规范拆装与检查　4 课时

5. 中职学校柴油机燃油系统的教学重点、难点

(1)教学重点:喷油器与喷油泵的拆装与检查。

(2)教学难点:柴油机供油正时的检查与调整。

6. 中职学校柴油机燃油系统的教学方法与教学流程

采用理论实践一体化教学,通常采用任务驱动教学法(12221 教学模式)。

12221 教学模式内容:学生完成 1 份任务引导文,学生观察老师操作 2 次,学生亲自操作 2 次,学生指导其他同学操作 2 次,学生完成 1 份作业工单。

(1)任务资讯:完成任务引导文,收集必要知识点(例如柴油机燃油系统主要部件的结构名称、作用及其拆装检查工具、设备名称等)课前预习加上课上听老师讲解后完成(学生完

成1份任务引导文)；

(2)布置学习任务:明确每个任务的目标和完成标准；

(3)教师示范和讲解:教师根据任务的难易程度作必要的示范和讲解,比如柴油机供油正时的检查与调整方法和注意事项、拆装注意事项等等;(学生观察老师操作2次)；

(4)任务实施:学生分组练习,教师巡逻指导→换组直至完成每个细分的任务(学生亲自操作2次)；

(5)任务检查:学生对照任务目标和完成标准组内自我检查；

(6)任务指导:学生对照任务工单对其他学生进行指导(学生指导其他同学操作2次)；

(7)任务考核与评价:根据各组任务完成情况进行点评小结(可以先让小组汇报后再点评)；

(8)学生完成作业工单(学生完成1份作业工单)。

二、教法与学法设计任务单(请在□中打"√")

全班分成4~6个设计小组,每组选择单元内的一个任务进行教学方法设计。

<table>
<tr><td>组别</td><td colspan="2"></td><td colspan="2">设计任务</td><td colspan="2"></td></tr>
<tr><td>教学内容</td><td colspan="6"></td></tr>
<tr><td>学生基础</td><td colspan="6"></td></tr>
<tr><td>教学设备</td><td colspan="6"></td></tr>
<tr><td colspan="7">教 学 方 法</td></tr>
<tr><td>教师教法</td><td>1.项目教学法(宏观)
2.引导文教学法(宏观)
3.模拟教学法(宏观)
4.案例教学法(宏观)
5.任务驱动法(微观)
6.张贴板教学法(微观)
7.鱼骨图教学法(微观)
8.头脑风暴教学法(微观)
9.其他教学法</td><td>□
□
□
□
□
□
□
□
□</td><td>学生学法</td><td colspan="2">1.讨论法
2.阅读法
3.笔记法
4.观察法
5.角色扮演法
6.实操法
7.练习法
8.分析研究法
9.小组合作法
10.探究法
11.张贴法
12.鱼骨图法
13.其他学习法</td><td>□
□
□
□
□
□
□
□
□
□
□
□
□</td></tr>
<tr><td>选取理由</td><td colspan="2"></td><td colspan="4"></td></tr>
<tr><td>展示评价</td><td colspan="6">各组采用海报、PPT等形式展示本组的设计成果</td></tr>
</table>

三、教法与学法设计训练评分标准

序号	项　目	内　容	分　值	得　分
1	教学内容	教学内容序化合理,符合学生认知规律	15	
2	学情分析	对学生知识基础、学习特点及适宜的学习方法进行分析和引导	15	
3	教学设备	根据学校现有情况合理选择设备,满足教学的需要	25	
4	教法方法	教法学法合理,符合学生认知规律	35	
5	格式与表达	设计格式规范,表达清晰流畅	10	
总　分			100	

项目六　点 火 系 统

知识目标

通过系统学习,要求学生掌握以下知识:

1. 掌握汽车发动机点火系统的组成和分类。
2. 掌握发动机点火系统的结构和工作原理。
3. 掌握点火时刻对发动机性能的影响关系。
4. 掌握点火系统故障检修知识。

能力目标

通过系统学习,要求学生具备以下能力:

1. 理解发动机点火系统的结构和原理。
2. 对点火系统的故障有判断能力。
3. 能对火花塞进行检查和调整。

任务一　机械控制点火系统

一、发动机点火系统的作用及要求

发动机点火系统的作用:在发动机各种工况和使用条件下,在汽缸内适时、准确、可靠地产生电火花,点燃可燃混合气,使发动机对外做功。发动机要可靠、高效运转对点火系统有如下要求:

1. 能产生足以击穿火花塞两电极间隙的电压

点火系统用于点燃混合气的火花塞电极伸入发动机汽缸燃烧室内,通过电极之间气体的电离作用产生电弧放电(跳火)。要使电极之间具有很高压力的气体电离而产生电火花,就必须有足够高的电压。使火花塞电极跳火所需的电压称之为击穿电压 U_j(或称点火电压),而 U_j 的高低与发动机工况及火花塞的状况有关。

1)发动机工况

汽缸内的混合气压力高、温度低时,气体的密度相对较大,气体电离所需的电场力就大,所需的击穿电压也就高。发动机在不同工况下其压缩终了的混合气压力和温度是不同的,因此,当发动机的转速和负荷改变时,火花塞的击穿电压也随之而变。

2)火花塞电极的温度和极性

当火花塞电极的温度超过混合气温度时,击穿电压可降低 30% ~50%。这是因为在电极温度高时,包围在电极周围的气体密度相对较小的缘故。由于火花塞中心电极的温度相对较高,因此,火花塞的中心电极为负时,火花塞电极的击穿电压可降低 20% 左右。

3)火花塞的间隙和形状

火花塞电极的间隙增大,在同样的电压下电极之间的电场就减弱,要使电极间隙间的气体电离所需的电压就得增大。火花塞电极较细或电极表面有沟棱时,在同样的电压下其电场的最强处要大于较粗、表面平的电极,因此,所需的击穿电压可降低。

此外,火花塞电极上积油、积炭时,其击穿电压也会相应升高。

2. 要有足够的点火能量

火花塞跳火后能确保可燃混合气迅速燃烧,还必须要有足够的点火能量。发动机正常工作时,由于混合气压缩终了的温度已接近自燃温度,因此所需的火花能量很小,但是发动机在起动、怠速及急加速工况时,由于混合气的温度较低或混合气过浓、过稀等原因,需要有较高的点火能量才能保证混合气可靠燃烧。

点火能量不足时,会使发动机起动困难、点燃率下降,发动机的动力性下降、油耗和排污增加,并可能导致发动机不工作。

3. 点火时间应该与发动机的工作状况相适应

为使发动机汽缸内的燃烧最高压力出现在压缩终了上止点后 10° ~15°,使混合气的燃烧功率达到最大,就必须在压缩终了前的某个适当时刻点火。某缸火花塞开始跳火到活塞运行至压缩终了上止点的曲轴转角称之为点火提前角。点火提前角过大,压缩行程活塞上行的阻力增大,导致发动机功率下降、油耗增加,且发动机容易产生爆燃;点火提前角过小,混合气燃烧产生的最高压力和温度下降,也会导致发动机功率下降、油耗增加,且容易引起发动机过热、排气管放炮等故障。

发动机在不同的转速和负荷下,其点火提前角度应是不同的。点火系统应能根据发动机的转速和负荷变化情况,及时调整点火时间,以确保混合气的燃烧及时、完全。

二、机械控制点火系统组成

如图 6-1 所示,机械控制点火系统主要由电源(蓄电池和发电机)、点火开关、点火线圈、电容器、断电器、配电器、火花塞、阻尼电阻和高压导线等组成。

1. 电源(蓄电池和发电机)

汽油机的电源主要由 12V 铅酸蓄电池和交流发电机组成。

2. 点火开关

用来控制仪表电路、点火系统初级电路以及起动机继电器电路的开与闭。

3. 点火线圈

点火线圈的作用是将蓄电池的低压电(12V)转变为高压电(10000 ~20000V)(图 6-2)。当点火开关接通电源后,断电器触点闭合,低压线圈有电流通过,线圈周围产生磁场。当断电器触点张开时,低压线圈里电流消失,磁场也减弱并趋于消失。由于这个磁场的变化,高压线圈感应产生高压电流。当此电流经分电器配送到各汽缸的火花塞时,便产生电火花,点燃汽缸里的可燃混合气。

组成:它主要由初级绕组、次级绕组、铁芯等组成。

功用:用来将电源供给的12V 低压直流电转变为10000 ~ 20000V 的高压直流电。

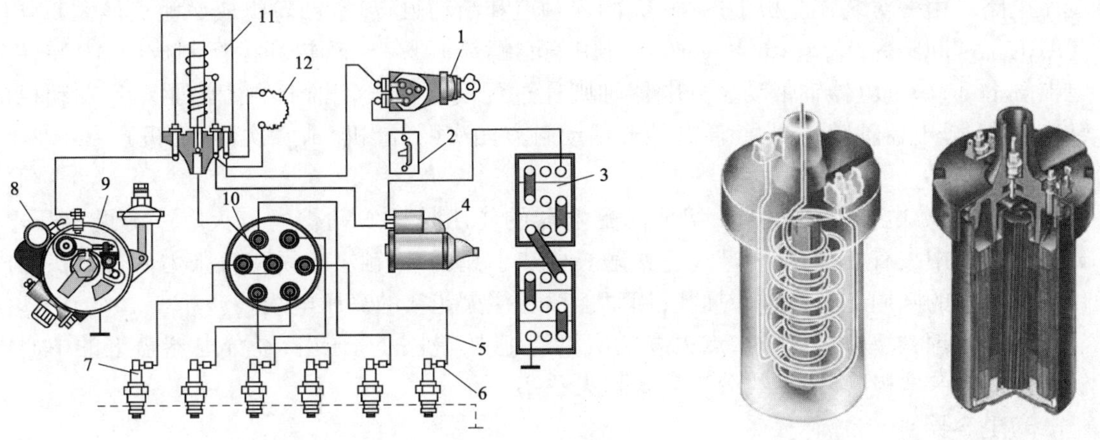

图6-1 传统点火系统

1-点火开关;2-电流表;3-蓄电池;4-起动机;5-高压导线;6-高压阻尼电阻;7-火花塞;8-电容器;9-断电器;10-配电器;11-点火线圈;12-附加电阻

图6-2 点火线圈

4. 分电器

分电器(图6-3)由断电器、配电器和电容器组成。它们的结构和功能分别如下:

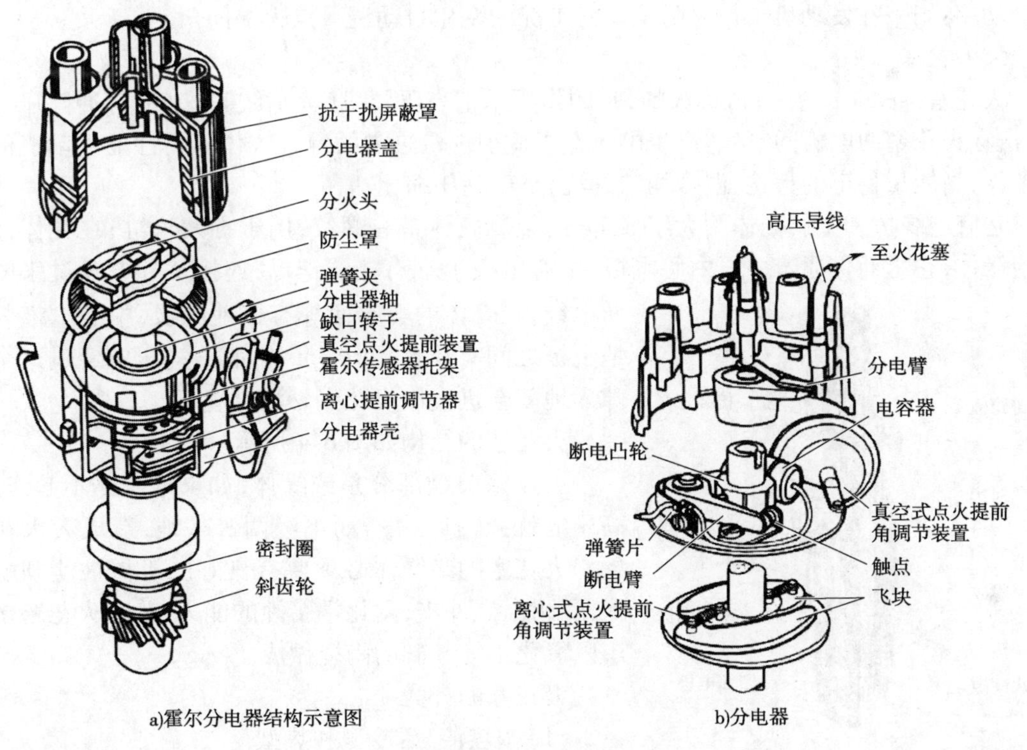

a)霍尔分电器结构示意图

b)分电器

图6-3 分电器

1)断电器

组成:主要由断电器凸轮轴、断电器触点、断电器活动触点臂等组成。用来接通和切断低压电路。由一对装在底板上的触点(固定触点和活动触点)和凸轮组成。触点最大断开位置时的正常间隙为0.35~0.45mm(可以用偏心螺钉调整)。凸轮和拨板制成一体,装在分电器轴上部,由分电器轴带动。分电器轴则通过配气机构凸轮轴上的齿轮驱动。发动机曲轴转两圈,分电器轴转一圈,凸轮共顶开活动触点四次(四缸机)或六次(六缸机)。

2)配电器

组成:由分电器盖和分火头组成。配电器的作用是按发动机的点火顺序分配高压电。分电器盖的中央有一插孔,内部装有接触炭棒和小弹簧,接触炭棒靠弹簧张力同分火头导电片接触。盖的圆周还有几个旁插孔,用以接插通往火花塞的高压电线。

工作原理:发动机工作时,点火线圈次级绕组中产生的高压电,经分电器盖上的中心电极、分火头、旁电极、高压导线分送到各缸火花塞。

3)电容器

安装在分电器壳上,与断电器触点并联。

功用:电容器的作用是收容低压线圈的感生电流,防止触点过早烧蚀,同时帮助点火线圈提高点火电压。电容器是用两条铝箔中间夹有绝缘性很好的蜡纸卷制而成。其中心引线为正极,外表皮为负极。

5. 点火提前调节装置

由离心和真空两套点火提前装置组成,分别安装在断电器底板的下方和分电器的外壳上。

功用:用来在发动机工作时随发动机工况的变化自动调整点火提前角。

6. 火花塞

火花塞(spark plugs),俗称火嘴,它的作用是把高压导线(火嘴线)送来的脉冲高压电放电,击穿火花塞两电极间空气,产生电火花以此引燃汽缸内的混合气体。高性能发动机的基本条件:高能量稳定的火花、混合均匀的混合气、高压缩比。

它有绝缘体和金属壳体两大组成部分:金属壳体带有螺纹,用于拧入汽缸;在壳体内装有绝缘体,它里面贯通着一根中心电极、中心电极上端有接线螺母,连接从分电盘过来的高压电线;在壳体的下端面焊有接地电极,中心电极与接地电极之间有0.6~1.0mm的间隙,高压电经过这个间隙入地就会迸发出火花点燃混合气。

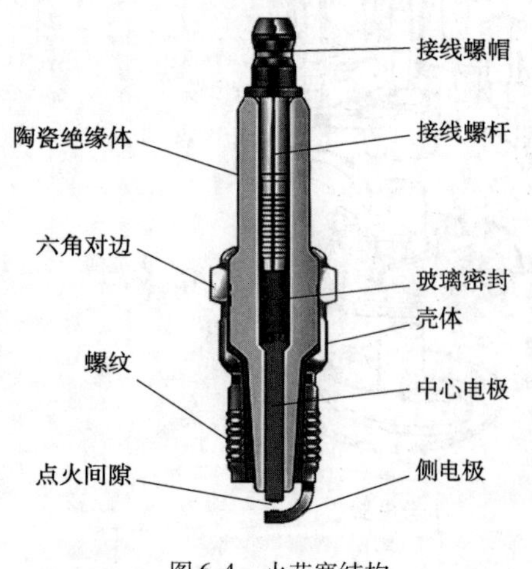

图6-4 火花塞结构

火花塞的结构如图6-4所示。

火花塞关键部分是绝缘体,如果绝缘体不起作用,高压电就会“抄小路”而不经两极入地,造成无火花现象。火花塞的绝缘体必须要有良好的机械性能和耐高电压、耐高温冲击,耐化学腐蚀的能力,普通火花塞多采用以氧化铝为基础的陶瓷做成。

火花塞的分类:

(1)按热值分:冷型和热型。

火花塞的热值代表其散热快慢。数值越大则散热越快(或称为火花塞越冷),不同的发动机要求使用的火花塞不同,必须匹配。一般而言,小汽车行驶速度快,汽缸内压缩比高,需用热值高(散热快)的火花塞,大车一般行驶速度慢,一般用热值低(散热慢)的火花塞。

热值过高,即散热过快,易使火花塞温度过低,点火头部产生积炭,引起跑电,使火花塞打不出火来;而热值过低,散热不够,使火花塞温度过高,会导致爆燃等,易使火花塞头部陶瓷烧损,电极溶解。

(2)按中心电极材料分:普通(铜芯)、铂金、双铂金、铱金。

(3)按侧电极形状不同分:单级,双机,三级,四极

侧电极一般为两个或两个以上,优点是点火可靠,间隙不需经常调整,故在电极易烧蚀和火花塞间隙不能经常调节的一些汽油机上常常采用;缺点是后期容易形成积炭;寿命短。为了抑制汽车点火系统对无线电的干扰,又生产了电阻型和屏蔽型火花塞。电阻型火花塞是在火花塞内装有 5 ~ 10kΩ 的电阻,屏蔽型火花塞是利用金属壳体把整个火花塞屏蔽密封起来。屏蔽型火花塞不仅可以防止无线电干扰,还可用于防水、防爆的场合。通常火花塞使用寿命为 15000km,长效火花塞使用寿命为 30000km。

7. 附加电阻

发动机工作时,点火线圈中的二次电压的大小,与断电器触点分开瞬间一次电流的大小有关,一次电流越大,铁芯中的磁场越强,当触电分开时磁通的变化量就越大,感应的二次电压也越高。为此,应尽可能地增大流过一次绕组的中的电流。但是,在断电器触点闭合、一次电流增长的过程中,由于自感的作用,一次绕组中也产生自感电流,其方向与一次电流相反,阻碍一次电流的增长,使一次电流的增长速度变慢。因此,在触点闭合后,一次电流是按指数规律由零开始逐渐增长的,需要经过一定时间以后,才能达到按欧姆定律得出的稳定值。实际上,发动机正常工作时,由于断电器凸轮转速很高,触点每次保持闭合的时间总是小于一次电流增长到稳定值所需的时间,所以在触电分开时的一次电流总是小于其最大稳定值。如果点火线圈按发动机高速设计时,则低速时一次电流将过大,使点火线圈过热,如果按低速设计时,则高速时由于一次电流过小而二次电压过低,不能保证可靠的点火。为此,点火线圈一次绕组的电路中串联有附加电阻,以改善点火系统的高速性能。

附加电阻是电阻值随温度变化而迅速变化的热敏电阻,其电阻值随温度升高而增大,当发动机低速时,由于触点闭合时间长,一次电流大,附加电阻温度高,电阻值大,使一次电路的电阻增大,一次电流适当减小,防止点火线圈过热,发动机高速运转时,一次电流减小,附加电阻的阻值也随温度的降低而减小,使一次电流适当增大,二次电压适当升高,可以改善发动机高速性能。

三、机械控制点火系统的工作过程

点火系统工作原理如图 6-5 所示,汽油机运行时带动断电器凸轮转动,使断电器不断闭合与断开,在触点闭合时,蓄电池提供电流,电流从蓄电池正极经点火线圈的一次绕阻、断电器触电,返回到蓄电池负极。电流流经点火线圈的一次绕阻时,铁芯中产生一个储能用的强磁场,当断电器触点被顶开时,一次电流迅速衰减以至消失,铁芯中的磁通随之减小,而在二次绕阻中就感应出点火所需的高电压。这一电压由高压线输送到分电器,再由此输送到各

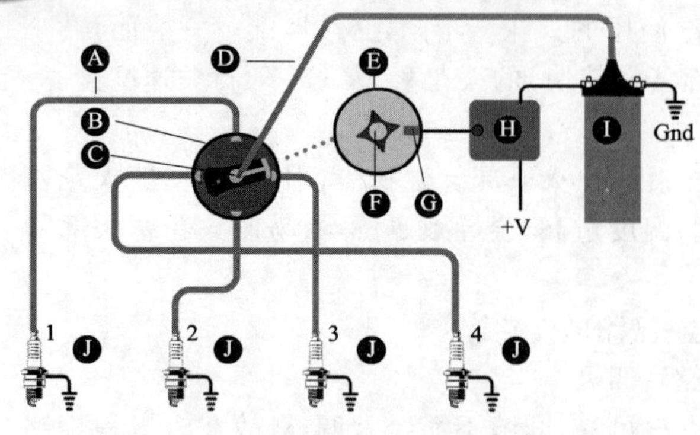

图 6-5　点火系统工作原理图

个相应的火花塞上，产生电火花。目前的蓄电池点火系存在着以下缺点：断电器触点容易烧蚀，工作寿命短；火花塞易积炭，使次级电压因漏电而升不高，使点火不可靠；发动机高速时，由于触点闭合时间太短，次级电压下降，易出现缺火现象；由于有时点火电压不够，使混合气燃烧不完全造成对空气的污染等。蓄电池点火在现代高速多缸发动机和转子发动机上已难以适应。

点火系的高、低压电路电流的流动顺序是：

低压电路：蓄电池——电流表——点火开关——点火线圈的低压线圈——断电器活动触点（闭合时）——断电器固定触点底盘搭铁——蓄电池。

高压电路：点火线圈的高压线圈的一端——点火线圈附加电阻——点火开关——电流表——蓄电池正极——蓄电池负极搭铁——火花塞跳火——分电器的分火头——分电器盖中央孔——点火线圈中央插孔——高压线圈另一端。

任务二　电控汽油机点火系统组成及分类

一、电控汽油机点火系统的组成

电控点火系统也叫微机控制的点火系统，与传统点火系统相比，可以更加精确控制点火时刻。使发动机的燃烧更加完全、动力性更强、油耗更低、排放更好。现代汽车发动机已经基本上全部采用电控点火系统。微机控制点火系（图 6-6）一般由电源、传感器、电控单元（ECU-Electronic Control Unit）、点火控制器、高压线、火花塞等组成。

1. 电源

供给点火系统所需的点火能量，一般由蓄电池和发电机共同组成。

2. 传感器

检测发动机各种状态参数，为 ECU 提供点火提前角的控制依据。

3. 电控单元

点火系统中的控制元件。其作用是不断地采集各传感器的信息，按特定的程序进行判断、运算，向点火控制器或点火线圈发出最佳控制信号。

4. 点火控制器

ECU 的一个执行机构。其作用是将电控单元输出的点火信号进行功率放大，再驱动点火线圈工作。

5. 点火线圈

其作用是存储点火能量，并将电源的低电压转变为高电压。

6. 火花塞

其作用是将点火线圈产生的高压电引入汽缸，产生电火花，点燃汽缸内的可燃混合气。

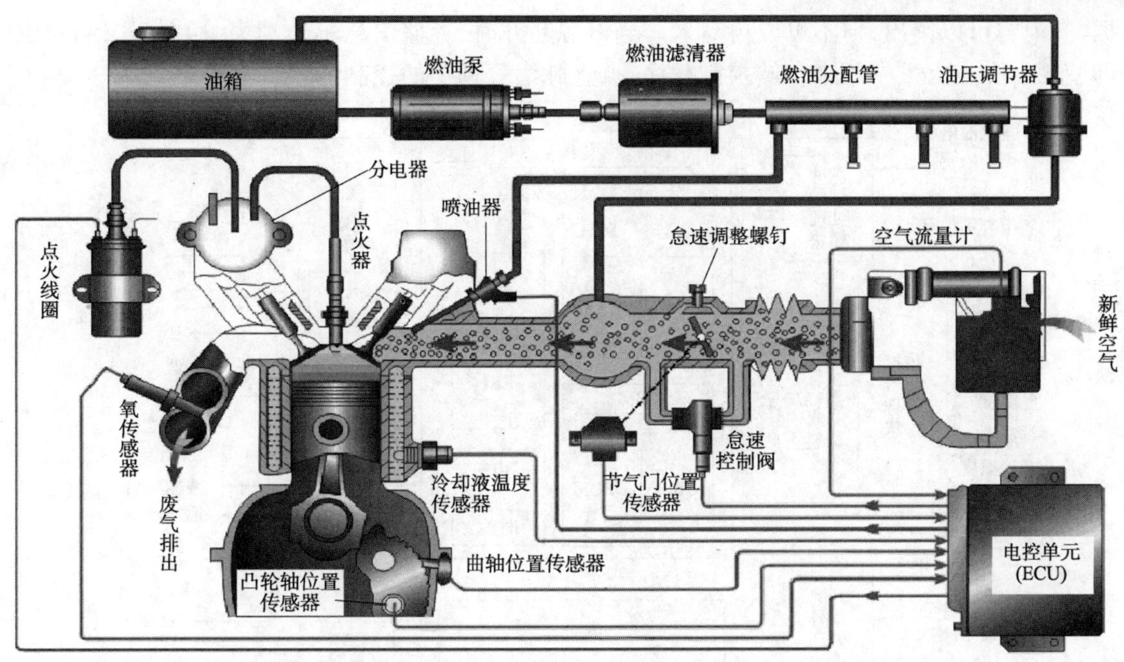

图6-6 电控点火系统的组成

二、ECU 的组成

电控单元 ECU 是点火系统的控制中心,如图 6-7 所示,它主要是由输入电路(包括 A/D 转换器)、微机(单片机)、输出电路等组成的,其中单片机主要由微处理器(CPU)、存储器(RAM、ROM)、输入/输出(I/O)接口、总线等组成。各部分电路的功能介绍如下:

1. 输入电路

各传感器的信号首先送到输入电路中,经输入电路处理后再送至单片机。如图 6-7 所示,输入电路对输入信号的处理功能包括:过滤混入信号中的干扰;将正弦波信号(例如曲轴位置信号)变成脉冲信号(矩形波);降低超过 5V 的信号,保证单片机的正常工作。

2. 单片机

其作用是分析、处理数字信号:与外部设备进行数据交换;协调单片机内各系统的工作。

1)中央处理单元(CPU)

中央处理单元是单片机的指挥中心,它是具有中央控制功能的芯片,具有参数检测、数据处理、控制运算与逻辑判断功能,可通过接口向系统各个部分发出指令。

2)存储器

存储器具有存放程序和记忆数据的功能,它包括运行数据存储器(RAM)与程序和数据存储器(ROM)。运行数据存储器(RAM):RAM 又称随机存储器或读写存储器,用于暂时存放计算机操作的数据,可以随时写入,也可随时读出,当电源断开时,数据随之消失。在点火系中是将各传感器输入的数据信息储存起来,直到被单片机调用,或者被以后输入的运行数据所替换。程序和数据存储器(ROM):ROM 又称只读存储器,用于存放永久性的程序和数据,其内容可以读出,但不可以再写入。当电源断开时,存储信息不会消失,通电后又可以立即使用。在点火系中用来存储控制程序、点火脉谱等预定的控制参数。

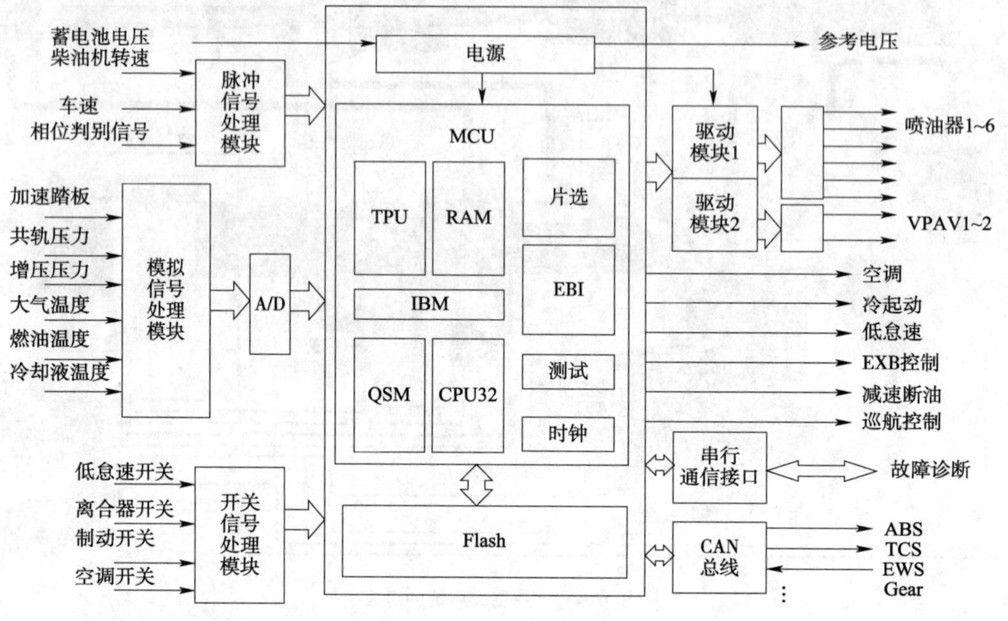

图 6-7　ECU 的组成

3)输入/输出(I/O)接口

输入/输出(I/O)接口是单片机与被控对象进行信息交换的纽带,起着数据缓冲和时序匹配的功能。

4)总线(BUS)

总线是将单片机中 CPU、RAM、ROM、I/O 接口等连接起来的一组电缆线。它包括地址总线、数据总线和控制总线。数据总线用于传送数据与指令。地址总线用于传送地址码。CPU 通过控制总线随时掌握各器件状态,并根据需要向各器件发出控制指令。

3. 输出电路

输出电路的作用是将单片机的指令转变为控制信号来驱动执行器,它起着控制信号的生成和放大的功能。

三、微机控制点火系 ECU 控制工作原理

电控点火系统工作原理如图 6-8 所示,ECU 向点火控制器发送点火控制信号和汽缸判别信号,并接收点火控制器反馈的点火确认信号。下面以图 6-9 所示的丰田皇冠轿车的微机控制点火系统为例,说明 ECU 的控制信号。

1. 点火时刻(点火提前角)控制信号 IGt

在发动机工作时,ECU 根据传感器输入的发动机状态信息,计算出最佳点火提前角,然后再根据曲轴位置传感器的信号,判断曲轴(活塞)的位置,当曲轴(活塞)达到最佳点火提前角的位置时,即向点火控制器发出点火控制信号 IGt,控制点火线圈断路而点火。

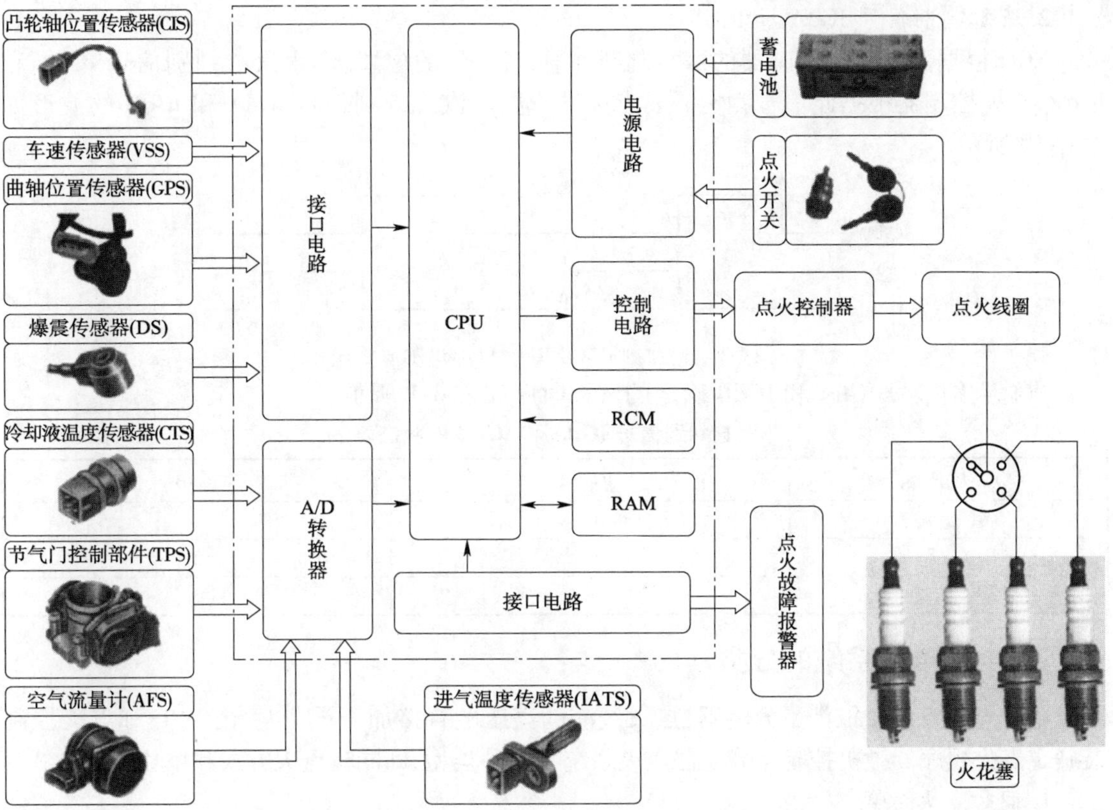

凸轮轴位置传感器(CIS)
车速传感器(VSS)
曲轴位置传感器(GPS)
爆震传感器(DS)
冷却液温度传感器(CTS)
节气门控制部件(TPS)
空气流量计(AFS)
进气温度传感器(IATS)
接口电路
A/D转换器
CPU
电源电路
控制电路
RCM
RAM
接口电路
蓄电池
点火开关
点火控制器
点火线圈
点火故障报警器
火花塞

图6-8 电控点火系统的工作原理

空气质量计
发动机转速传感器
相位传感器
节气门控制部件
进气温度传感器
冷却液温度传感器
氧传感器
爆震传感器
辅助信号
车速信号
空调器信号
自诊断接口
节气门控制部件
喷油器
带输出驱动极的点火线圈组件
活性炭罐电磁阀
电动燃油泵
辅助信号
氧传感器加热器
发动机转速信号
空调器压缩机信号

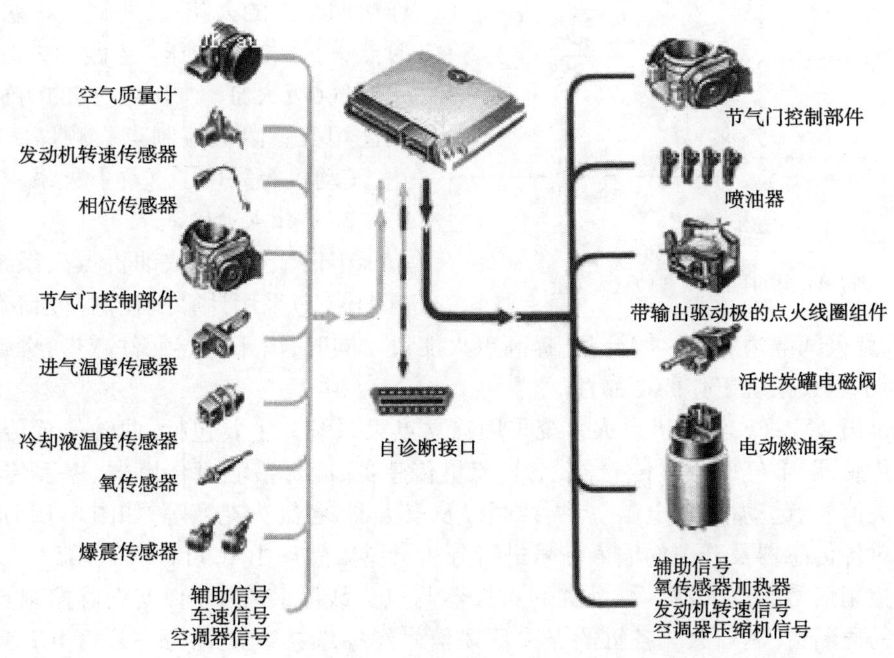

图6-9 丰田皇冠轿车的微机控制点火系统

2. 汽缸判别信号 IGdA 和 IGdB

ECU 根据曲轴位置传感器的信号判断曲轴（活塞）的位置，产生汽缸判别信号 IGdA 和 IGdB，点火控制器根据此信号判定需要点火的汽缸。汽缸判别信号 IGdA 和 IGdB 的波形如图 6-10 所示。

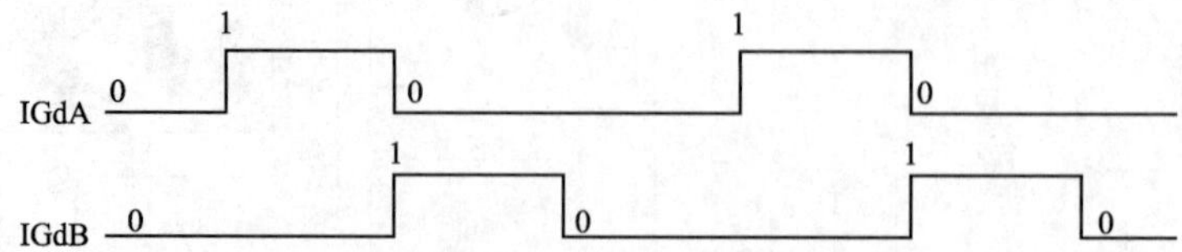

图 6-10　汽缸判别信号 IGdA 和 IGdB 的波形图

汽缸判别信号 IGdA 和 IGdB 确定的汽缸时序如表 6-1 所示。

汽缸判别信号 IGdA 和 IGdB 的状态表　　表 6-1

点火汽缸	IGdA	IGdB
一、六缸	0	1
五、二缸	0	0
三、四缸	1	0

四、电控点火系统的分类

电控点火系统中取消了分电器，点火线圈的高压电直接加于火花塞，由 ECU 和点火控制器确定点火顺序。微机控制无分电器点火系统有两种类型，即同时点火方式和单独点火方式。

1. 同时点火方式

如图 6-11 所示，该系统无分电器，点火线圈的高压线直接与火花塞相连，一个点火线圈连接两个缸的火花塞，两缸火花塞串联，同时点火，一缸处于压缩（做功缸），一缸处于排气（废火缸），同时点火的两缸火花塞极性相反。微机控制点火顺序。别克、捷达、发动机等采用了这种点火系。

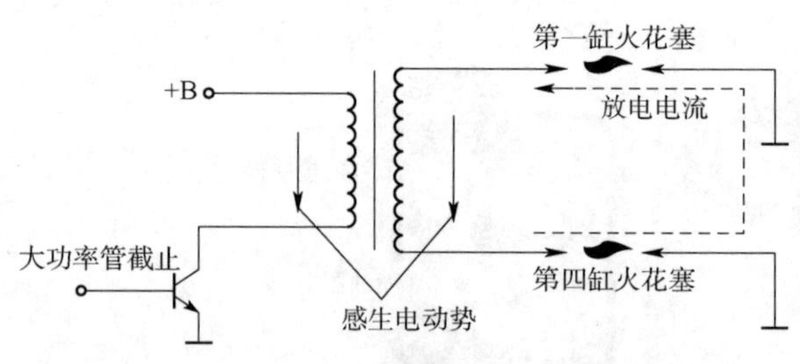

图 6-11　同时点火方式的点火系统

2. 单独点火方式

丰田 2NZ-FE 汽油机点火系统（ESA）（图 6-12）采用计算机控制，可精确控制点火提前角、点火间隔角和点火闭合角，提高点火能量。同时，由于电器元件减少，也减少了故障点，提高了点火系统工作的可靠性。

电控丰田 2NZ-FE 汽油机点火系统采用独立点火系统。主要包括：曲轴位置传感器、凸轮轴位置传感器、节气门位置传感器、空气流量传感器、冷却液温度传感器、爆震传感器、空挡起动开关信号、起动信号、电脑、点火线圈以及点火器、各缸火花塞等，如图 6-12 所示。

电脑对各传感器及开关的输入信号进行分析、计算，然后由 IGT1、IGT2、IGT3、IGT4 分别输出点火控制信号给点火器。每个缸的点火器与点火线圈装在一起，点火器控制点火线圈初级电流的通断，控制点火。各缸的点火反馈信号经中继接线盒合为一条由 IGF 反馈给电脑。如果发动机在工作过程中某一缸不点火，而喷油器一直在喷油，则未燃的汽油不仅加大了三元催化和氧传感器的负担，而且由于汽油对缸壁的冲刷，造成活塞、活塞环与汽缸壁的润滑性能变差，从而降低汽缸的使用寿命，同时还造成了汽油的浪费。因此在丰田 TCCS 系统中，设置了点火反馈控制功能：利用点火器的初级电路切断时产生的点火反馈信号来检测点火系统的工作情况，这样，发动机电脑始终监测点火系统的工作情况，一旦发动机电控单元连续 6 次收不到点火反馈 IGF 信号，则立即停止所有喷油器的喷油动作，发动机立即熄火。

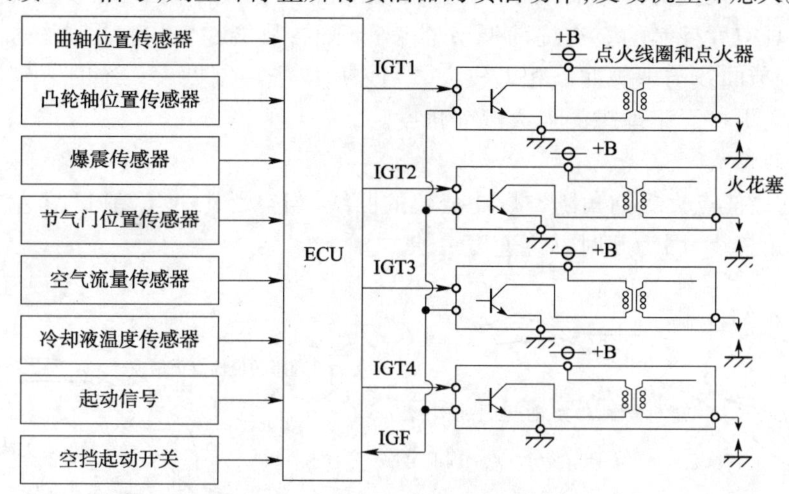

图 6-12 丰田 2NZ-FE 发动机点火系统组成

任务三 点火时刻对发动机性能影响关系

能使发动机获得最佳动力性、经济性和最佳排放时的点火提前角，称为最佳点火提前角。点火提前角过小小：若恰好在活塞到达上止点时点火，混合气开始燃烧时，活塞已开始向下运动，使汽缸容积增大，燃烧压力降低，发动机功率下降。点火提前角过大：若活塞还在向上止点移动时，汽缸内压力已达到很大数值，这时气体压力作用的方向与活塞运动方向相反，此时有效功减小，发动机功率下降。

一般来说，混合气在汽缸内燃烧时，其最高燃烧压力（也可以说是发动机的最大输出功率）出现在曲轴转角的上止点后 10°左右。

一、影响最佳点火提前角的主要因素

发动机的最佳点火提前角与发动机型号、工况和使用条件有关。不同的发动机，发动机的不同工况，最佳点火提前角是不同的。影响最佳点火提前角的主要因素是发动机的转速和负荷，其次是汽油的辛烷值、混合气的成分、发动机压缩比、冷却液温度、进气压力、火花塞数量等因素。

1. 发动机转速的影响

最佳点火提前角随发动机转速升高而加大，如图 6-13 所示。在普通点火系统中，用机械式离心调节器控制点火提前角，只能分段按线性规律随转速调节点火提前角，所以调节曲线与理想曲线相差较大。

当采用电子控制点火系统(ESA)时,可以使发动机的实际点火提前角更接近于理想的点火提前角。

2. 发动机负荷的影响

如图 6-14 所示,低负荷时,最佳点火提前角随发动机负荷增大而增大;大负荷时,最佳点火提前角随发动机负荷增大而减小。在机械控制点火系统中,由于点火提前角随负荷变化是由进气管真空度控制的真空提前调节器来实现的,只能在一定范围内按简单的线性规律调节,所以调节曲线与理想曲线相差较大。当采用电子控制点火系统时,可以使发动机的实际点火提前角更接近于理想的点火提前角度。

3. 空燃比的影响

图 6-15 是最佳点火提前角随空燃比变化的曲线,当空燃比 A/F 在 11.7 左右时,所需的最佳点火提前角最小,因为此时燃烧速度最快。

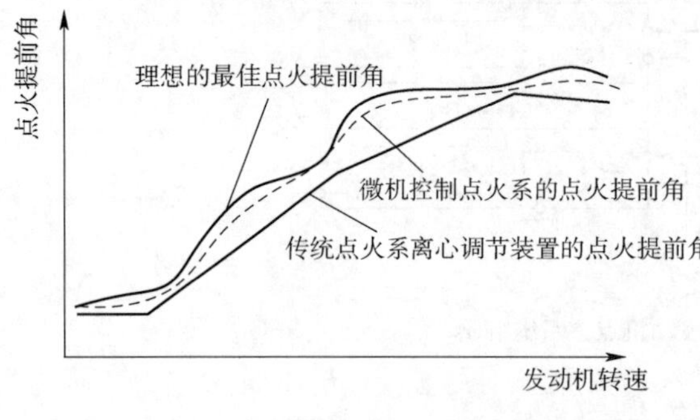

图 6-13　转速对最佳点火提前角的影响

点火提前角
理想的最佳点火提前角
微机控制点火系的点火提前角
传统点火系真空调节装置的点火提前角
发动机负荷

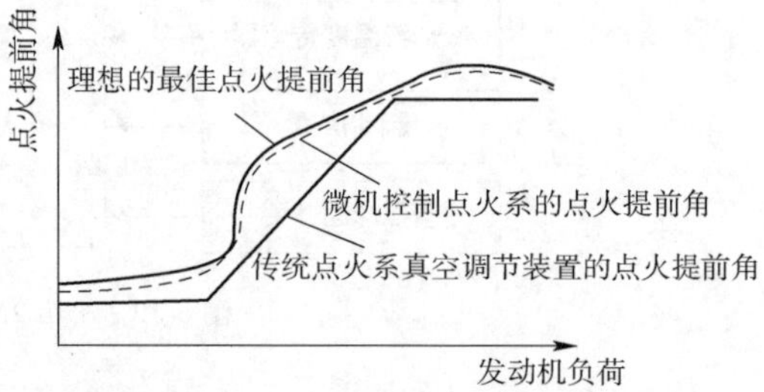

图 6-14　负荷对最佳点火提前角的影响

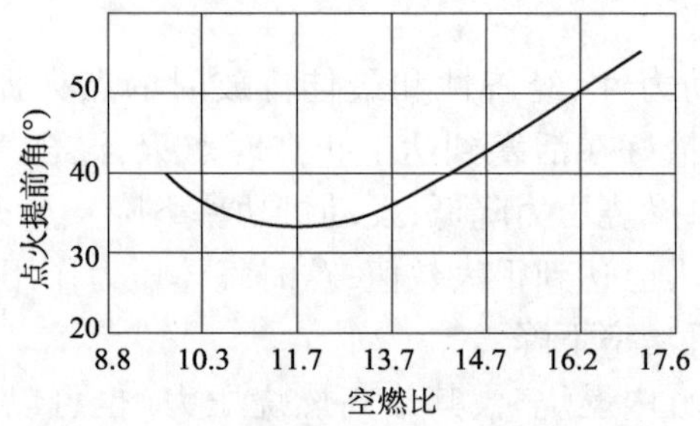

图 6-15　空燃比对最佳点火提前角的影响

4. 点火时刻对发动机排放的影响

点火时刻对排放物 HC 的影响如图 6-16a)所示,推迟点火时刻,增高了排气温度,促进了 HC 和 CO 的氧化,降低了 HC。若将点火时刻从上止点前 30°推迟到上止点前 20°,HC 的浓度减少 1×10^{-4},燃油消耗增大约 10%。点火时刻对排放物 CO 的影响如图 6-16b)所示,点火时刻对 CO 的排放浓度影响不太大,但过分推迟点火,会因 CO 没有时间完全氧化,引起 CO 排放浓度增大。点火时刻对 NO_x 的影响如图 6-16c)所示,推迟点火,发动机的最高温度降低,NO_x 的排放量随之减少。但同时也降低了发动机的动力性和经济性。由此看来,通过改变点火时刻来降低有害排放物,必然要牺牲发动机的动力性和经济性。

5. 点火时刻对发动机爆燃的影响

点火过早,由于上止点附近的压力升高,使末端混合气处的压缩压力上升,增加了爆燃的可能性。相反，推迟点火，可以避免爆燃的产生。因此，在现代发动机中，都设有通过调节点火时刻来消除爆燃的爆燃控制系统。

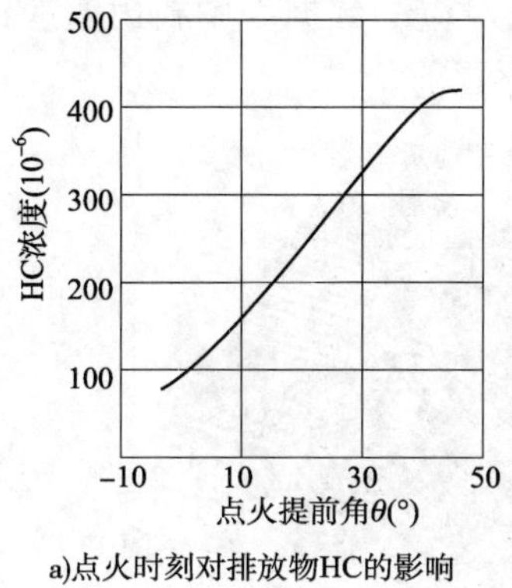

a)点火时刻对排放物HC的影响

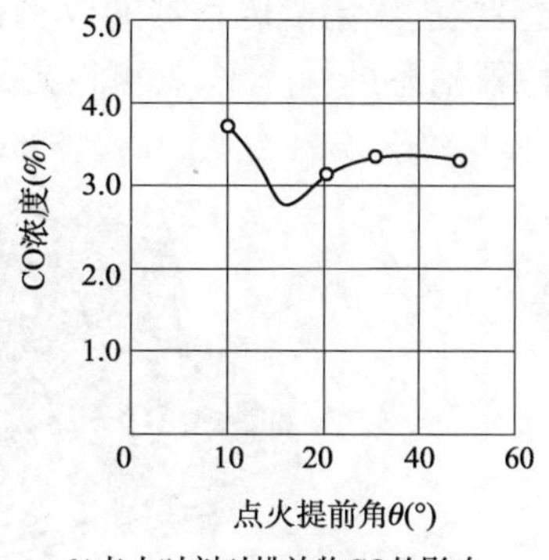

b)点火时刻对排放物CO的影响

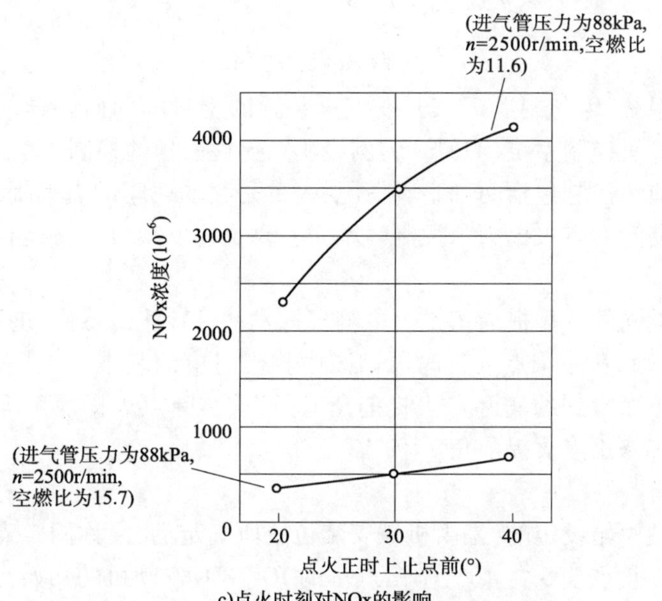

c)点火时刻对NOx的影响

图 6-16 点火时刻对发动机排放物的影响

二、点火提前角优化控制

微机控制电子点火系的控制功能包括点火提前角控制、通电时间控制和爆震控制。其中最重要的是对点火提前角的控制。

影响最佳点火提前角的因素很多，一般点火装置是无法达到最优控制的，只有在微机控制电子点火系中利用微机和自动控制技术才能使点火提前角控制在最佳值。要进行优化控制就要建立发动机点火状态的数学模型，从而求出最佳点火提前角。而点火提前角的控制是相当复杂的多变量求解问题，实践证明很难找到进行控制的精确数学模型，而且也没有这个必要。考虑到影响发动机点火提前角的主要因素是发动机转速和负荷，目前普遍采用的方法是通过试验来获得发动机在不同转速、不同负荷时所对应的最佳点火提前角,以此获得三维点火正时脉谱图。如图6-17所示,再将该脉谱图储存在控制电脑的存储器中,电脑再根据发动机转速传感器、进气流量传感器的检测参数,从对应的数据表中找出对应的点火提前角,再根据其他传感器信息进行修正,就可得到最佳点火提前角。

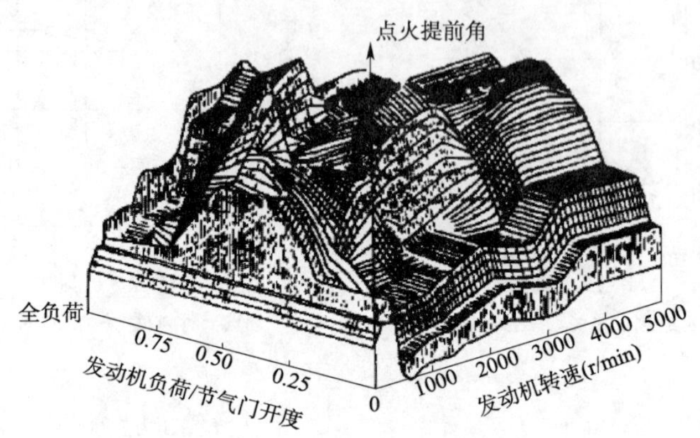

图6-17　三维点火正时脉谱图

点火提前角控制系统,因各制造厂家开发点火装置的型号不同而各异。下面以日本丰田公司开发的丰田计算机控制系统(TCCS)为例说明点火提前角的控制。

该系统的点火提前角控制包括两种基本情况:一种是起动期间的点火提前角控制,另一种是发动机正常运行期间的点火提前角控制。本文主要论述发动机正常运行期间的点火提前角控制。

发动机正常运行期间的点火提前角是由电脑根据发动机转速传感器、进气流量(或进气压力)传感器的检测参数,从三维点火正时脉谱图中找出对应的基本点火提前角,再根据其他传感器信息进行修正而得到的实际点火提前角。所以,实际点火提前角 = 初始点火提前角 + 基本点火提前角 + 修正点火提前角。

1. 初始点火提前角

初始点火提前角是原始设定的,是由机械安装位置所确定的,又称固定点火提前角。初始点火提前角一般为上止点前5°~10°,丰田汽车的IG-GEL发动机的初始点火提前角为上止点前10°。出现下列情况之一时,实际点火提前角等于初始点火提前角:

(1)当发动机起动或发动机起动转速在400r/min以下时;

(2)节气门位置传感器怠速触点闭合,车速在2km/h时;

(3)当发动机ECU的后备系统工作时。

2. 基本点火提前角

基本点火提前角是电脑根据发动机转速传感器、进气流量(或进气压力)传感器的检测参数,由三维点火正时脉谱图确定的点火提前角。又分为怠速和正常运行两种情况:

1)怠速时的基本点火提前角

所谓怠速,一般指发动机在无负荷的情况下(对外无功率输出)的稳定运转工况,此时节气门位置传感器的怠速触点闭合。在怠速工况下发动机转速不稳定,转速存在急变情况,此时与正常的控制逻辑不同,由于其转速变化没有规律,所以点火控制不能采用自适应控制,而是采用开环控制。而喷油系统此时采用以氧传感器作为反馈环节的闭环控制，以改善排放特性。怠速工况下的点火提前角的确定有使用怠速时的MAP图再结合其他修正量进行控制的，这固然能对点火提前角进行精确控制，但是对发动机怠速状态的点火提前角的标定却加大了标定的工作量，而且怠速时发动机无负荷，燃烧混合气较浓，排放特性的控制主要依靠喷油量的调节，且发动机转速变化无规律，所以对点火提前角的控制的意义不是很大。

在该系统中怠速时的基本点火提前角是根据发动机的怠速转速及空调是否工作而控制的。当空调不工作时，怠速基本点火提前角定为4°；当空调工作时，随发动机怠速转速的提高，点火提前角增大为8°。再考虑到初始点火提前角，两种工况所对应的实际点火提前角分别为14°和18°。

2)正常运行时的基本点火提前角

正常运行时的基本点火提前角是指节气门位置传感器的怠速触点打开时所对应的基本点火提前角。当发动机正常工作时，发动机工作稳定，汽缸燃烧充分，此时的基本点火提前角是根据转速和负荷的信息，通过查找储存在MAP图中的值来确定的，它是通过发动机的台架实验测量得到的，发动机在某一转速、负荷下的最佳点火提前角存储在点火MAP图中，形成一个三维表，查找时需要插值计算。

3.修正点火提前角

通过上述方法获得初始点火提前角和基本点火提前角之后，再根据其他传感器的检测参数进行修正，就可能得到实际点火提前角。点火提前角的修正项目随发动机各异，TCCS的修正项目有暖机修正、稳定怠速修正、过热修正、空燃比反馈修正、爆燃修正等。

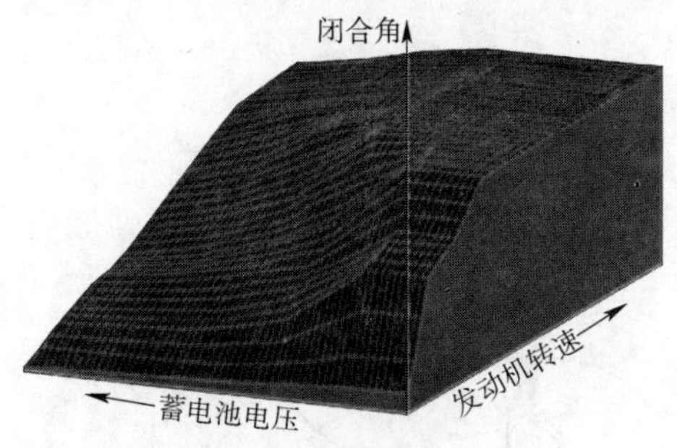

图6-18 闭合角控制模型

4.闭合角优化控制

闭合角控制又称通电时间控制。当闭合角不变时，发动机转速或蓄电池电压变化会引起初级线圈通电时间的变化，从而引起次级电压变化。在ECU中存储有闭合角控制模型，如图6-18所示，闭合角随发动机转速的增大和蓄电池电压的减小而增大。发动机工作时，ECU根据发动机转速信号和蓄电池电压信号确定最佳的闭合角，保证初级线圈导通时间不变。

5.爆震优化控制

增大点火提前角，发动机燃烧的最高压力增大，燃油利用率提高，同时爆震倾向加剧。所以，如果根据爆震传感器的信号对点火提前角进行闭环控制(爆震控制)，就可以控制点火提前角，使发动机工作在微爆震状态，获得最佳燃油利用率。

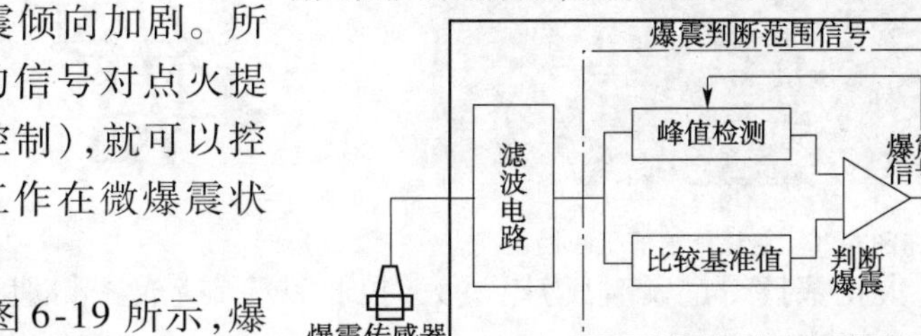

图6-19 爆震传感器输出信号处理框图

爆震控制电路框图如图6-19所示，爆震传感器把缸体振动信号转换成电信号输入ECU，ECU对这些信号进行放大、滤波、比较、计算等处理后，判定是否发生爆震，再由CPU根据此信号调整点火提前角。即当发生爆震时，减小点火提前角；当无爆震时，增大点火提前角，实现点火提前角的闭环控制。

除了上述通过调节点火时刻控制爆震外，由于影响汽油发动机爆震的因素很多，如压缩比、辛烷值、进气压力、进气温度、转速、负荷、燃烧室结构等参数，优化改进这些结构、运行参数，也可以有效地抑制爆震的发生。爆震是汽油发动机发展过程中长期存在的问题。近年来，人们对汽车动力性、经济性的追求，推动了对汽油发动机爆震问题的研究。

随着汽车电子技术的发展，如何精确地检测和有效地控制爆震，将是内燃机工作者面临的永久性挑战。

任务四　火花塞的检查与调整

点火系统常见故障是发动机某一缸不点火或者全部汽缸不点火或者点火混乱导致发动机动力不足、抖动或者不能起动。而点火系统较常见的是火花塞损坏。我们要学习对火花塞进行检测和调整。

一、火花塞的故障类型

1. 正常工况检视

现象：绝缘体端部呈浅褐色（图6-20）。

原因：热值正常且点火正常，供油及点火系统工作有效，发动机系统良好，没有燃油或沉积物，没有过热。

措施：按正常使用寿命及时更换。

2. 拧得过紧

现象：发动机加速无力，中心电极烧毁，陶瓷从铁壳中弹出（图6-21）。

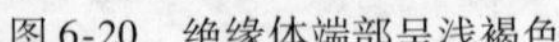

图6-20　绝缘体端部呈浅褐色

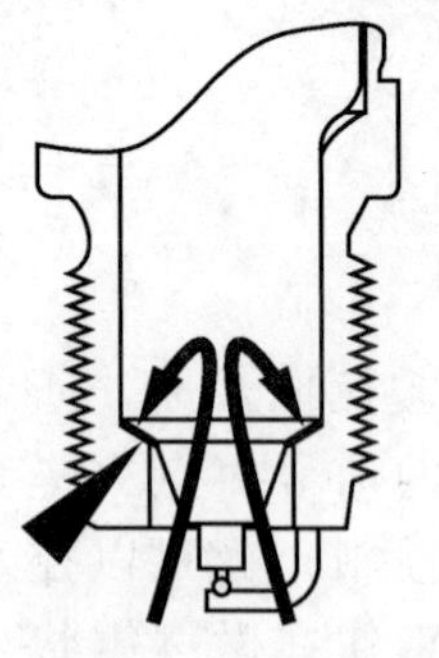

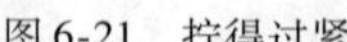

图6-21　拧得过紧

原因：火花塞拧得过紧时，力矩过大，拉长铁壳，造成密封泄露，陶瓷体与铁壳按接触面积减小，散热不良。

措施：更换新火花塞并按正常力矩拧紧。

3. 未拧紧

现象：螺纹烧毁（图6-22）。

原因:未拧紧的火花塞造成螺纹松动,使火花塞无法散热,同时燃烧室的气体可能泄漏,对火花塞和缸盖螺纹进行切割。

措施:修理缸盖,更换新的火花塞并按正常力矩拧紧。

4. 电极烧毁

现象:烧损变圆的中心电极和侧电极表明过度烧损,这是正常的耗损(图6-23)。

图6-22 未拧紧

图6-23 电极烧毁

原因:增大的间隙会增加点火系统的负荷、造成失火、增加油耗和损坏点火系统的部件。浅褐色或灰色的外表表明热值正确,燃油和点火系统及发动机状态良好。

措施:更换相同热值的火花塞。

5. 积炭

现象:火花塞上的松弛、乌黑的沉积物表明有积炭(图6-24)。

图6-24 积炭

图6-25 机油污染

原因:

(1)燃油空气混合气调整不正确,空气滤清器太脏,节气门太脏等。

(2)车辆行驶距离太短(尤其是高挡低位转速)发动机温度过低,燃烧不正常。

(3)燃油质量低劣或燃油变质,燃烧不正常。

(4)火花塞太冷、热值太低。

措施:更换火花塞前检查发动机的燃油和点火系统。

6. 机油油污

现象:

(1)机油进入燃烧室就有可能会出现机油油污;

(2)机油沉积物覆盖火花塞会使火花塞无法通过间隙跳火(图6-25),而是通过机油从更短的路径跳火到侧电极。

原因:发动机过度磨损。

措施:大修发动机,更换火花塞。

7. 电晕放电

现象:靠近铁壳的绝缘瓷体变色(图6-26)。

原因:机油/空气中的微粒(火花塞安装孔内)在点火高压流经火花塞时产生的磁场下吸附在陶瓷体上。

影响:对火花塞工作无影响。

措施:更换火花塞时保持火花塞安装孔清洁。

8. 瓷件大头爬电

现象:绝缘体上出现垂直于铁壳方向黑色燃烧痕迹(图6-27)。

原因:由于安装不好或点火浅绝缘套老化,导致点火高压沿着瓷体外部闪络接地。

影响:发动机失火。

措施:更换受影响的火花塞及分缸线。

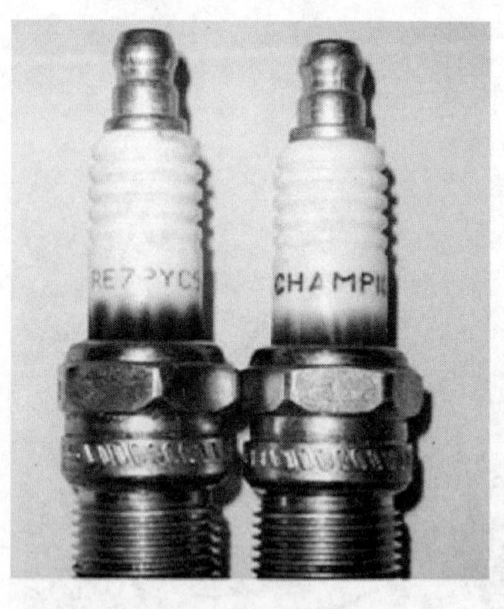

图6-26　电晕放电

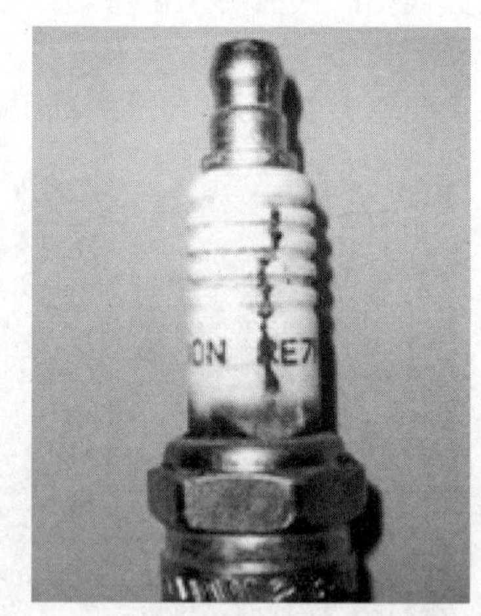

图6-27　大头爬电

9. 提起点火和过热

现象:

(1)中心电极被烧熔,气泡或过热都可能是提前点火的征兆。

(2)当点火端超过它的极限温度时,提前点火随时会出现(图6-28)。

原因:火花塞热值不正确,混合气过稀或点火提前角过早,废气再循环系统和点火线的互感都可能导致提前点火。

措施:万一出现严重的提前点火现象,一定要检查发动机的其他零部件。

10. 爆震

现象：

(1)轻微的爆震会使绝缘体上产生黑/灰色污点。

(2)严重的爆震会导致绝缘体破裂甚至震碎绝缘体(图6-29)。

图6-28 过热烧毁

图6-29 黑/灰色污点

原因：爆震是由于燃烧室不正常的爆燃所致，爆燃通过燃烧室发出冲击波，提高火花塞点火端的温度。

影响：相同的震动(爆震)也会损坏其他发动机零部件，如活塞、气门等。

原因：

(1)无效的爆震传感器。

(2)混合气过稀。

(3)不正确的燃油辛烷值或点火提前角。

措施：检查发动机系统，更换火花塞。

11. 沉积物

现象：绝缘体鼻端出现红色、褐色或紫色沉积物(图6-30)。

图6-30 褐色或紫色沉积物

原因：燃油含有过量的MMT添加剂，使用显微镜可以在绝缘体鼻端表面看到清晰的爬电痕迹。常温下这些沉积物是不导电的，但温度升高到600℃以后该沉积物会熔融导电，造成发动机在高速运行时的失火和功率损失。

措施：使用合格的燃油，更换火花塞，换信誉和品质好的加油站。

二、火花塞的检测与调整

1. 工具

电气胶带、老虎钳、测量塞规(图6-31)。

2. 火花塞检测

使用测量塞规测量间隙，并对照标准是否一致(图6-32)。

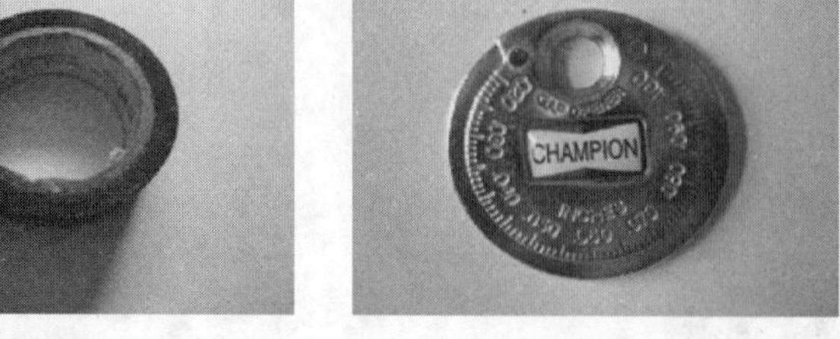

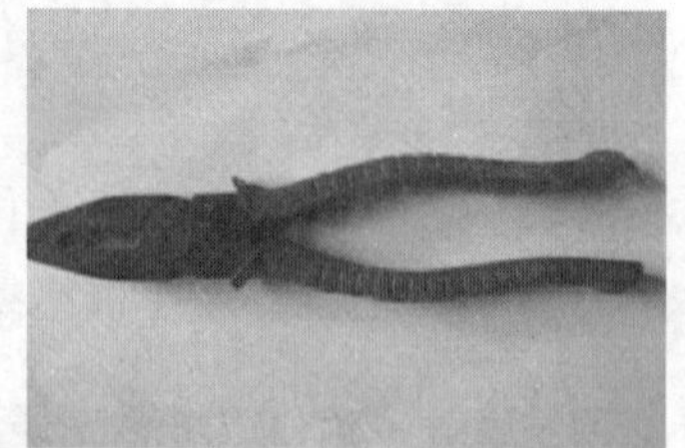

电气胶带　　测量塞规　　老虎钳

图6-31　工具

3. 火花塞调整

1)电极修对

(1)在老虎钳头部包上电气胶带,避免修理时在火花塞上留下夹伤痕迹。

(2)按图6-33所示夹紧电极,左右转动侧电极调整到位即可。

2)点火间隙调整

(1)在老虎钳头部包上电气胶带,避免修理时在火花塞上留下夹伤痕迹。

(2)按图6-34所示方法夹住侧电极,以A点为支点,沿箭头方向旋转老虎钳,上翘侧电极,使间隙增大,使用塞规测量间隙,调整至标准值。

(3)如果间隙过大,用老虎钳轻轻敲侧电极,使用塞规测量间隙,调整至标准值。

图6-32　测量间隙

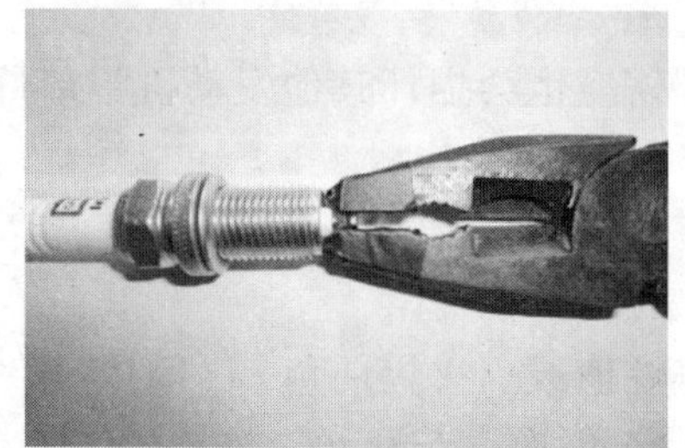

图6-33　电极修对

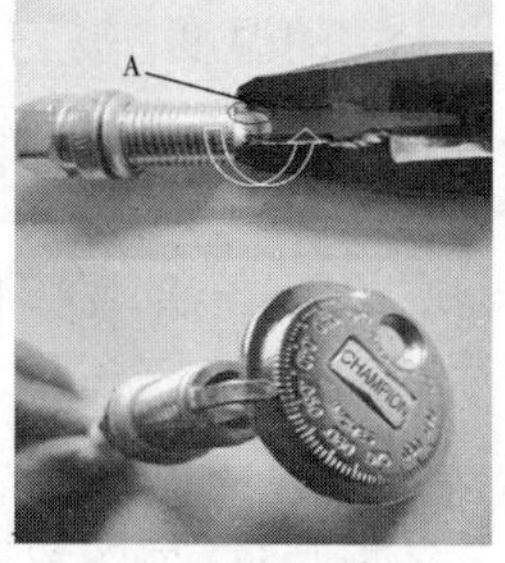

图6-34　间隙调整

复习思考题

6-1　机械控制点火系统由哪几部分组成?

6-2　ECU是怎么确定最佳点火提前角的?

6-3　火花塞积炭,汽车会有什么故障现象?

6-4　调整点火间隙时为什么要在老虎钳头部包上电气胶带?

6-5　什么情况下会导致火花塞有黑色、褐色沉积物?

项目七　发动机润滑系统

知识目标

通过系统学习发动机润滑系统,要求学生掌握以下知识:

1. 掌握发动机润滑系统的作用及不同润滑方式。
2. 掌握发动机润滑油的工作特性及选用。
3. 掌握发动机润滑系统的组成、油路及曲轴箱通风方式。
4. 掌握发动机润滑系统主要零部件的结构及工作原理。

能力目标

通过系统学习发动机润滑系统,要求学生具备以下能力:

1. 熟悉发动机润滑系统主要零部件的结构及工作原理。
2. 熟悉发动机润滑系统主要零部件的拆装。

任务一　润滑系统概述

存在相对运动或相对运动趋势的两个相互接触的物体之间会产生阻碍它们相对运动或相对运动趋势的作用力。接触面之间的这种现象叫"摩擦"或"静摩擦",所受的作用力叫"摩擦力"或"静摩擦力"。一方面,可以利用有益的摩擦,例如汽车上采用的摩擦制动、利用皮带进行动力传动等。但在大多数情况下,摩擦是有害的,应当尽量避免。机械部件运动副之间的摩擦,会使得工作表面产生一定的温升,导致能量的不可逆损耗,机械效率明显下降,也会直接影响部件的工作寿命。因此,常常寻找减小摩擦的方法:减小物体接触表面粗糙度、减小接触压力、使接触面离开或者变滑动摩擦为滚动摩擦等。在工程技术中人们常常充分利用现代的润滑技术来大大减少摩擦,减少能源消耗,提高机器的工作性能和使用寿命。

发动机工作时,存在着很多相互运动的零件,例如曲轴主轴颈与主轴承,曲柄销与连杆轴承,凸轮轴颈与凸轮轴承,活塞、活塞环与汽缸壁面,配气机构各运动副及传动齿轮副等。这些运动零件均在很小的间隙下作高速相对运动,且均以一定的力作用在另一个零件上。有了相对运动,零件表面必然要产生摩擦,加速磨损。因此,为了减轻磨损,减小摩擦阻力,延长使用寿命,保证发动机的正常运转,发动机上都装有润滑系统。图 7-1 为发动机润滑系统的示意图,当发动机工作时,油底壳中的机油首先经集滤器被机油泵送入机油滤清器,全部机油经滤清器滤清之后进入发动机主油道,最后主油道中的机油再经分油道送往需要润滑的运动部件。

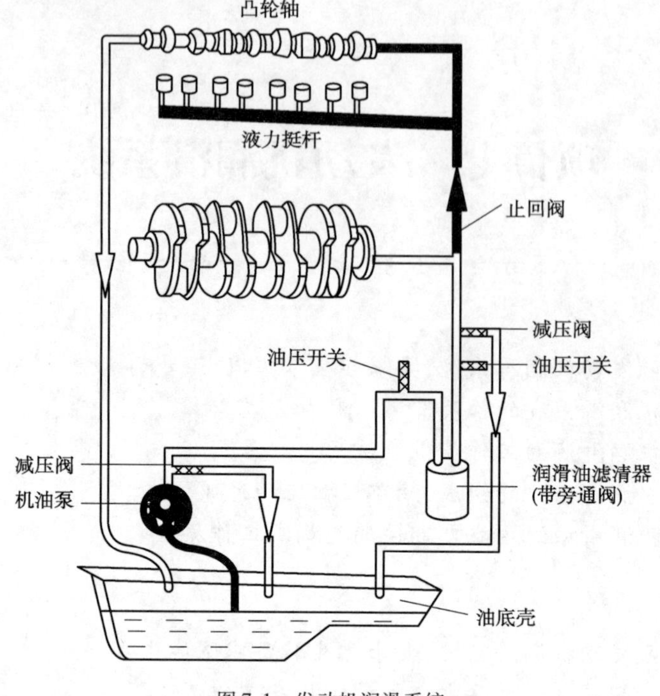

图 7-1　发动机润滑系统

一、润滑系统的功用

发动机工作时,很多传动零件的相对运动速度很高,且配合间隙很小。尽管这些零件均经过精细加工,其工作表面能满足一定的精度和表面粗糙度要求,但由于高速相对运动导致的摩擦现象仍然不可避免。若不对这些表面进行润滑,它们之间将发生强烈的摩擦。金属表面之间的干摩擦不仅增加发动机的功率消耗,加速零件工作表面的磨损,而且还可能由于摩擦产生的热将零件工作表面烧损,致使发动机无法运转。给发动机配备润滑系统可以有效地改善运动部件的工作状况,大大提高发动机的工作寿命。发动机润滑系统的功用在于将数量足够、温度合适、干净的机油连续不断地输送给全部传动件的工作表面,在摩擦表面之间形成油膜,实现液体摩擦,从而减小摩擦阻力、减轻机件磨损,降低功率消耗,以达到提高发动机工作可靠性和耐久性的目的。

发动机润滑系统主要起到润滑运动表面的作用,还兼具清洗、冷却、密封等功能。

1. 润滑作用

润滑发动机内的各运动零件表面,并在作用表面之间形成一层油膜,实现液体润滑,以降低摩擦阻力和磨损,减小发动机的功率消耗。

2. 清洗作用

在润滑系内不断循环流动的机油,能带走机件中因摩擦产生的磨屑及其他异物,避免油泥的形成,起到良好的清洁作用。

3. 冷却作用

在发动机运转过程中,零件间的相互摩擦会产生不可逆热损失,使得工作表面温度升高。通过润滑油的流动以对流换热的方式将摩擦产生的热量及时带走,防止零件烧损,起到冷却保护作用。

4. 密封作用

在运动零件之间形成的油膜，除了产生液体润滑，还兼具“油封”功能，有效防止漏气或漏油，起到良好的密封效果。

5. 防锈蚀作用

润滑剂在接触零件表面之间形成的油膜，能隔绝空气和水分，避免金属表面受到大气的腐蚀，对零件表面起保护作用。

6. 液压作用

润滑油还可用作液压油，利用液体压力能在液压系统中起着能量传递的作用。

7. 减振缓冲作用

黏性较大的润滑剂能在两个接触的摩擦面之间形成油膜，通过其黏度和油膜来起到一个缓冲减振的作用。

二、润滑方式

根据发动机各运动零件的工作条件、负荷及相对运动速度不同，相应地采取不同的润滑方式。

1. 压力润滑

压力润滑是针对负荷较大的摩擦表面，需要以一定的压力才能把机油供入摩擦表面形成油膜的润滑方式。主要用于曲轴主轴承、连杆轴承及凸轮轴承等相对运动速度及承受载荷较大的摩擦表面的润滑。借助机油泵，将润滑油的压力提高后再源源不断地送往摩擦表面。

2. 飞溅润滑

飞溅润滑是利用发动机传动件的回转运动飞溅起来的油滴或油雾来润滑摩擦表面的一种润滑方式。这种润滑方式可使裸露在外面承受载荷较轻的汽缸壁，相对滑动速度较小的活塞销，以及配气机构的凸轮表面、挺柱等得到润滑。

3. 润滑脂润滑

发动机辅助系统中有些零件则只需定期加注润滑脂（黄油）进行润滑，例如水泵及发电机轴承就是采用这种方式定期润滑。

4. 自润滑

近年来，在发动机上采用含有耐磨润滑材料（如尼龙、二硫化钼等）的轴承来代替加注润滑脂的轴承，这种轴承在使用中不需加注润滑脂，故称为自润滑。

一般地，发动机都同时采用两种以上的润滑方式，即采取复合式润滑方式进行润滑处理。

三、润滑剂

发动机内有许多相互摩擦运动的金属表面，这些部件运动速度快、使用环境差，工作温度高。这样恶劣的工况下面，只有性能良好的润滑剂才可降低发动机零件的磨损，延长使用寿命。汽车发动机的润滑剂有润滑油和润滑脂两种。

1. 润滑油

润滑油习惯上称为机油，品种很多，汽油机和柴油机使用的润滑油不同。机油的黏度随温度变化而变化，温度高则黏度小，温度低则黏度大，因此，要根据季节选用不同牌号的润滑油。

1）机油的使用特性及机油添加剂

汽车发动机机油的工作条件十分恶劣，循环次数高，易被污染和氧化变质。此外，机油的工作温度变化范围很大，起动时为环境温度，运转时曲轴箱中机油的平均温度可达95℃或更高。因此，为了满足良好的润滑要求，发动机机油必须具备一定的使用性能。

（1）适当的黏度：机油黏度大小对发动机润滑性能有很大的影响，黏度过小，不能形成足够厚度的油膜；但黏度过大，流动阻力大，不易输送至摩擦表面。机油的黏度随温度增加而减小，因此，要根据季节选用不同牌号的润滑油。

（2）优异的氧化安定性：氧化安定性即指抗氧化能力。机油与氧气接触而发生氧化作用，颜色变暗，黏度增加，酸性增大，并产生胶状沉积物。氧化变质的机油将腐蚀发动机零件，甚至破坏发动机的工作。

（3）良好的防腐性：机油在储存和使用过程中因氧化而产生的酸性物质会腐蚀金属零件，可能使铜铅和镉镍一类的轴承表面出现斑点、麻坑或使合金层剥落。

（4）较低的起泡性：机油在工作过程中由于快速循环和飞溅不可避免地产生泡沫。太多的泡沫将会导致摩擦表面的供油不足。在机油中适当添加泡沫抑制剂可有效控制泡沫生成。

（5）强烈的清净分散性：机油的清净分散性是指机油分散、疏松和移走附着在零件表面上的积炭和污垢的能力。通过在机油中加入清净分散添加剂来提高机油清净分散性。

（6）高度的极压性：极压性是指机油在高温、高压且油膜厚度小于0.3μm的润滑状态下的抗摩性。为了提高机油的极压性，必须在机油中加入极压添加剂来避免机油被挤出摩擦表面。

发动机润滑油是由基础油和添加剂两部分组成。基础油是从石油中提炼的精选成分，具有最基本的黏度特征，但是单靠基础油并不能满足发动机机油诸多的性能要求，所以必须加入添加剂。机油添加剂又叫发动机保护剂，是专门针对发动机设计的专业添加剂。发动机保护剂可以有效润滑发动机，增强机油品质和耐久度，从而达到保护发动机的目的。

2）机油的分类及选用

发动机润滑油的等级分类有美国汽车工程师协会（SAE）的黏度分类法和美国石油学会（API）的质量分类法两种。

黏度等级分类法是SAE的机油等级标准。按其规定，润滑油可分为夏季用的高温型、冬季用的低温型和冬夏通用的全天候型。低温型（如SAE0W～SAE25W），W是Winter的缩写，表示仅用于冬天。高温型（如SAE20～SAE50），其标明的数字表示100℃时的黏度。全天候型（如SAE15W/40、10W/40、5W/50），表示低温时的黏度等级分别符合SAE15W、10W、5W的要求、高温时的黏度等级分别符合SAE40、50的要求，属于冬夏通用型。低温型和高温型机油也叫单级机油，全天候型机油叫多级机油机油标号越大，表示其黏性越大。

质量分类法是API的机油等级标准。根据该标准，润滑油分成汽油机用和柴油机用两大类。汽油机用润滑油以S表示，有SA、SB、SC、SD、SE、SF、SG、SH、SJ、SL等10种等级，字母排序越靠后,润滑油的品质越高。SJ 级别的机油适用于奥迪、福特、别克等中高档车型,SL 级别的机油适用于奔驰、宝马、保时捷、沃尔沃等一流车型。柴油机用润滑油的等级有 CA、CB、CC、CD、CE、CF 等几种,字母排序越靠后,润滑油的品质越高。

我国的机油分类法参照采用国际标准化组织(ISO)的分类方法。根据 GB/T 7631.3—1995 规定,按机油的性能和使用场合分为:

(1)汽油机油:SC、SD、SE、SF、SG、SH 等 6 个级别。

(2)柴油机油:CC、CD、CD-Ⅱ、CE、CF-4 等 5 个级别。

(3)二冲程汽油机油:ERA、ERB、ERC 和 ERD 等 4 个级别。

对于润滑油的选用,可以根据汽车发动机的强化程度选用合适的机油使用级,并可根据地区的季节气温选用适当黏度等级的机油。

2. 润滑脂

润滑脂是将稠化剂和添加剂掺入液体润滑剂(基础油)中所制成的一种稳定的固体或半固体产品。一般地,润滑脂中基础油含量约为 75% ~90%,稠化剂含量约为 10% ~20%,添加剂及填料的含量在 5% 以下。润滑脂在常温下可附着于垂直表面而不流淌,并能在敞开或密封不良的摩擦部位工作,具有其他润滑剂所不能代替的特点。发动机常见的润滑脂有:钙基润滑脂、复合钙基润滑脂、钠基润滑脂、钙钠基润滑脂、甲基润滑脂等。钙基润滑脂的抗水性比较好,但是耐热性差。复合钙基润滑脂的抗水性和耐热性都不错,而且耐低温。钠基润滑脂的耐热性一般,但即使高温熔化后仍然可以保持它的润滑性能,但其最大的缺点就是抗水性太差。钙钠基润滑脂的润滑脂性能介于钙基润滑脂和钠基润滑脂之间。

任务二 润滑系统的组成及油路

一、润滑系统的组成

为了实现润滑系统的功用,汽车发动机润滑系统一般由机油泵、机油盘、润滑油管、润滑油道、机油滤清器、机油散热器、各种阀门、传感器和机油压力表、温度表等组成。现代汽车发动机润滑系的组成及油路布置方案大致相似,只是由于润滑系的工作条件和具体结构的不同而稍有差别。图 7-2 为上海桑塔纳轿车发动机润滑系统组成。

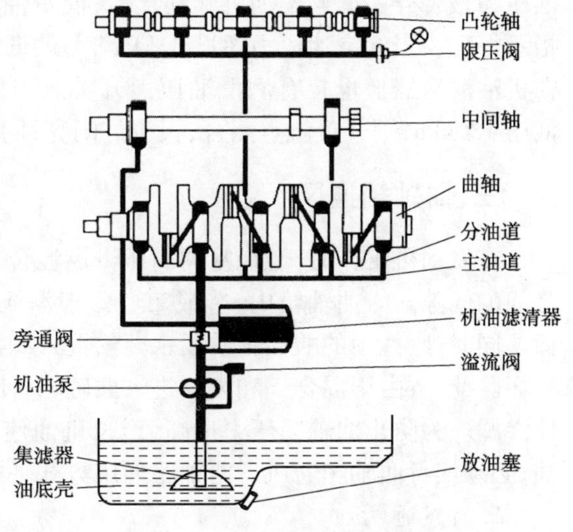

图 7-2 汽车发动机润滑系组成

1. 机油泵

其功用是保证润滑油在润滑系统内循环流动,并在发动机任何转速下都能以足够高的压力向润滑部位输送足够数量的润滑油。

2. 机油滤清器

它用来滤除润滑油中的金属磨屑、机械杂质和润滑油氧化物。如果这些杂质随同

润滑油进入润滑系统,将加剧发动机零件的磨损,还可能堵塞油管或油道。

3. 机油冷却器

在热负荷较高的发动机上装备有机油冷却器,用来降低润滑油的温度。润滑油在循环过程中由于吸热而温度升高,若润滑油温度过高,则其黏度下降,不利于在摩擦表面形成油膜;此外,还会加速润滑油老化变质,缩短润滑油的使用寿命。

4. 油底壳

油底壳位于发动机下部,是曲轴箱的下半部,又称为下曲轴箱。作用是封闭曲轴箱作为储油槽的外壳,防止杂质进入,并收集和储存由发动机各摩擦表面流回的润滑油。

5. 集滤器

它是用金属丝编织的滤网,是润滑系统的进口,用来滤除润滑油中较粗的杂质,防止其进入机油泵。

二、润滑系统的油路

现代汽车发动机的润滑系统油路大致相同。在图 7-2 所示的润滑系统中,曲轴的主轴颈、曲柄销、凸轮轴轴颈及中间轴(分电器和机油泵的传动轴)轴颈均采用压力润滑,其余部分则采用飞溅润滑或润滑脂润滑。

当发动机工作时,润滑油从油底壳经集滤器被机油泵送入机油滤清器。如果油压太高,则润滑油经机油泵上的溢流阀返回机油泵入口。全部润滑油经滤清器滤清之后进入发动机主油道。滤清器盖上设有旁通阀,当滤清器堵塞时,润滑油不经过滤清器滤清,而由旁通阀直接进入主油道。润滑油经主油道进入 5 条分油道,分别润滑 5 个主轴承。然后,润滑油经曲轴上的斜油道,从主轴承流向连杆轴承润滑曲柄销。主油道中的部分润滑油经第 6 条分油道供入中间轴的后轴承。中间轴的前轴承由机油滤清器出油口的一条油道供油润滑。主油道的另一条分油道直通凸轮轴轴承润滑油道,此油道也有 5 条分油道,分别向 5 个凸轮轴轴承供油。在凸轮轴轴承润滑油道的后端,也就是整个压力润滑油路的终端,装有最低润滑油压力报警开关。当发动机起动之后,润滑油压力较低,最低油压报警开关触点闭合,油压指示灯亮。当润滑油压力超过 31kPa 时,最低油压报警开关触点断开,指示灯熄灭。另外,在机油滤清器上也装有润滑油压力开关。当发动机转速超过 2150r/min 时,润滑油压力若低于 180kPa,则开关触点闭合,报警灯闪亮,同时蜂鸣器也鸣响报警。

三、曲轴箱通风

在发动机工作时,燃烧室的高压可燃混合气和已燃气体,或多或少会通过活塞组与汽缸之间的间隙漏入曲轴箱内,造成窜气。泄漏到曲轴箱内的汽油蒸汽凝结后,将使润滑油变稀。同时,废气中的酸性物质及水蒸气混入润滑系统将会侵蚀发动机零件,并使润滑油性能变坏。此外,由于混合气和废气进入曲轴箱,使曲轴箱内的压力增大,温度升高,易使机油向外渗漏。为防止曲轴箱压力过高,延长机油使用期限,减少零件磨损和腐蚀,防止发动机漏油,必须实行曲轴箱通风。曲轴箱通风方式一般有两种:自然通风和强制通风。

1. 自然通风

无需外加动力直接从曲轴箱中抽出多余混合气的通风方式称为自然通风,图 7-3 所示为曲轴箱自然通风系统。在曲轴箱连通的气门室盖或润滑油加注口接出一根下垂的出气管,管口处切成斜口,切口的方向与汽车行驶的方向相反。管上装有空气滤网,当曲轴箱内压力增大时,漏入曲轴箱中的气体经由通风管排出。利用汽车行驶和冷却风扇的气流,在出气口处形成一定真空度,将气体从曲轴箱中抽出。柴油机多采用这种曲轴箱自然通风方式。

2. 强制通风

强制通风方式是将曲轴箱内的混合气通过连接管导向进气管的适当位置,吸入汽缸再燃烧,这样可以将窜入曲轴箱内的混合气回收使用,既可以减少排气污染,又提高发动机的经济性。目前,车用汽油机都采用强制性通风,汽车用柴油机也逐渐采用强制性通风。图7-4所示为曲轴箱强制通风系统。强制性通风方式可分为开式和闭式两种。开式强制曲轴箱通风装置在发动机处于全负荷低转速时,产生的串气量大,但流量控制阀开度却减小,过量的混合气会通过开式通风盖散入大气,其净化率只有75%左右。闭式强制曲轴箱通风装置能完全实现控制曲轴箱的排放,实现曲轴箱完全通风,防止油泥和其他有害物质的积蓄,减少了发动机的故障和磨损。

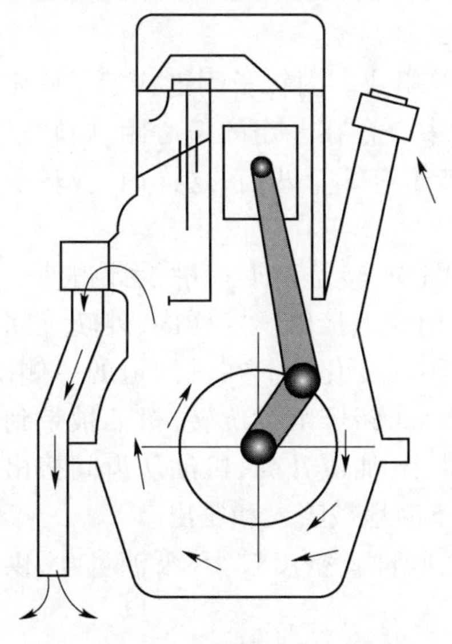

图7-3　曲轴箱自然通风

图7-4　曲轴箱强制通风

任务三　润滑系统的主要零部件

发动机润滑系统的主要部件包括机油泵、机油滤清器,各种阀门,机油散热器以及检视设备等。

一、机油泵

机油泵的功用在于提高机油压力,保证机油在润滑系统内不断循环流动。目前发动机润滑系统中广泛采用的是齿轮式和转子式两种机油泵。

1. 齿轮式机油泵

图 7-5 中所示的齿轮式机油泵由主动轴、主动齿轮 2、从动轴、从动齿轮 3、壳体等组成，两个齿数相同的齿轮相互啮合，装在壳体内，齿轮与壳体的径向和端面间隙很小。主动轴与主动齿轮用键连接，从动齿轮空套在从动轴上。

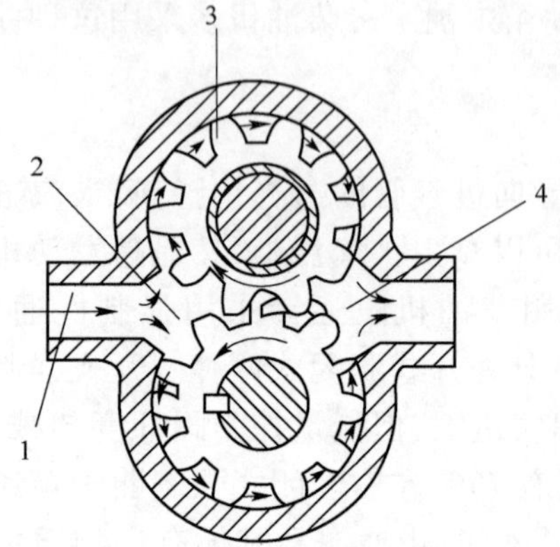

图 7-5 齿轮式机油泵

1-进油腔；2-主动齿轮；3-从动齿轮；4-出油腔

工作时，主动齿轮带动从动齿轮反向旋转。两齿轮旋转时，充满在齿轮齿槽间的机油沿油泵壳壁由进油腔 1 带到出油腔 4，在进油腔一侧由于齿轮脱开啮合以及机油被不断带出而产生真空，使油底壳内的机油在大气压力作用下经集滤器进入进油腔，而在出油腔一侧由于齿轮进入啮合和机油被不断带入而产生挤压作用，机油以一定压力被泵出。

齿轮式机油泵结构简单，机械加工方便，工作可靠，使用寿命长，应用较广泛。

2. 转子式机油泵

转子式机油泵由壳体、内转子、外转子和泵盖等组成。内转子用键或销子固定在转子轴上，由曲轴齿轮直接或间接驱动，内转子和外转子中心存在一定的偏心距，内转子带动外转子一起沿同一方向转动。内转子有 4 个凸齿，外转子有 5 个凹齿，这样内、外转子同向不同步的旋转。

如图 7-6 所示的转子式机油泵工作原理示意图中，转子齿形齿廓设计得使转子转到任何角度时，内、外转子每个齿的齿形廓线上总能互相成点接触。这样内、外转子间形成 4 个工作腔，随着转子的转动，这 4 个工作腔的容积是不断变化的。在进油道的一侧空腔，由于转子脱开啮合，容积逐渐增大，产生真空，机油被吸入，转子继续旋转，机油被带到出油道的一侧，这时，转子正好进入啮合，使这一空腔容积减小，油压升高，机油从齿间挤出并经出油道压送出去。这样，随着转子的不断旋转，机油就不断地被吸入和压出。

转子式机油泵结构紧凑，外形尺寸小，重量轻，吸油真空度较大，泵油量大，供油均匀度好，成本低，在中、小型发动机上应用广泛。

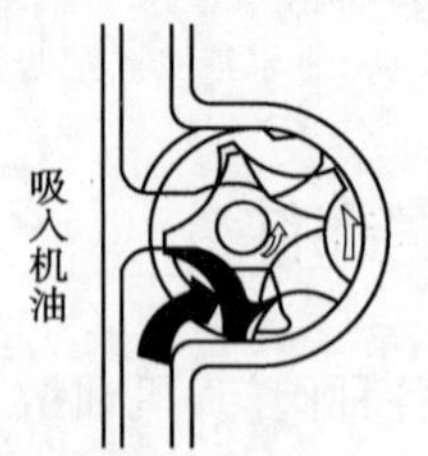

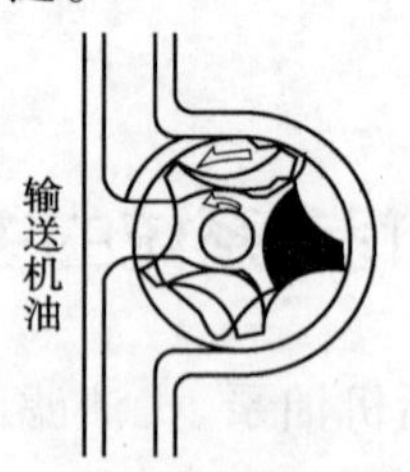

图 7-6 转子式机油泵

二、机油滤清器

发动机工作时，机油中会不可避免地混有一些杂质。这些杂质主要来源于摩擦表面产生的金属磨屑、大气中的尘埃以及燃料燃烧不完全所产生的炭粒会渗入机油中，此外，机油本身也会因受热氧化而产生胶状沉淀物。如果不经任何处理，机油中的机械杂质就会成为运动零件表面的磨料,加速零件的磨损,并且引起油道堵塞及活塞环、气门等零件胶结。因此必须在润滑系统中加装机油滤清器,使循环流动的机油经过净化处理后再送往运动零件表面。这样,才能保证摩擦表面的良好润滑,延长运动零件的工作寿命。

一般润滑系统中装有几个不同滤清能力的滤清器。集滤器、粗滤器和细滤器分别串联和并联在主油道中。与主油道串联的滤清器称为全流式滤清器,一般为粗滤器;与主油道并联的滤清器称为分流式滤清器,一般为细滤器。

1. 集滤器

集滤器是具有金属网的滤清器,安装于机油泵进油管上,其作用是防止较大的机械杂质进入机油泵。集滤器有浮式和固定式两种结构形式。图7-7所示的浮式集滤器飘浮于机油表面吸油,它能吸入油面上较清洁的机油,但易吸入油面上的泡沫,导致机油压力降低,影响机油可靠润滑,因此目前实际应用还不多。固定式集滤器淹没在油面之下吸油,吸入的机油清洁度较差,但可防止泡沫吸入,润滑可靠,结构简单,正逐步取代浮式集滤器。

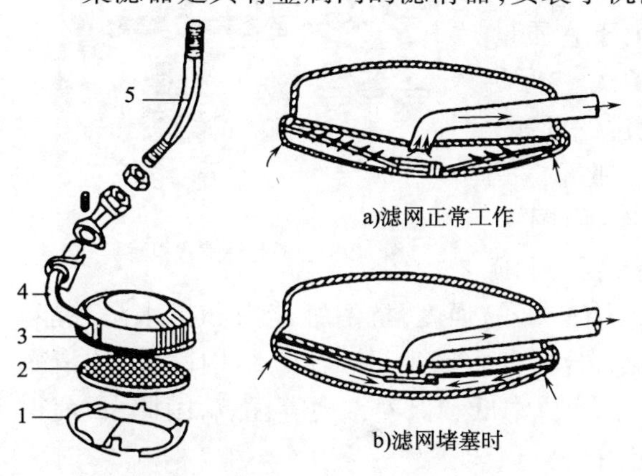

图7-7　浮式集滤器

1-罩;2-滤网;3-浮子;4-吸油管;5-固定管

2. 机油粗滤器

粗滤器常被用于滤去机油中粒度较大的杂质,机油流动阻力小,它通常串联在机油泵与主油道之间,属于全流式滤清器。粗滤器是利用机油通过细小的孔眼或缝隙时,将大于孔眼或缝隙的杂质过滤存留在滤芯外部。根据滤芯的不同,有各种不同的结构形式。传统的粗滤器多采用金属片缝隙式和绕线式,现多采用纸质式和锯末式。

粗滤器主要由外壳、端盖和滤芯等组成,如图7-8所示为一般货车用粗滤器。滤芯采用新型酚醛树脂材料为黏结剂的锯末滤芯,滤芯筒由薄铁皮制成,上面加工出许多小孔。滤芯安装于外壳滤芯底座和端盖下端面之间,并用弹簧压紧。密封圈用来防止外壳内的机油不经过滤直接进入滤芯筒内。端盖与外壳之间用密封圈固定,端盖通过螺栓固定于缸体,并和缸体上相应的油孔对齐。

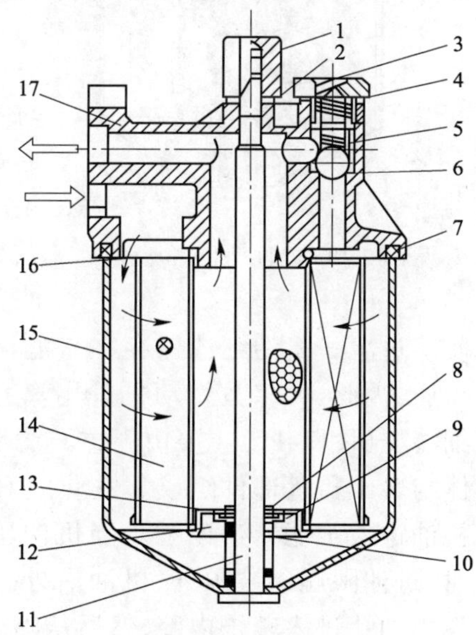

图7-8　机油粗滤器

1-螺母;2-密封垫圈;3-阀座;4-密封垫圈;5-旁通阀弹簧;6-球阀;7-外壳密封圈;8-压紧弹簧垫圈;9-拉杆密封圈;10-滤芯压紧弹簧;11-拉杆;12-滤芯密封圈;13-托板;14-纸质滤芯;15-外壳;16-滤芯密封圈;17-上盖

根据滤芯的不同,有各种不同的结构形式。传统的粗滤器多采用金属片缝隙式和绕线式,现多采用纸质式和锯末式。

1)金属片缝隙式粗滤器

图7-9所示的金属片缝隙式粗滤器的滤芯是由薄

钢片制成的滤清片、隔片和刮片等组成。它们彼此套在滤芯轴上，用上、下盖板及螺母压紧。由于滤清片之间有隔片，形成了一定的间隙，机油可通过此间隙流入滤芯，再经上盖出油道流向主油道，机油流动方向如图中箭头所示。在上盖设有旁通阀，当滤芯堵塞时，旁通阀被机油压力顶开，润滑油不经滤芯而直接流入主油道，保证供油不会中断。

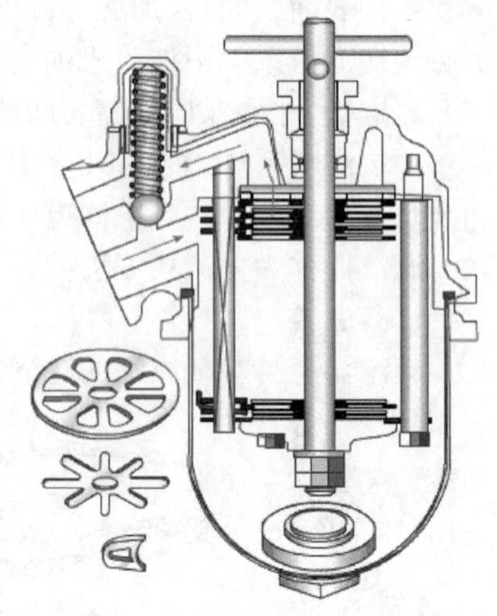
图7-9 金属片缝隙式粗滤器

2）滤芯式机油粗滤器

金属片式粗滤器是一种永久性滤清器。由于它质量大、结构复杂、制造成本高等缺点，已基本被淘汰。纸质滤清器的滤芯是用微孔滤纸制成的，为了增大过滤面积，微孔滤纸一般都折叠成扇形和波纹形（如图7-10）。微孔滤纸经过酚醛树脂处理，具有较高的强度，抗腐蚀能力和抗水湿性能。滤芯式机油粗滤器具有质量小、体积小、结构简单、滤清效果好、过滤阻力小、成本低和保养方便等优点，因此，目前得到了广泛的应用。

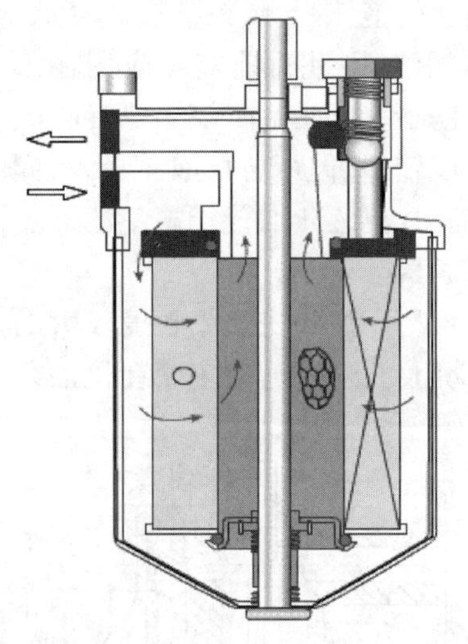
图7-10 滤芯式机油粗滤器

3. 机油细滤器

机油细滤器用以清除细小的杂质，过滤能力强，这种滤清器对机油的流动阻力较大，故多做成分流式结构并与主油道并联。机油细滤器有过滤式和离心式两种结构形式。过滤式细滤器与粗滤器结构基本相同，只是滤芯空隙更小能过滤掉更细小的颗粒杂质。过滤式机油细滤器存在着滤清能力与通过能力的矛盾，因此，大多数发动机采用离心式细滤器。离心式细滤器（图7-11）主要由壳体与滤清器盖、转子轴、转子体与转子盖等部件组成。发动机工作时，从机油泵来的机油进入细滤器进油孔。当机油压力达到某一限定值时，进油限压阀被顶开，机油沿外壳和转子轴的中心孔经出油孔进入转子内腔，然后从喷嘴喷出。在机油喷射的反作用力的推动下，转子及转子内腔的机油做高速旋转。在离心力作用下，机油中的杂质被甩向转子盖内壁并沉淀，清洁的机油由出油孔流向油底壳。离心式滤清器滤清能力强，并且不需要滤芯，但它对胶质的滤清效果较差。

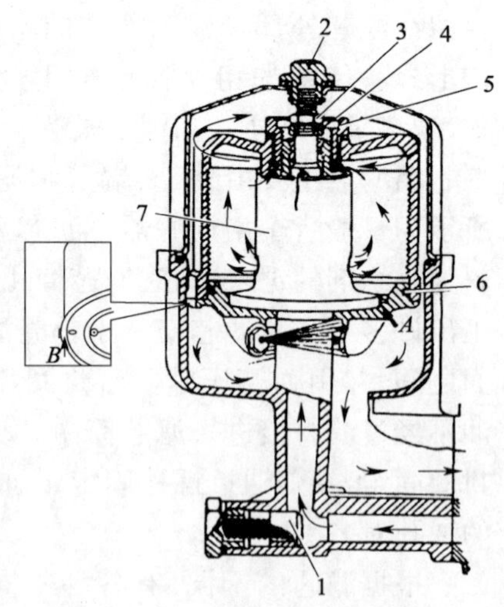

图7-11 离心式机油细滤器

1-进限压阀；2-压紧螺母；3-紧固螺母；4-支承垫圈；5-转子紧固螺母；6-转子罩密封圈；7-导流罩

三、机油散热器和冷却器

发动机工作时,机油黏度随着温度升高而变稀,降低了润滑能力。因此,除利用油底壳对机油进行散热外,对于大功率柴油机以及大排量汽油机等热负荷较大的发动机,还设有专门的机油散热器和机油冷却器等机油散热装置,维持机油相对恒定的工作温度,保证机油发挥正常的润滑能力。

1. 机油散热器

机油散热器(图7-12)由散热管、限压阀、开关、进出水管等组成。其结构与冷却水散热器相似。机油散热器一般安装在冷却水散热器的前面,与主油道并联。机油泵工作时,一方面将机油输送给主油道,另一方面经限压阀、机油散热器开关,进油管进入机油散热器内,冷却后从出油管流回机油盘,如此连续不断地循环往复。

2. 机油冷却器

将机油冷却器置于冷却管路中,以冷却液作为中间的传热媒介来控制润滑油的温度。当润滑油温度高时,利用冷却液降温,而当发动机刚刚起动时,则从冷却液吸收热量使润滑油迅速提高温度。机油冷却器由铝合金铸成的壳体、前盖、后盖和铜芯管组成,如图7-13所示。为了加强冷却,管外又套装了散热片。冷却液在管外流动,润滑油在管内流动,两者进行热量交换。相反地,也有使油在管外流动,而冷却液在管内流动的结构。

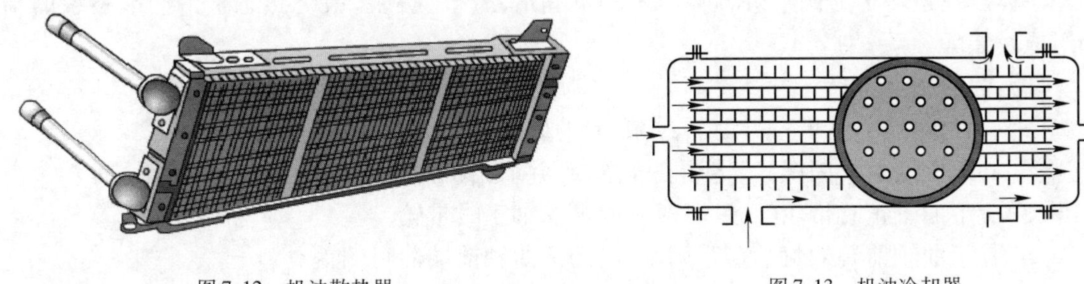

图7-12　机油散热器　　图7-13　机油冷却器

四、阀门

在发动机润滑系统中均设有几个限压阀和旁通阀,以确保整个润滑系统管路正常工作。

1. 限压阀

机油供油压力随着发动机转速增加而升高,当润滑系中油路淤塞、轴承间隙过小或使用的机油黏度过大时,也将会使供油压力增高。因此,在润滑系统中的机油泵和主油道之间设置有限压阀,限制机油最高压力,以确保系统安全运行。

当机油泵和主油道上机油压力超过预定的压力时,克服限压阀弹簧作用力,顶开阀门,一部分机油从侧面通道流入油底壳内,使油道内的油压下降至设定的正常值后,阀门关闭。

2. 旁通阀

旁通阀用以保证润滑系内油路畅通,当机油滤清器堵塞时,机油通过并联在其上的旁通阀直接进入润滑系的主油道,防止主油道断油。旁通阀与限压阀的结构基本相同,只是其安装位置、控制压力,溢流方向不同,通常旁通阀弹簧刚度要比限压阀弹簧刚度小得多。

五、油尺和机油压力表

油尺是用来检查油底壳内油量和油面高低的。它是一片金属杆,下端制成扁平,并有标示上下限度的刻度线。机油油面必须处于油尺上下刻线之间。

机油压力表用以指示发动机工作时润滑系统中机油压力的大小,一般采用电热式机油压力表,它由油压表和传感器组成,中间用导线连接。传感器装在粗滤器或主油道上,它把感受到的机油压力传给油压表。油压表安装在驾驶室内仪表板上,以供驾驶员实时观察整个润滑系统油路的压力。

任务四　润滑系统主要部件的拆装

通过对整个润滑系统及其零部件的拆卸与装配,进一步地熟悉发动机润滑系统的内部结构及其工作原理,增强感性认识,将理论与实践紧密结合。

一、润滑系统拆装

具体以捷达轿车为例来讲解整个发动机润滑系统的拆装,最终熟悉整个润滑系统的结构组成及装配关系。

1. 拆卸的主要步骤

(1)将发动机整体卸下,并翻转过来,使油底壳向上。

(2)卸下油底壳紧固螺栓,将油底壳拿掉,并取出机油扰流板。

(3)旋下曲轴正时带轮的紧固螺栓,取下曲轴正时带轮。

(4)拧下曲轴前端油封端盖紧固螺栓,卸下曲轴前端油封端盖。

(5)卸下机油泵链条张紧器以及驱动链条。

(6)卸下机油泵,将机油泵解体并清洗。

2. 装配的主要步骤

(1)拧上紧固螺栓,将机油泵安装上。

(2)安装机油泵齿链。

(3)装上机油泵链条张紧器,同时拧紧机油泵与链条张紧器的紧固螺栓。

(4)旋转曲轴检查油泵齿链张紧度。

(5)在曲轴前端盖及与缸体接触面上均匀涂上密封胶。再装入前端盖,并按规定扭矩拧紧螺栓。

(6)装上曲轴箱防溅油挡板,并拧上紧固螺栓。

(7)在衬垫、油底壳与缸体的接触面上均匀涂上密封胶,安装衬垫及油底壳。

二、机油泵拆装

以齿轮式机油泵为例,其主要的拆卸步骤如下:

(1)拆下机油集滤器及油管。

(2)拆下机油泵盖上的固定螺栓,取下机油泵盖及调整垫圈。

(3)取出从动齿轮。

(4)用锉刀锉去联轴套上的铆钉头,将铆钉冲出,取下联轴套。

(5)轻敲主动轴外端,从泵腔一侧取出主动齿轮轴,拆卸卡环,取下主动齿轮和半圆键。

(6)拧下泵盖上的限压阀螺塞,取出弹簧及柱塞。

(7)清洗各零件,并吹通各油道油孔。

三、机油粗滤器拆装

拆装的主要步骤如下:

(1)松开紧固螺母分解底座和外壳推杆总成。

(2)取出密封垫圈、滤芯压紧弹簧垫圈和弹簧。

(3)松开阀座取出旁通阀弹簧和钢球。

(4)清洗各零件后,按拆卸时相反的顺序装复粗滤器。在安装过程中注意不要弄错和损坏各密封圈。

四、离心式机油细滤器拆装

1. 拆装的主要步骤

(1)旋松外罩上盖螺母,取下密封垫圈、外罩、推力弹簧和推力片。

(2)将转子转动到喷嘴对准挡油盘缺口时,取下转子体总成。

(3)旋松转子罩上紧固螺母,分解转子总成,观察转子的工作情况。

(4)旋松进油阀座,拆卸阀座垫圈,进油阀弹簧,进油阀柱塞。

(5)清洗零件后,按拆卸时相反的顺序装复细滤器。

2. 装配需注意如下事项

(1)转子总成装配时必须把转子罩和转子座两箭头记号对准,否则将破坏转子总成的平衡。密封橡胶垫应装好,否则将会漏油,严重时将导致转子不工作。应按标准扭矩紧固螺母,旋得过紧将会破坏转子的正常工作。

(2)装复外壳时,应把底座密封圈槽内清除干净。

7-1　润滑系的功用是什么?由哪些主要部件组成?

7-2　试述齿轮式机油泵和转子式机油泵的构造和工作原理。

7-3　发动机通常采用哪几种机油滤清器?它们应该串联?还是并联?为什么?

7-4　润滑油路中如果不装限压阀将会引起什么后果?

7-5　曲轴箱通风的作用是什么?通风方式有几种?汽油机通常采用哪种通风方式?为什么?

【教学设计能力拓展训练四】

“发动机五大系统”教学内容设计训练

一、教学内容设计

项　　目	参考依据
1. 内容选择	(1)根据课程目标来设计教学内容,便于课程目标的实现。 (2)不局限于教材,与学生的未来的职业定位与实际生活相联系。 (3)根据学校的现有条件来设计教学内容。 (4)在目前的基础实施教学,具有可行性。 (5)理论与实践内容相互匹配,做到“理论为实践服务”。 (6)根据“学情”情况,教师应该做学生学习的引导者,在学生易漏、易浅、易泛、易缺的地方精心选择教学内容,使学生的学习在原有的起点上有所生成。 (7)主要环节详细、完整,衔接紧密,层次分明
2. 重点、难点确定	(1)符合学习者认知规律。 (2)难与易、整体与部分的顺序安排。 (3)根据课程主要达成目标安排
3. 学时分配	学时数要依据教学内容与重点难点的分布合理分配

二、任务引导

简介中职学校学生学习发动机润滑系统的起点、教学设备、教学目标、教学内容、教学重点难点、学时分配等内容,以便学习者设计教学内容时参考。

1. 中职生的学情分析

(1)文化基础知识薄弱,认知、记忆、思维能力较差,对授课内容难以理解,但渴望被人接纳和爱护,渴望得到别人的认可和称赞,渴望成功,形象思维丰富,好动,喜欢动手实践。

(2)学习过发动机基本工作原理,也有了一定专业基础课的学习基础。

2. 中职学校汽车发动机润滑系统教学环境

理论实践一体化教室:配置多媒体教学设备、学生查阅资料的电脑、课桌椅、充足的实训台架或教学整车、实训工具、课程资源库教学平台(配置相关视频、动画、图片、电子教材、作业单、练习题、考核表等)。

3. 中职学校汽车发动机润滑系统教学目标

1)知识目标

(1)能辨认润滑系统的各组成部件、安装位置,并说出它们的名称和作用。

(2)能简单描述润滑系统主要零部件的结构及工作原理。

(3)在剖面发动机台架上能指出润滑油的流经路线。

2)能力目标

(1)能更换发动机机油与机油滤清器。

(2)能正确拆卸与检测机油泵及压力调节器。

(3)能使用维修手册诊断和排除润滑系统的典型故障。

4. 中职学校汽车发动机润滑系统的教学内容与学时分配

任务 1　润滑系统概述　2 课时

任务 2　更换发动机机油与机油滤清器　2 课时

任务 3　拆卸与检测机油泵及压力调节器　4 课时

任务 4　润滑系统典型故障的诊断和排除　2 课时

5. 中职学校汽车发动机润滑系统的教学重点、难点

(1)教学重点:润滑系统主要零部件的结构、工作原理、流经路线及其拆卸与检测。

(2)教学难点:润滑系统典型故障的诊断和排除。

6. 中职学校汽车发动机润滑系统的教学方法与教学流程

采用理论实践一体化教学,通常采用任务驱动教学法(12221 教学模式)。

12221 教学模式内容:学生完成 1 份任务引导文,学生观察老师操作 2 次,学生亲自操作 2 次,学生指导其他同学操作 2 次,学生完成 1 份作业工单。

(1)任务资讯:完成任务引导文,收集必要知识点(例如润滑系统主要零部件的结构名称、作用,安装位置、润滑油的流经路线等):课前预习加,老师 PPT 讲授并结合剖面发动机台架学习后完成。

(2)布置学习任务:明确每个任务的目标和完成标准(每次课可以有多个细分的实训任务),比如更换发动机机油与机油滤清器、拆卸与检测机油泵及压力调节器、润滑系统典型故障的诊断和排除等 3 个子任务;

(3)教师示范和讲解:教师根据任务的难易程度作必要的示范和讲解,比如拆卸与检测机油泵及压力调节器的方法和注意事项等;

(4)任务实施:学生分组练习,教师巡逻指导→换组,直至完成每个细分的任务(如果有多个细分的实训任务);

(5)任务检查:学生对照任务目标和完成标准组内自我检查;

(6)任务考核与评价:教师每组抽考 1 ~ 2 个同学,根据各组任务完成情况进行点评小结(可以先让小组汇报后再点评)。

三、单元三　发动机五大系统教学内容设计任务单

全班分成 4 ~ 6 个设计小组,每组选择单元内的一个任务进行教学内容设计。

组别		设计任务	
设计项目	内　　容		选取依据分析
1. 子任务内容的选择			
2. 子任务重点、难点	重点: 难点:		

续上表

组别		设计任务	
3. 子任务学时分配	任务________，________学时。		
展示评价	各组采用海报、PPT 等形式展示本组的设计成果		

四、教学内容设计训练评分标准

序号	项　目	内　容	分　值	得　分
1	教学目标	根据课程大纲要求，教学目标明确	10	
2	学情分析	对学生知识基础、学习特点及适宜的学习方法进行分析和引导	10	
3	教学材料	教学材料的选择和组织符合教师现在所教学生实际的知识基础和能力水平，有可操作性	25	
4	教学重点、难点	重点、难点确定准确	25	
5	教学内容组织	教学内容序化合理，符合学生认知规律	10	
6	课时安排	课时安排合理	10	
7	格式与表达	设计格式规范，表达清晰流畅	10	
		总分	100	

项目八　发动机冷却系统

知识目标

通过系统学习发动机冷却系统,要求学生掌握以下知识:

1. 掌握发动机冷却系统的作用及不同分类。
2. 掌握发动机冷却系统的组成及工作原理,冷却液特性。
3. 掌握发动机水冷系统主要部件的结构及工作原理。
4. 掌握发动机风冷系统的特点、布置及冷却强度的调节。

能力目标

通过系统学习发动机润滑系统,要求学生具备以下能力:

1. 熟悉发动机冷却系统主要零部件的结构及工作原理。
2. 熟悉发动机水冷系统主要零部件的检修。

任务一　冷却系统概述

发动机工作时,汽缸内的气体温度可高达2500℃,若不及时冷却,将造成发动机零部件温度过高,尤其是直接与高温气体接触的零件,会因受热膨胀影响正常的配合间隙,导致运动件受阻甚至卡死。此外,高温还会造成发动机零部件的热疲劳导致机械强度下降,高温也会使润滑油失去作用等。

一、冷却系统的功用

正常工作的发动机因为高温燃气作用以及高速摩擦作用,部分零部件比如活塞、汽缸盖及气门等的局部温度很高。若不适当冷却,零件过热将破坏正常的配合间隙,降低机械强度和刚度;高温下润滑油黏度降低,润滑性能恶化,零件磨损加剧;高温下发动机充气不良,汽油机易产生不正常燃烧。因此,发动机温度过高将会带来工作可靠性下降,使用寿命缩短,动力性和经济性恶化等一系列后果。但是,若发动机在过冷状态下工作,将造成混合气形成不良,燃烧恶化,柴油机工作粗暴;冷却散热损失过多;润滑油黏度大,运动件磨损增大。同样导致动力性经济性下降,寿命缩短等。因此,必须对发动机进行适度的冷却。

发动机冷却系统的作用在于将受热零件吸收的部分热量及时散发出去,保证发动机在最适宜的温度状态下工作。冷却系统既要防止发动机过热,也要防止冬季发动机过冷。在发动机冷态起动之后,冷却系统还要保证发动机迅速升温,尽快达到正常的工作温度。

二、冷却系统分类

按照冷却介质不同,发动机的冷却系统有风冷与水冷之分(见图 8-1)。以空气为冷却介质,把发动机中高温零件的热量直接散入大气而进行冷却的装置称为风冷系统。如果以冷却液为冷却介质,首先通过水套将发动机中高温零件的热量传递给冷却液,然后再经过散热器将热量散失给大气的冷却装置称为水冷系统。由于水冷系统冷却均匀,效果好,而且发动机运转噪声小,目前汽车发动机上广泛采用的是水冷系统。

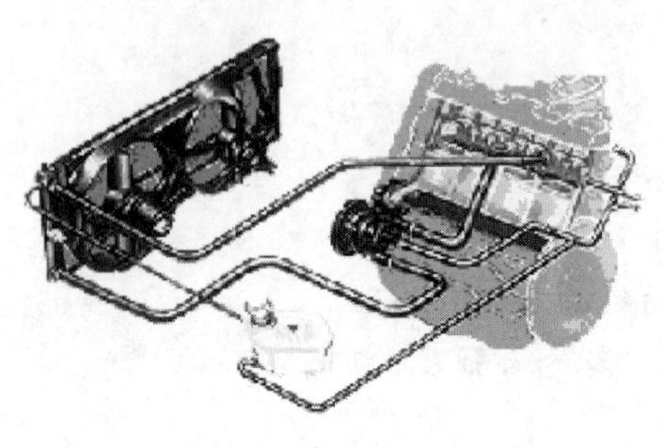

a)水冷系统

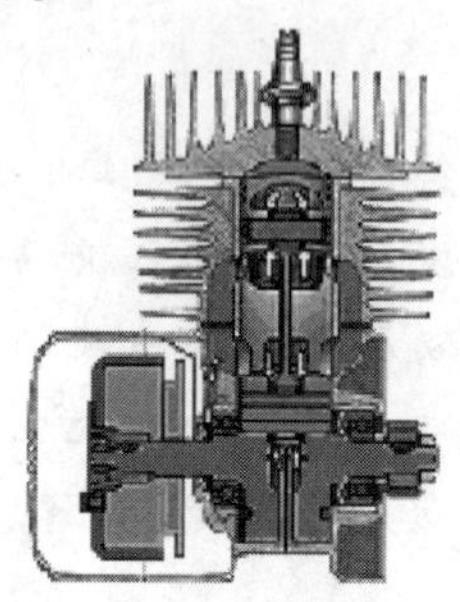

b)风冷系统

图 8-1　发动机冷却系统

汽车发动机的冷却系统常采用强制循环,强制循环水冷系统由水泵、散热器、冷却风扇、节温器、补偿水桶、发动机机体和汽缸盖中的水套以及其他附属装置等组成。该系统利用水泵提高冷却液压力,强迫冷却液在发动机中循环流动。有些发动机的水冷系统,温度较低的冷却液首先被引入汽缸盖水套,然后才流过机体水套,被称其为逆流式水冷系统。在这种水冷系统中,由于它改善了燃烧室的冷却而允许发动机有较高的压缩比,从而可以提高发动机的热效率和功率。

发动机风冷系统利用大流量风扇使高速空气流直接吹过汽缸盖和汽缸体的外表面来有效地降低受热零件的温度和改善其温度场。为了强化传热,在汽缸盖和汽缸体的外表面精心布置了一定形状的散热片,确保发动机在最适当的温度范围内可靠地工作。风冷系统具有结构简单、质量轻、故障少、使用维修方便等优点,但冷却效果可靠性差,目前在汽车上很少使用。

三、冷却系统组成、水路及工作原理

1. 组成

汽车发动机,尤其是轿车发动机大都采用水冷系统,只有少数汽车发动机采用风冷系统。因此,在此仅仅以水冷系统为例来说明其工作原理及基本结构组成。

汽车水冷系统主要由冷却装置、冷却强度调节装置和冷却液温度显示装置三个部分组成。如图 8-2 为强制循环水冷系统,该系统主要由水泵、散热器、冷却风扇、节温器、冷却液膨胀箱(补偿水桶)、发动机机体和汽缸盖中的水套以及其他附属装置等组成。

2. 水路

在图 8-3 所示的冷却系统中,散热器内的冷却液经水泵加压后通过分水管压送到汽缸体水套和汽缸盖水套内,冷却水在吸收了机体的大量热量后经汽缸盖出水孔流回散热器。

由于有风扇的强力抽吸,汽车行驶时的迎面空气来流由前向后高速通过散热器。因此,受热后的冷却水在流过散热器芯的过程中,热量不断地散发到大气中去,冷却后的水流到散热器的底部,又被水泵抽出,再次压送到发动机的水套中,如此不断循环,把热量不断地输送到大气中去,使发动机不断地得到冷却。

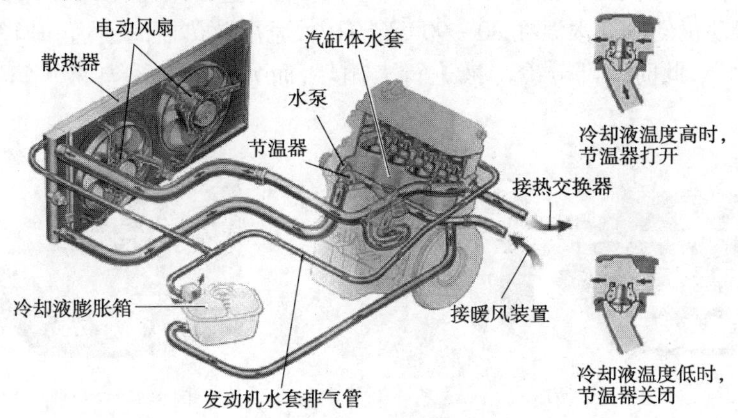

图 8-2 发动机水冷系统

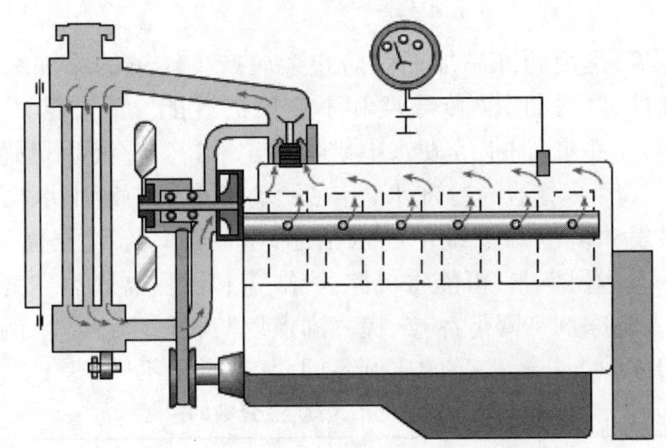

图 8-3 发动机冷却水路

3. 工作原理

在图 8-2 所示的强制循环水冷系统中,冷却液在水泵中增压后,经分水管进入发动机的机体水套。冷却液从水套壁周围流过并从水套壁吸热而升温;然后向上流入汽缸盖水套,从汽缸盖水套壁吸热之后经节温器及散热器进水软管流入散热器;在散热器中,冷却液向流过散热器周围的空气散热而降温;最后冷却液经散热器出水软管返回水泵,如此循环往复。在汽车行驶时或冷却风扇工作时,空气从散热器周围高速流过,以增强对冷却液的冷却。不论是铜制或不锈钢制的分水管,还是直接铸在机体上的分水道,都沿纵向开有出水孔,并与机体水套相通,离水泵越远,出水孔越大,其数目通常与汽缸数相同。分水管或分水道的作用是使多缸发动机各汽缸的冷却强度均匀一致。

大多数发动机常根据发动机负荷大小和冷却液温度的高低自动,采用安装在冷却液循环通路中的节温器来改变冷却水的流量和流动路线,以达到自动调节冷却强度的目的。

当发动机在正常热状态下工作时,即冷却液温度高于 90℃,节温器阀门打开了通往散热器的通道，同时关闭了通往水泵的旁通管，冷却水全部流经散热器，形成大循环（如图8-4）。当冷却液温度低于80℃时，节温器阀门关闭了通往散热器的通道，同时打开了通往水泵的旁通管，水套内的冷却液只能由旁通孔流出经旁通管进入水泵，又被水泵压入发动机水套，此时冷却液并不流经散热器，只在水套与水泵之间进行小循环（如图8-5），从而防止发动机过冷。当发动机的冷却水温在80～90℃范围内，通往散热器的通道和通往水泵的旁通管均处于半开闭状态，此时一部分冷却液进行大循环，而另一部分冷却液进行小循环，此时称为混合循环。

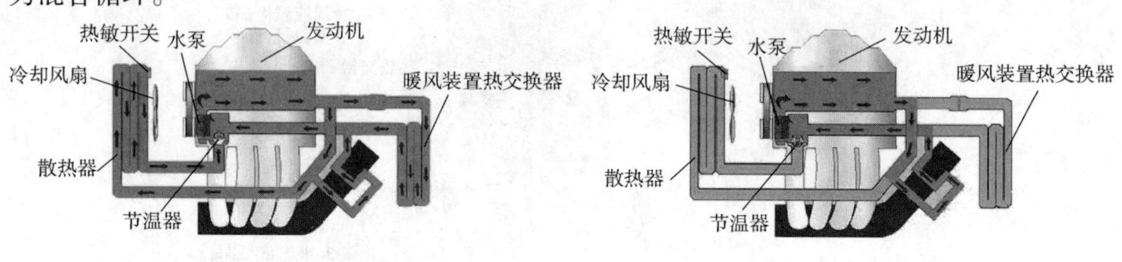

图8-4　冷却系统大循环

图8-5　冷却系统小循环

四、冷却液

冷却液又称防冻液，是由防冻添加剂及防止金属产生锈蚀的添加剂和水组成的混合液体。冷却液具有防冻性，防蚀性，热传导性和不变质的性能。冷却液用水最好是清洁的软水，如雨水，自来水等；而井水、河水等硬水中矿物质含量高，在高温下易生成水垢，不应作为发动机冷却水。如果采用不清洁的冷却水，将在发动机水套中产生水垢，使传热受阻，易造成发动机过热。如果发动机冷却系统中的水结冰，将使冷却水终止循环引起发动机过热。尤其严重的是水结冰时体积膨胀，可能将机体、汽缸盖和散热器胀裂。为了适应冬季行车的需要，在水中必须加入防冻剂来降低冰点、提高沸点以防止循环冷却水的冻结。最常用的防冻剂是乙二醇。冷却液中水与乙二醇的比例不同，其冰点也不同（表8-1）。

冷却液冰点与乙二醇质量分数的关系　　表8-1

冷却液冰点（℃）	乙二醇质量分数（%）	密度（kg/m^3）
-10	26.4	1.0340
-20	36.4	1.0506
-30	45.6	1.0627
-40	52.6	1.0713
-50	58.0	1.0780
-60	63.1	1.0833

在水中加入防冻剂还同时提高了冷却液的沸点。例如，含50%乙二醇的冷却液在大气压力下的沸点是130℃。因此，防冻剂有防止冷却液过早沸腾的附加作用。

防冻剂中通常含有防锈剂和泡沫抑制剂。防锈剂可延缓或阻止发动机水套壁及散热器的锈蚀或腐蚀。冷却液中的空气在水泵叶轮的搅动下会产生很多泡沫，这些泡沫将影响水套壁的散热效果。泡沫抑制剂能有效地抑制泡沫的产生。在使用过程中，防锈剂和泡沫剂会逐渐消耗殆尽，因此，定期更换冷却液是十分必要的。为便于识别，一般地还会在防冻剂加入着色剂，使冷却液呈现蓝绿色或黄色。

任务二 水冷系统的主要部件

在整个水冷系统中，冷却介质是冷却液，主要零部件有水泵、散热器、散热风扇、节温器、水泵皮带、冷却液温度感应器、蓄液罐、采暖装置（类似散热器）。

一、水泵

1. 功用

对冷却水进行加压，维持整个系统循环流动所需的压差，加速冷却水的循环流动，保证冷却可靠。

2. 结构

离心式水泵具有结构简单、尺寸小、压头大、维修方便等优点，因此，车用发动机上多采用离心式水泵（见图8-6）。离心式水泵主要由泵体、叶轮和水泵轴组成，叶轮一般是径向或向后弯曲的，其数目一般为6～9片。当叶轮旋转时，水泵中的水被叶轮带动一起旋转，在离心力作用下，水被甩向叶轮边缘，然后经外壳上与叶轮成切线方向的出水管压送到发动机水套内。与此同时，叶轮中心处的压力降低形成部分真空，散热器中的水便经进水管被吸进叶轮中心部分。如此连续的作用，使冷却液在水路中不断地循环流动。

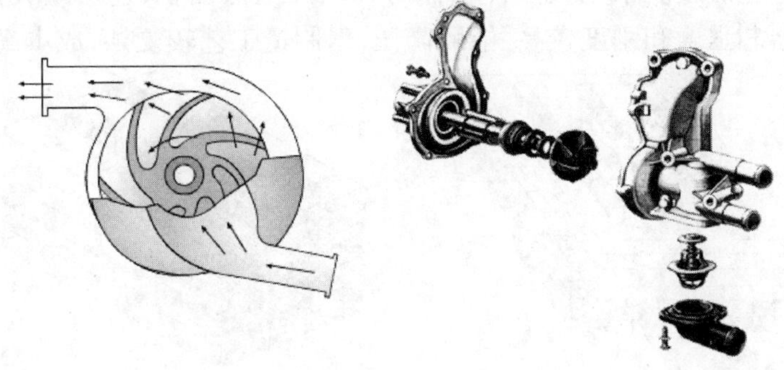

图8-6 离心式水泵

水泵一般由曲轴通过V形皮带驱动。传动带环绕在曲轴带轮和水泵带轮之间，因此水泵转速与发动机转速成比例。奥迪100型轿车发动机的水泵即由曲轴通过V带驱动，水泵转速为曲轴转速的1.6倍。也有些发动机的水泵直接由凸轮轴驱动。

二、散热器

发动机水冷系统中的散热器由进水室、出水室及散热器芯等三部分构成。散热器实际上就是一个热交换器，冷却液在散热器芯内流动并以对流换热方式将热量传递给散热器芯，空气流过散热器芯外表面并以对流和辐射换热的方式将热量及时带走。

1. 功用

散热器的作用主要在于增大其散热面积，加速液的冷却。冷却液经过散热器后，其温度可降低10～15℃，为了将散热器交换的热量尽快带走，在散热器后面加装有风扇进行强制传热。

2. 结构

散热器又称为水箱,由上、下储水室以及散热器芯等组成(图 8-7)。

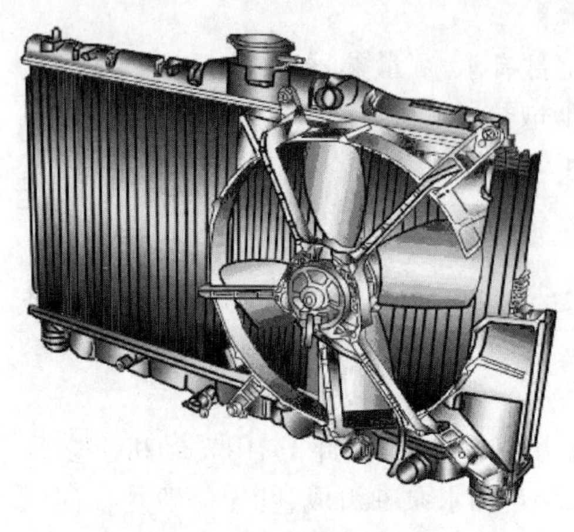

图 8-7　发动机散热器

散热器上储水室顶部有加水口,冷却液由此注入整个冷却系统并用散热器盖盖住。在上储水室和下储水室分别装有进水管和出水管,进水管和出水管分别用橡胶软管和汽缸盖的出水管和水泵的进水管相连。在散热器下面一般装有减振垫,防止散热器受振动而损坏。在散热器下储水室的出水管上还装有放水开关,必要时可将散热器内的冷却水放掉。

散热器芯由许多冷却水管和散热片组成,其中散热片主要就是为了尽可能地增加其散热面积而达到强化换热的效果。散热器芯的构造形式有多样,常用的有管片式和管带式两种(图 8-8)。

管片式散热器芯冷却管的断面大多为扁圆形,它连通上、下储水室,是冷却水的通道。和圆形断面的冷却管相比,不但散热面积大,而且万一管内的冷却水结冰膨胀,扁管可以借其横断面变形而避免破裂。采用散热片不但可以增加散热面积,还可增大散热器的刚度和强度。这种散热器芯强度和刚度较高,能耐高压,但制造工艺较复杂,成本高。

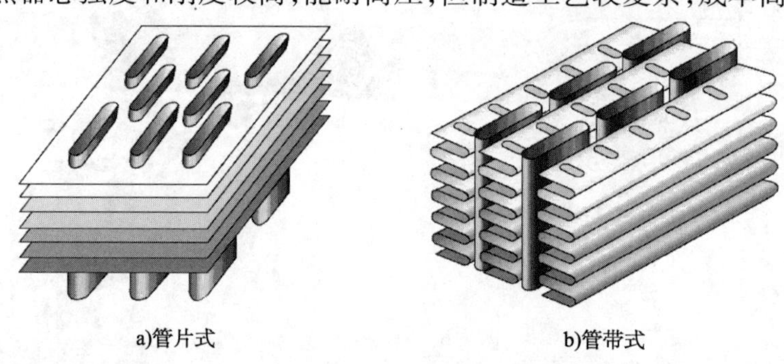

a)管片式　　b)管带式

图 8-8　散热器芯的结构形式

管带式散热器芯采用冷却管和散热带沿纵向间隔排列的方式,散热带上的小孔是为了破坏空气流在散热带上形成的附面层,使散热能力进一步提高。这种散热器芯散热能力强,制造工艺简单,成本低,但结构强度和刚度不如管片式大,一般多为轿车发动机采用,近年来在一些中型车辆上也开始采用。

目前汽车发动机多采用闭式水冷系统,这种冷却系统的散热器盖具有自动阀门。发动机热态工作正常时,阀门关闭,防止水蒸气逸出,同时使冷却系内的压力稍高于大气压力,从而可增高冷却液的沸点。在冷却系统内压力过高或过低时,自动阀门则开启以使冷却系与大气相通。目前闭式水冷系统广泛采用具有空气-蒸汽阀的散热器盖,如图 8-9 所示。一般情况下,两阀借弹簧关闭。当散热器中压力升高到一定值(为 0.026 ~0.037MPa)时,蒸汽阀开启;冷却液温度下降,当冷却系统中产生的真空度达到一定值(为 0.01 ~0.02MPa)时,空气阀开启。

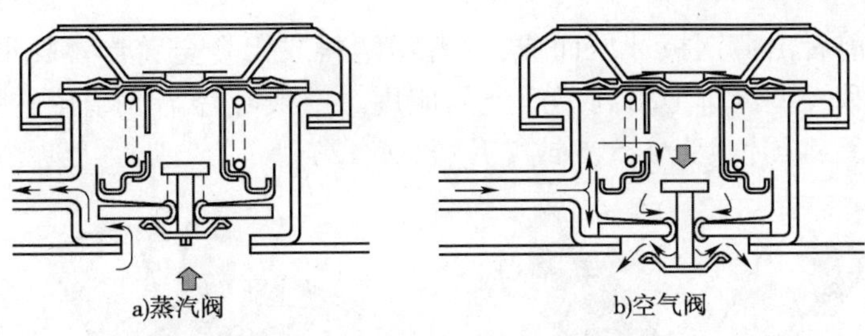

图 8-9 带自动阀门的散热器盖

对于加注防锈、防冻液的汽车发动机,为了减少冷却液的损失,保证冷却系统的正常工作,常采用散热器+副水箱(补偿水桶)结构(图 8-10)。副水箱的上方用一根软管通大气,另一根软管与散热器的溢流管相连。当散热器内蒸汽压力升高到某一值时,其盖上的压力阀打开,冷却液通过压力阀通过溢流管进入副水箱;当温度下降时,冷却液又从副水箱通过真空阀流回到散热器内部。这样可以防止冷却液损失。副水箱内部印有两条液面高度标记线,副水箱内的液面高度应位于这两种刻线之间。

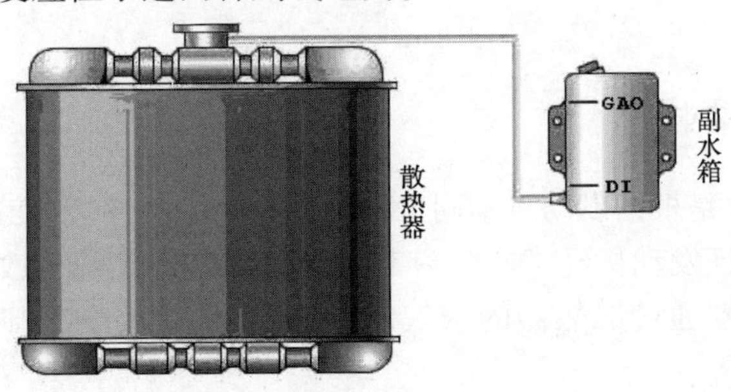

图 8-10 散热器+副水箱结构形式

三、风扇

冷却风扇置于散热器后面。当发动机在车架上纵向布置时,风扇一般安装在水泵轴上,并由驱动水泵和发电机的同一根 V 形皮带传动。

1. 功用

提高通过散热器芯的空气流速,增加对流散热效果,加速液的冷却。当风扇旋转时,对空气产生抽吸作用,使之沿轴向流动。通过散热器芯的迎面空气来流由前向后强迫对流,使流经散热器芯的冷却液加速冷却。

2. 结构

车用发动机的风扇通常有两种形式:轴流式和离心式。轴流式风扇所产生的风,其流向与风扇轴平行,风量大,效率高,结构简单,布置方便;而离心式风扇所产生的风,其流向为径向,压头大。汽车发动机水冷系统多采用低压头、大风量、高效率的轴流式风扇(图 8-11)。

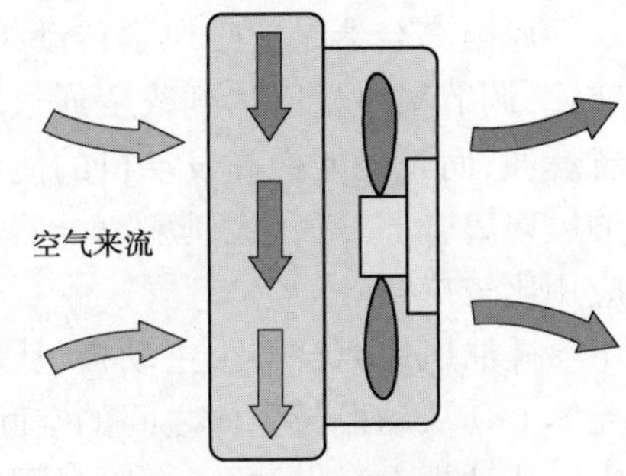

图 8-11 轴流式风扇的气流组织

风扇产生的风量主要与风扇转速、风扇直径、叶片数量、叶片形状及叶片安装角有关。叶片的断面形状有圆弧形和翼形两种,前者由薄钢板冲压而成,后者用塑料或铝合金铸制。翼形风扇效率高、消耗功率少,在轿车和轻型汽车上得到了广泛的应用。一般叶片与风扇旋转平面成30°~45°角(即叶片安装角)。叶片数为4、5、6或7片(图8-12)。

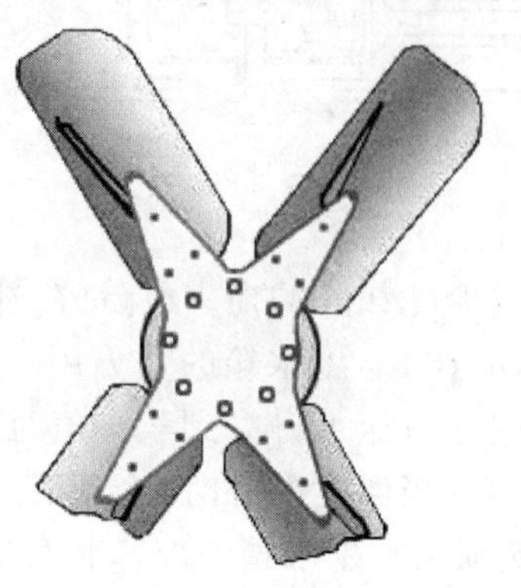

图8-12 风扇叶片

四、冷却强度调节装置

冷却强度调节装置是根据发动机不同工况和不同使用条件,改变冷却系的散热能力,即改变冷却强度,从而保证发动机经常在最有利的温度状态下工作。改变冷却强度通常有两种调节方式,一种是改变通过散热器的空气流量;另一种是改变冷却液的循环流量和循环范围。

1. 空气侧调节装置

通常利用百叶窗和各种自动风扇离合器来实现改变通过散热器的空气流量。

百叶窗是调节空气流量并防止冬季冻坏水箱,多采用人工调节,也有采用自动调节装置的。

有些货车和大客车发动机在散热器前面装有百叶窗,其作用是通过改变吹过散热器的空气流量来调节发动机的冷却强度,以保证发动机在适当的温度范围内工作。在发动机冷起动或暖车期间,冷却液的温度较低,这时将百叶窗部分或完全关闭,以减少吹过散热器的空气流量,使冷却液的温度迅速升高。百叶窗可由驾驶人通过驾驶室内的手柄来操纵其开闭,也可用感温器自动控制。

风扇离合器是置于风扇传动机构中的离合机构,可根据发动机的温度自动控制风扇的转速,调节扇风量以达到改变通过散热器的空气流量,它不仅能减少发动机的功率损失,节省燃油,而且还能提高发动机的使用寿命,降低发动机的噪声。常见的风扇离合器形式有硅油风扇离合器、机械式风扇离合器、电磁风扇离合器及液力偶合器等。目前硅油风扇离合器应用比较广泛。

硅油风扇离合器由主动板、从动板、双金属感温器及壳体等构成(图8-13)。风扇装于壳体上。从动板与壳体之间的空间作为工作腔,从动板与前盖之间作为储油腔,硅油存于其中。从动板上有进油孔,由感温阀片和双金属感温器控制。从动板外缘有一个由球阀控制的回油孔。冷却液温度较低时,通过散热器的空气温度不高,进油孔关闭,储油腔的硅油不能进入工作腔,离合器分离。冷却液温度较高时,双金属感温器受热变形,从而带动阀片轴和阀片转过一定角度,将进油孔打开,硅油进入工作腔,由于硅油黏度大,主动板通过硅油带动壳体和风扇一起转动,使风扇转速迅速升高。

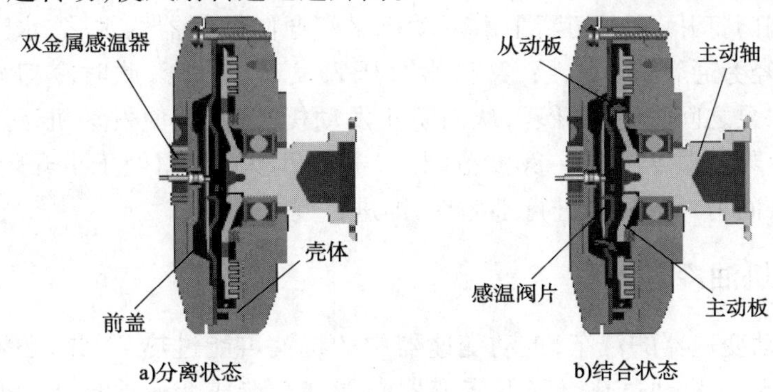

图 8-13　硅油风扇离合器

2. 冷却液侧调节装置

通常利用节温器(thermostat)来控制通过散热器冷却液的流量。节温器装在冷却液循环的通路中(一般装在汽缸盖的出水口),根据发动机负荷大小和冷却液温度的高低自动改变冷却液的循环流动路线来调节冷却系统的冷却强度。节温器有蜡式和乙醚膨胀筒式两种结构形式,目前大多数发动机采用蜡式节温器。

蜡式节温器在橡胶管和感应体之间的空间里装有石蜡,为提高导热性,石蜡中常掺有铜粉或铝粉。常温时,石蜡呈固态,阀门压在阀座上(图 8-14)。这时阀门关闭通往散热器的水路,来自发动机缸盖出水口的冷却液,经水泵又流回汽缸体水套中,进行小循环。当发动机冷却液温度升高时,石蜡逐渐变成液态,体积随之增大,迫使橡胶管收缩,从而对反推杆上端头产生向上的推力。由于反推杆上端固定,故反推杆对橡胶管、感应体产生向下反推力,阀门开启,当发动机冷却液温度达到 80℃以上时,阀门全开,来自汽缸盖出水口的冷却液流向散热器而进行大循环。

膨胀筒式节温器的主要部件是具有弹性的、折叠式的密闭圆筒(一般用黄铜制成),内装有易于挥发的乙醚(图 8-15)。主阀门和侧阀门随膨胀筒上端一起上下移动。膨胀筒内液体的蒸气压力随着周围温度的变化而变化,故圆筒高度也随温度而相应变化。

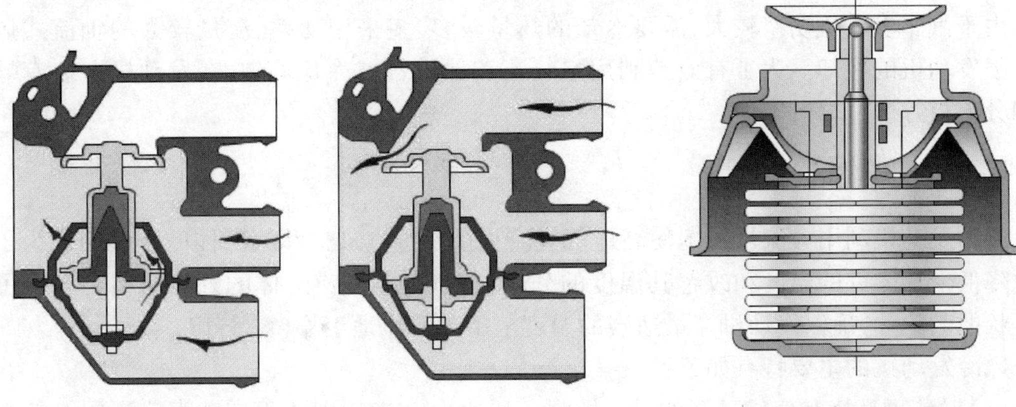

图 8-14　蜡式节温器

图 8-15　膨胀筒式节温器

当发动机在正常热状态下工作时，即冷却液温度高于80℃，冷却液应全部流经散热器，形成大循环。此时节温器的主阀门完全开启，而侧阀门将旁通孔完全关闭；当冷却液温度低于70℃时，膨胀筒内的蒸汽压力很小，使圆筒收缩到最小高度。主阀门压在阀座上，即主阀门关闭，同时侧阀门打开，此时切断了由发动机水套通向散热器的水路，水套内的冷却液只能由旁通孔流出经旁通管进入水泵，又被水泵压入发动机水套，此时冷却液并不流经散热器，只在水套与水泵之间进行小循环，从而防止发动机过冷，并使发动机迅速而均匀地热起来；当发动机的冷却液温度在70～80℃范围内，主阀门和侧阀门处于半开闭状态，此时一部分水进行大循环，而另一部分水进行小循环，即进行混合循环。

五、变速器机油冷却器

对于装有自动变速器的汽车，自动变速器中的机油可能过热，因此，必须装备变速器机油冷却器(图8-16)。机油过热会降低变速器性能甚至造成变速器损坏。变速器机油冷却器通常就是一根冷却管，置于散热器的出水室内，由冷却液对流过冷却管的变速器机油进行冷却。在变速器和冷却器之间用金属管或橡胶软管连接。

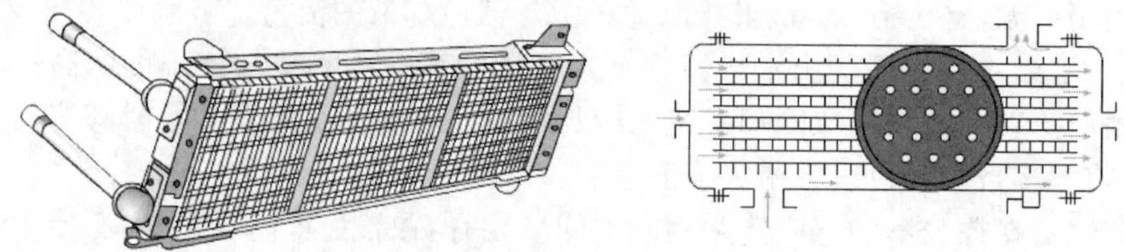

图8-16　变速器机油冷却器

任务三　风冷系统

风冷却系统是利用高速空气流直接吹过汽缸盖和汽缸体的外表面，把从汽缸内部传出的热量以热对流和辐射换热的方式散发到大气中去，以保证发动机在最佳的温度范围内工作。

发动机汽缸和汽缸盖采用传热较好的铝合金铸造而成，为了增大散热面积各缸一般都分开制造，并在汽缸和汽缸盖表面分布许多均匀排列的散热片，利用车辆行驶时的高速空气流，把热量吹散到大气中去。

由于汽车发动机功率较大，需要冷却的热量较多，多采用功率、流量较大的轴流式风扇以加强发动机的冷却。为了有效地利用空气流和保证各缸冷却均匀，在发动机上装有导流罩和分流板等。

一、风冷系统的特点

风冷发动机利用大流量风扇使高速空气流直接吹过汽缸盖和汽缸体的外表面。为了有效地降低受热零件的温度和改善其温度的分布，在汽缸盖和汽缸体的外表面精心布置了一定形状的散热片，确保发动机在最适当的温度范围内可靠地工作(图8-17)。

风冷发动机的主要特点如下：

(1)对地理环境和气候环境的适应性强。风冷发动机特别适于在沙漠或高原等缺水的地区工作。另外,在酷热的气候条件下工作不会过热,在严寒季节也不易过冷。因为散热片的温度很高,散热片与环境空气间的温差远比水冷系统中冷却液与环境空气间的温差为大,所以气温的变化对散热片与环境空气间温差的影响相对较小,即风冷发动机对气温的变化不敏感。

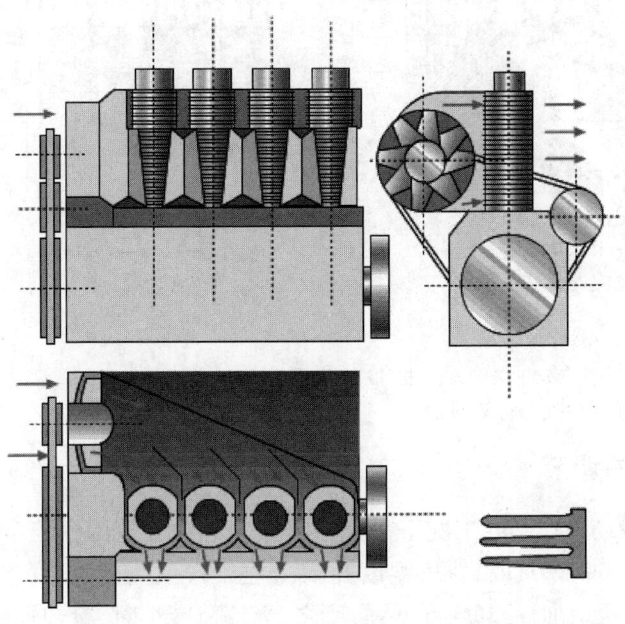

图 8-17　风冷系统

(2)热负荷高。风冷发动机的汽缸盖、汽缸体等受热零件的温度高。这是因为空气的传热系数只有水的传热系数的 1/20 ~ 1/30,空气的比热容只有水的 1/4。这表明风冷发动机要得到足够的冷却,不仅要合理的布置散热片,而且需要较大的空气流量。

(3)冷起动后暖机时间短。由于风冷发动机在冷起动后汽缸温度上升快,在短时间内即可进入大负荷工作状态。

(4)维护简便。风冷发动机由于省去了散热器和许多管道而减少了维护点,而且由于通用化、系列化的程度高,主要零件均可互换,因此拆装容易,维修简便。

二、冷却系统的布置及冷却风扇

以 BF8L413F 风冷柴油机冷却系统(图 8-18)为例来简单介绍冷却系统的结构布置。冷却风扇位于两排汽缸中间,由汽缸盖、汽缸体、机油冷却器、前后挡板和顶盖板等构成风压室。在汽缸盖和汽缸体的背风面设有挡风板,用来调节风量的分配。冷空气经冷却风扇增压后进入风压室,再由风压室流过各个需要冷却的零部件表面。由于各零部件的通道阻力不同,因此流过的风量有多有少,以保证其适度而又可靠的冷却效果。

冷却风扇有轴流式和径流式两种。多缸风冷发动机采用轴流式风机(图 8-19)。冷却风扇主要由静叶轮和动叶轮两部分组成。静叶轮为铝合金精密压铸件,静叶轮毂内装有液力耦合器。动叶片与静叶片的断面均为翼形,且动叶轮与风扇外壳之间的间隙很小,这样可以提高风扇的有效效率。

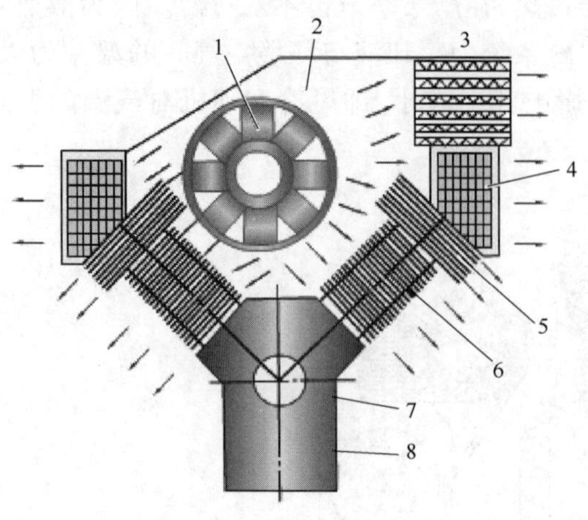

图 8-18　风冷系统布置

1-冷却风扇；2-风室；3-液力传动油冷却器；4-机油冷却器；5-汽缸盖；6-汽缸体；7-曲轴箱；8-油底壳

动叶轮

静叶轮

轴流式风扇

图 8-19　轴流风机

三、冷却强度的调节

为了保持风冷发动机在不同工况下都能在最适当的温度范围内正常工作，需对其冷却强度随时进行调节。当负荷增加时，排气温度升高，温控阀开度增大，进入液力耦合器的油量增多，风扇转速增高，风量增加，冷却强度增强；反之，当负荷减小时，冷却强度随之减弱。自动调节系统能够根据发动机负荷的变化，自动调节冷却风量，使发动机始终保持在最佳的热状态。

虽然风冷却系统与水冷却系统比较，具有结构简单、重量轻、故障少，无需特殊保养等优点，但是由于材料质量要求高，冷却不够均匀，工作噪声大等缺点，目前在汽车上很少使用。

任务四　水冷系统主要部件的检修

发动机冷却系在使用中会发生冷却液温度过高，水套和散热器内水垢增加。散热器损坏漏液，节温器失灵以及水泵机件损坏等故障，这些都会降低冷却系的工作效果。因此，在使用和维修中，应对冷却系的各部件进行认真的检修。

一、散热器的检修

1. 散热器的拆装及清洗

（1）打开膨胀水箱上的散热器盖。

（2）松开散热器的上、下软管，拆开软管，将冷却液排空。

（3）拆开电动风扇电机和温控开关的电线。

（4）拧下固定在车架上的支架固定螺栓，拆下支架。

（5）从支座中卸出散热器，连同冷却风扇和集风罩一起向上抬出。

（6）松开集风罩与散热器的连接螺钉，把风扇和电动机与集风罩分开。

（7）装配散热器和拆卸步骤正好相反。

散热器工作一定时间以后，内部循环的冷却液会在管内壁产生水垢，应当定期清洗。如果内部积垢严重，应拆去上下水室，用通条先进行疏通，然后再用氢氧化钠或铬酸水溶液煮洗来清除水管内的积垢。

2. 散热器的检查

1）检查散热器盖

将散热器盖检验器装到散热器盖上，并对散热器盖加压，检查密封性能和蒸汽阀的开启压力。

2）检查散热器的密封性能

将散热器的进出水口堵死，并注满水。然后用检查仪手泵对其加压，观察外部有无明显漏水现象，并观察压力表的指示压力是否出现明显下降。或者在散热器内冲入 50 ~ 100kPa 的压缩空气并将散热器的进出水口堵死，然后将其浸泡在水中。如果发现有气泡冒出处，应立即在该处作好记号，以便焊修。

3）散热器的修理

散热器修理方法有焊修法和堵漏法。焊修法主要针对上下水室的破洞、凹陷和散热水管的渗漏部位施以修复。堵漏法主要适用于裂缝较小的途中应急暂时性抢修，利用堵漏剂就车进行修补。

二、风扇的检修

1. 风扇叶片的检查

由于风扇连接板强度不足或其他原因，使风扇叶片向前弯曲或扭转变形，破坏了风扇叶片原设计的角度，使其丧失动平衡性能，会产生振动噪声，甚至会打坏散热器。因此应定期检查叶片的变形以及连接情况。

2. 电动风扇热敏开关

发动机热态时，即使发动机已熄火，风扇仍可能转动。如果冷却液温度很高但风扇不转，应检查熔断器。若熔断器完好，则应检查温控开关。将电动风扇热敏开关放入加热的水中，将万用表选用电阻挡，把两支触笔分别接到温控开关的接线端和外壳上，改变冷却液的温度观察万用表指针的动态。测量第一挡时：当冷却液温度达到 93 ~ 98℃时，应能导通；当冷却液温度降到88 ~ 93℃时，应能断开。测量第二挡时：当冷却液温度达到 105℃时，应能导通；当冷却液温度降到 93 ~ 98℃时，应能断开。否则，应更换电动风扇热敏开关。

三、节温器的检测与更换

1. 节温器的检测

以捷达轿车为例，节温器的检测步骤如下：

（1）将节温器放在一个充满水的容器内加热，用温度计监测温度。

（2）冷却液温度约 87℃时，节温器阀门必须开启。

（3）冷却液温度约 120℃时，应完全打开，阀门最低行程为 7mm。

2. 节温器的更换

通过以上的检测，如果发现节温器阀门开启温度与上面不符时，应予以及时更换。蜡式节温器安全寿命一般为 50000km，由于其失效后无法修复。因此要求按照其安全寿命定期更换。

四、水泵的检修

常见的水泵故障有水封、泵体破裂或变形、轴承磨损、泵轴弯曲等。

水泵的检查与修理步骤如下：

(1)检查水泵外壳有无损伤。壳体与泵盖接合面变形大于0.05mm,应予以修平,泵壳裂纹可进行更换。

(2)检查轴向和径向间隙大小,间隙过大应予以及时更换。

(3)检查水泵轴的变形情况,水泵轴弯曲大于0.05mm,应冷压校正。再检查紧固螺纹有无损伤和轴颈的磨损程度。

(4)检查水泵叶轮的叶片有无破损,叶轮上的轴孔是否磨损过度。

(5)检查水封,胶木垫、弹簧等零件的磨损及损伤程度,如有损伤应予以更换。

(6)检查带轮毂与水泵轴的配合情况。

五、冷却系统泄漏的检查

1. 外部泄漏点的检查

如果散热器上下水室、散热器管、连接软管、放水开关等处泄漏,均会喷射出针状水柱,能明显地发现泄漏点。

2. 机体内部及汽缸盖内部泄漏点的检查

主要检查机体内部水道是否有裂缝,如果水道损坏,有可能造成冷却液窜入润滑油中,润滑油变稀。根据实际的泄漏情况,采用黏接或者直接更换。

拆下火花塞,从电极上沾水现象作出判断汽缸盖内部是否有漏水点。如燃烧室内有水,发动机工作时排气管冒白烟。

六、冷却液的排放与补充

因某种原因需要排放冷却液时,应打开放水开关或从膨胀水箱上取下盖子,即可排空冷却液。冷却液中含有部分重金属,直接排放到大地会造成环境污染,因此,应该定点排放并及时收集统一处理。

为保持冷却系统正常运行,冷却液液面高度必须符合规定要求,因此,应定期检查液面高度。当液面过低时,位于仪表板中的冷却液温度/液面警告灯会连续闪烁,因此应及时添注冷却液。加注时,先关闭发动机,待其冷却和系统内压力下降后才能后添加冷却液。添加冷却液时,注意切勿使液面超过膨胀水箱最高标记。

七、冷却液温度不正常的故障诊断与排除方法

冷却液温度是衡量整个冷却系统是否正常运行的重要指标,冷却液温度偏低或者偏高,都反映出冷却系统已出现故障,应及时检测并进行故障排除。下面具体以冷却液温度过低为例讲解该故障的诊断与排除方法。

故障现象：

(1)冬季运行中的汽车,在百叶窗完全关闭、冷却液温度表和冷却液温度传感器技术状况完好情况下,发动机达不到正常工作温度;

(2)发动机动力不足,油耗增加。

故障原因:

(1)冬季,汽车头部未套保温被或保温被覆盖不严;

(2)发动机两侧下部的挡风板失落或严重变形不起挡风作用;

(3)风扇离合器结合太早;

(4)节温器损坏。

故障诊断及排除:

(1)冬季,首先检查汽车头部的保温情况是否良好;

(2)打开发动机罩,检查发动机两侧下部的挡风板是否失落或变形;

(3)检查节温器、风扇离合器的工作情况,更换有故障的部件。

发动机过热的主要原因有两个方面:一是发动机产生的热量增加,二是冷却系统散热能力减弱。可以针对具体的故障表现,进行正确的检测诊断,发现问题,分析问题,并找出相应的解决办法。

8-1　发动机为什么要冷却?最佳冷却液温度范围一般是多少?

8-2　水冷却系中为什么要装节温器?什么叫大循环?什么叫小循环?

8-3　冷却系中冷却液温度过高或冷却液温度过低有哪些原因?

8-4　汽车上为什么要采用风扇离合器?试述硅油风扇离合器的工作原理。

8-5　如果蜡式节温器中的石蜡漏失,节温器将处于怎样的工作状态?发动机会出现什么故障?

【教学设计能力拓展训练五】

“汽车发动机五大系统”教学评价设计训练

一、教学评价设计

设计项目	内　容
1. 教学评价类别的选择	根据项目教学效果达成来确定,尽量多角色、层次全面确定评价学生的学习效果。一般分为个人自评、小组互评、教师评价等
2. 教学评价项目内容的选择	(1)依据项目的知识与能力目标具体任务。 (2)依据学生的情感、态度、价值观目标(体验性目标)着装是否规范5S工作、个人小组合作完成情况、遇到的困难如何解决等
3. 教学评价体系的重难点确定	依据项目的知识与能力目标来设计教学评价反馈内容的重难点,主要能客观评价学生对项目目标的学习掌握程度

二、任务引导

简介中职学校学生学习发动机水冷系统主要零部件检修的起点、教学设备、教学目标、教学内容、教学重点难点、学时分配等内容,以便学习者设计教学评价时参考。

1. 中职生的学情分析

文化基础知识薄弱,认知、记忆、思维能力较差,对授课内容难以理解,但渴望被人接纳和爱护,渴望得到别人的认可和称赞,渴望成功,形象思维丰富,好动,喜欢动手实践。

学习过发动机的基本组成和工作过程,对发动机结构原理有一定的了解。

2. 中职学校汽车发动机水冷系统检修教学环境

理论实践一体化教室:配置多媒体教学设备、学生查阅资料的电脑、课桌椅、充足的实训台架或教学整车等零部件、实训工具、课程资源库教学平台(配置相关视频、动画、图片、电子教材、作业单、练习题、考核表等)。

3. 中职学校汽车发动机水冷系统检修教学目标

1)知识目标

(1)能够叙述发动机冷却系统组成,作用及工作原理。

(2)明确发动机冷却系统的各部件安装位置、冷却液的流经路线及其检修。

2)能力目标

(1)对冷却系统的主要部件进行拆卸、检测和维修。

(2)对冷却系统的典型故障做出正确的诊断与排除。

4. 中职学校发动机水冷系统的检修教学内容与学时分配

任务 1	发动机水冷系统概述	1 课时
任务 2	发动机冷却系统的各部件安装位置、冷却液的流经路线	1 课时
任务 3	水冷系统的主要零部件的检修、更换。	4 课时

5. 中职学校发动机水冷系统检修教学重点、难点

(1)教学重点:水冷系统的主要零部件的检修、更换。

(2)教学难点:发动机过热的故障诊断。

6. 中职学校发动机水冷系统检修教学方法与教学流程

采用理论实践一体化教学,通常采用任务驱动教学法(12221 教学模式)。

12221 教学模式内容:学生完成 1 份任务引导文,学生观察老师操作 2 次,学生亲自操作 2 次,学生指导其他同学操作 2 次,学生完成 1 份作业工单。

(1)任务资讯:完成任务引导文,收集必要知识点(例如水冷系统的组成、作用,检查维修工具及设备名称等):课前预习加上课上听老师讲解后完成;

(2)布置学习任务:明确每个任务的目标和完成标准(每次课可以有多个细分的实训任务),比如水冷系统主要零部件可以细分拆装与检修等 2 个子任务;

(3)教师示范和讲解:教师根据任务的难易程度作必要的示范和讲解,比如水冷系统主要零部件的检查方法、拆装注意事项及安全等;

(4)任务实施:学生分组练习,教师巡逻指导→完成每个细分的任务(如果有多个细分的实训任务);

(5)任务检查:学生对照任务目标和完成标准组内自我检查、小组互评;

(6)任务考核与评价:教师每组抽考1~2个同学,根据各组任务完成情况进行点评小结(可以先让小组汇报后再点评)。

7. 中职学校发动机水冷系统检修教学评价

1)自我检测评价

(1)简述一般发动机冷却系统路路线。

(2)为什么水泵损坏会导致发动机过热?如何就车检查水泵是否损坏(节温器正常)?

(3)简述节温器的作用及其工作原理。

(4)综合评价

①着装是否规范?

评价情况:不规范□　　　　　　　规范□

②能否主动参与工作现场的清洁和整理工作?

评价情况:能□　　　　　　　　　否□

③工作页的填写情况。

评价情况:准时完成□　　　　　　未准时完成□

④完成本学习任务后,你对维修手册等资料的使用是否快速和规范。

评价情况:不规范□　　　　　　　规范□

⑤你在完成、实训任务过程中遇到的困难是什么?怎样解决的?

⑥你能对冷却系统的主要部件进行拆卸、检测和维修吗?

独立完成□　　　小组合作完成□　　　在老师的指导下完成□

⑦对类似的学习任务应如何做到触类旁通并进行改善从而提高学习效果?

2)小组评价

(1)工作页的填写情况:准时完成□　未准时完成□

(2)主动与组内其他成员积极沟通并协助其他成员共同完成学习任务?

(3)零件、工具和油污有没有落地,有无保持作业现场的整洁。

评价情况:____

____

(4)升降汽车举升器和起动发动机实训台架时,有无进行安全检查并警示其他同学?

评价情况:____

____

学习的主动性和独立性?

评价情况:____

____

3)教师评价

教师总体评价:____

____

教师签名:____________日期:____________

三、发动机水冷系统检修教学评价设计任务单

全班分成4～6个设计小组，每组选择单元内的一个任务进行教学评价设计。

<table>
<tr><td>组别</td><td></td><td>设计任务</td><td></td></tr>
<tr><td>设计项目</td><td colspan="2">内　容</td><td>选取依据分析</td></tr>
<tr><td>1. 教学评价类别的选择</td><td colspan="2"></td><td></td></tr>
<tr><td>2. 教学评价项目内容的选择</td><td colspan="2"></td><td></td></tr>
<tr><td>3. 教学评价体系的重点确定</td><td colspan="2"></td><td></td></tr>
<tr><td>展示评价</td><td colspan="3">各组采用海报、PPT 等形式展示本组的设计成果</td></tr>
</table>

四、发动机水冷系统检修教学评价设计评分标准

序号	项　目	内　容	分　值	得　分
1	教学目的	根据课程大纲要求，教学目的明确	10	
2	教学评价类别的选择	教学效果评价类别确定合理； 角色、层次评价客体全面科学	15	
3	教学评价项目内容的选择	项目的知识与能力目标，学生的情感、态度、价值观目标（体验性目标）等的评价能充分体现。	40	
4	教学评价项目重点	教学评价侧重点明确	20	
6	格式与表达	设计格式规范，表达清晰流畅	15	
总　分			100	

项目九　发动机起动系统

知识目标

通过系统学习发动机起动系统，要求学生掌握以下知识：

1. 掌握发动机起动条件、起动方式。
2. 掌握发动机冷态起动的辅助装置的结构和原理。
3. 掌握起动机主要部件的结构和工作原理。
4. 掌握典型车用起动机的结构及工作原理。

能力目标

通过系统学习发动机起动系统，要求学生具备以下能力：

1. 熟悉发动机起动系统主要零部件的结构及工作原理。
2. 熟悉发动机起动系统主要部件的检修。

任务一　起动系统概述

为了使静止的发动机进入工作状态，必须首先依靠外力作用带动发动机曲轴旋转，使活塞开始上下往复运动，汽缸内吸入可燃混合气，并将其压缩、点燃，体积迅速膨胀产生强大的动力，推动活塞运动并带动曲轴旋转，发动机才能自动地进入工作循环。待发动机正常工作后，起动系统关闭，切断外力作用。发动机的曲轴在外力作用下开始转动到发动机自动怠速运转的全过程，称为发动机的起动过程。完成起动所需要的机械和电气装置统称起动系统（图 9-1）。

一、起动条件

为了保证发动机正常顺利起动，必须满足以下两个基本条件：

1. 起动转矩

能够使曲转旋转必须克服压缩阻力和内摩擦阻力，克服这些阻力所需的最低转矩称为起动转矩。根据力矩平衡，起动力矩数量上应该等于或大于起动阻力矩，起动阻力矩与发动机压缩比、温度及机油黏度等有关。

2. 起动转速

能使发动机起动的曲轴最低转速称为起动转速，车用汽油发动机在温度为 0 ~ 20℃时，最低起动转速一般为 30 ~ 40r/min；柴油机的起动转速更高，一般为 150 ~ 300r/min。为了使发动机能在更低的温度下迅速起动,要求起动转速不低于 50 ~ 70r/min。若起动转速过低,压缩行程内的热量损失过多,气流的流速过低,将使汽油雾化不良,导致汽缸内的混合气不易着火。

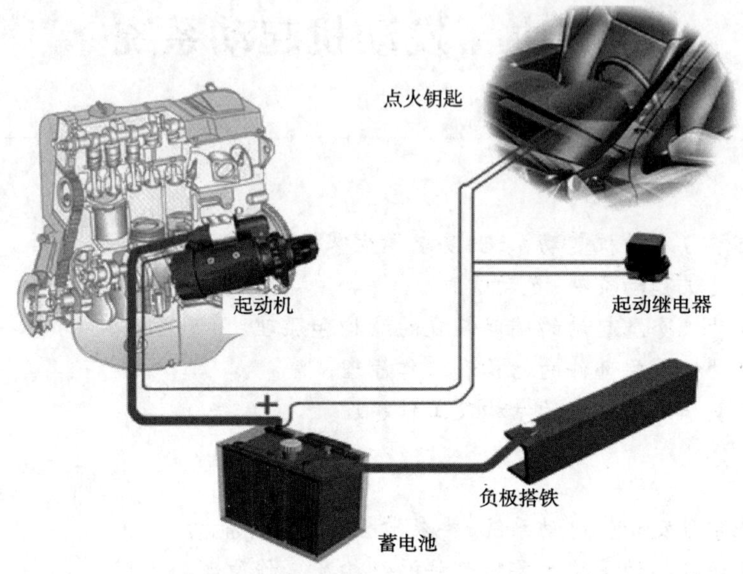

图 9-1　发动机起动系统

二、起动工作原理及起动方式

1. 起动工作原理

以电力起动机为例,起动时,接通起动开关给起动机电路通电,继电器吸引线圈和保持线圈通电,产生很强的磁力吸引铁芯,并带动驱动杠杆绕其销轴转动,使齿轮移出与飞轮齿圈啮合。与此同时,由于吸引线圈的电流通过电动机的绕组,电枢开始转动,齿轮在旋转中移出,减小冲击。当铁芯移动到使短路开关闭合的位置时,短路线路接通,吸引线圈被短路,失去作用,保持线圈所产生的磁力足以维持铁芯处于开关吸合的位置。

2. 起动方式

发动机常用的起动方式有人力起动、辅助汽油机起动和电力起动机起动等多种形式。

(1)人力起动:即手摇起动或绳拉起动。其结构十分简单,主要用于大功率柴油机的辅助汽油机的起动,或在有些装备中、小功率汽油发动机的车辆上作为后备起动装置。

(2)辅助汽油机起动:起动装置的体积大、结构复杂,只用于大功率柴油发动的起动。

(3)电力起动机起动:以电动机作为动力源。当电动机轴上的驱动齿轮与发动机飞轮周缘上的环齿啮合时,电动机旋转所产生的电磁转矩,通过飞轮传递给发动机的曲轴,使发动机起动。电力起动机以蓄电池为电源,结构简单、操作方便、起动迅速可靠。目前,几乎所有的汽车发动机都采用电力起动机起动。

三、冷起动辅助装置

发动机在严寒冬季起动困难,柴油机起动更难。这是由于外界环境温度低,机油黏度增高，起动阻力矩增大，蓄电池工作能力降低，以及燃油雾化性能变坏的缘故。为保证发动机在冷态下正常起动，在冬季应设法将进气、润滑油和冷却水预热。车用柴油机为了能在低温下迅速可靠的起动，常采用一些用以改善燃料着火条件和降低起动转矩的起动辅助装置，如电热塞、进气预热器、起动液喷射装置以及减压装置等。

1. 电热塞

一般在采用涡流室式或预燃室式燃烧室的发动机中装有电热塞，以便在冷起动时对燃烧室内的空气进行预热。螺旋形的电阻丝一端焊于中心螺杆上，另一端焊在耐高温不锈钢制造的发热钢套底部，在钢套内装有具有一定绝缘性能、导热好、耐高温的氧化铝填充剂。各电热塞中心螺杆用导线并联，并连接到蓄电池上。在发动机起动以前，先用专用的开关接通电热塞电路，很快红热的发热钢套使汽缸内空气温度升高，从而提高了压缩终了时的空气温度，使喷入汽缸的柴油更易着火。常用的电热塞有开式电热塞、密封式电热塞等多种形式。图 9-2 所示为密封式电热塞的结构示意图。

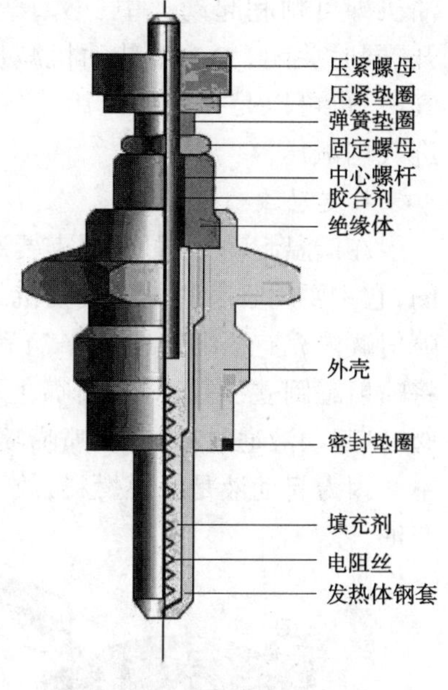

图 9-2 密封式电热塞

2. 进气预热器

为了改善发动机的起动性能，一些化油器式发动机的进气道上装有进气预热装置。它在进气温度或冷却液的温度低于某一定值时通电，使进气管中的空气迅速加热，以利于发动机起动和混合气燃烧。进气预热装置一般由电混合气预热器、进气预热温控开关、进气预热继电器等组成。

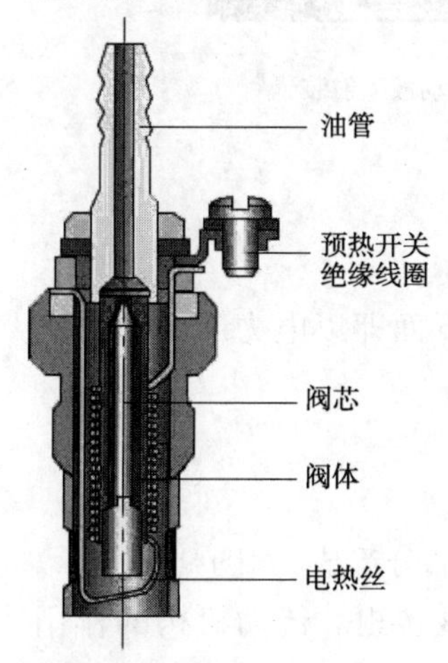

图 9-3 进气预热器

图 9-3 为进气预热器装置，其空心阀体由膨胀系数较大的金属材料制成。其一端与进油管接头相连，另一端有内螺纹与一端带有外螺纹的阀芯相连。阀芯的锥形端在预热器不工作时将油管接头的进油口堵塞。阀体外绕有外表面绝缘的电热丝。柴油机起动时，接通预热器电路后，电热丝发热，同时加热阀体，阀体受热伸长，带动阀芯移动，使阀芯的锥形端离开进油孔。燃油流进阀体内腔受热气化，从阀体的内腔喷出，并被炽热的电热丝点燃生成火焰喷入进气管，使进气得以预热。当关闭预热开关时，电路切断，电热丝变冷，阀体冷却收缩，其锥形端又堵住进油孔而截止燃油的流入，于是火焰熄灭，预热停止。

3. 起动减压装置

为了降低起动力矩，提高发动机转速，在某些车用柴油机上采用减压装置。图 9-4 所示为起动减压装置的组成和工作示意图。当发动机起动时，首先通过手柄驱使调整螺钉旋转，并略微顶开气门，以降低初始压缩阻力，这样起动机转动曲轴比较容易。当曲轴转动起来后，各零件工作表面温度升高，润滑油黏度降低,摩擦阻力减小,从而降低了起动阻力矩。这时将手柄扳回原来位置,柴油机即可顺利起动。中、小型柴油机一般采用同步式的联动机构,即各减压气门同时打开、同时关闭,大功率柴油机减压装置的联动机构一般为分级式。减压的气门可以是进气门,也可以是排气门。用排气门减压会吸入炭粒,加速机件的磨损,因此,一般多采用进气门减压。

4. 起动液喷射装置

在低温起动时,可根据需要装用起动液喷射装置。图 9-5 所示为起动液喷射装置示意图,它主要用于某些柴油发动机的起动预热。在柴油机进气管内安装一个喷嘴,起动液压力喷射罐内充有压缩气体(氮气)和易燃燃料(乙醚、丙酮、石油醚等)。当低温起动柴油机时,将喷射罐倒立,罐口对准喷嘴上端的管口。轻压起动液喷射罐,即打开喷射罐口处的单向阀,则起动液通过单向阀、喷嘴喷入柴油机进气管,并随同进气管内的空气一起被吸入燃烧室。因为起动液是易燃燃料,故可在较低的温度和压力下迅速着火,从而点燃喷入燃烧室的柴油。

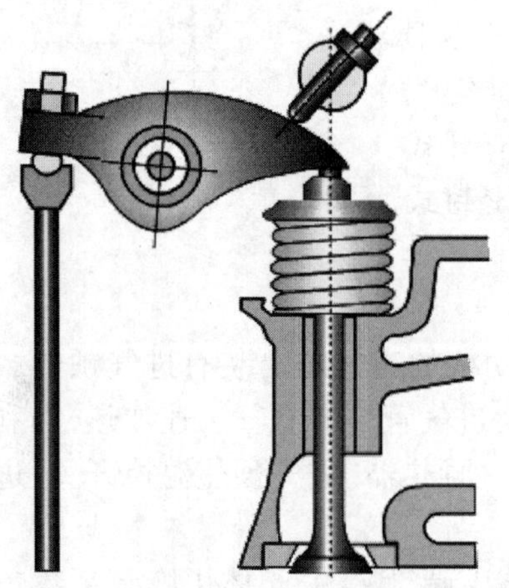
图 9-4 起动减压装置

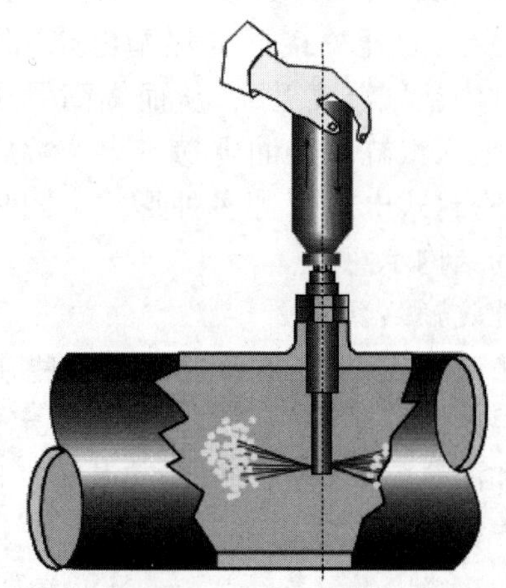
图 9-5 起动液喷射装置

任务二 起动机主要部件

用电力起动机起动发动机几乎是现代汽车唯一的起动方式。下面即以电力起动机为例来讲解其主要的结构组成。

一、起动机的组成

起动机俗称“马达”,由直流电动机、传动机构和控制装置三大部分组成,如图 9-6 所示。直流电动机的作用是将蓄电池输入的电能转换为机械能,产生电磁转矩。传动机构的作用是利用驱动齿轮啮合发动机飞轮齿圈,将直流电动机的电磁转矩传给曲轴,发动机起动后迅速切断曲轴与电动机之间的动力传递。控制装置的作用是接通或切断起动机与蓄电池之间的主电路,并使驱动齿轮进入或退出与飞轮齿圈的啮合。有些起动机控制机构还有副开关,能在发动机起动时,使点火线圈的附加电阻短路,以增大起动时的点火能量。

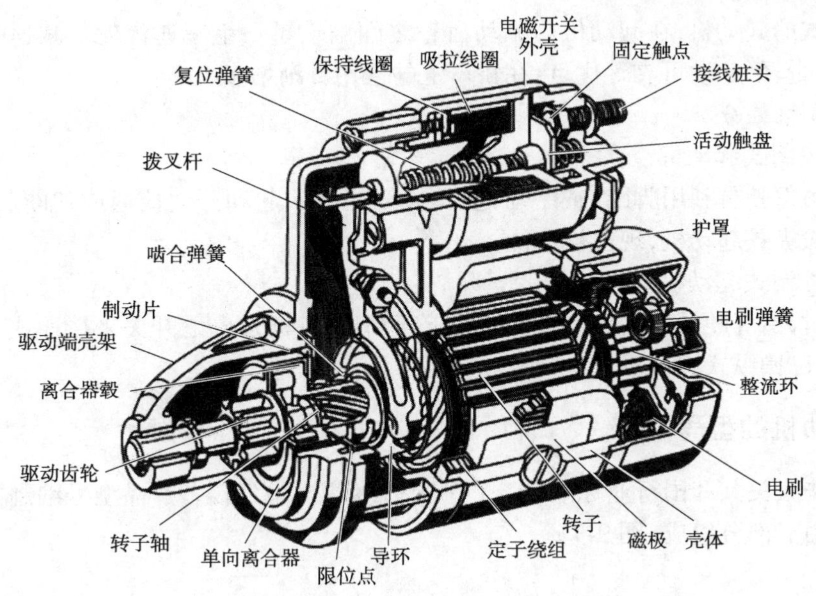

图9-6 起动机组成

二、起动机的分类

1. 按驱动齿的啮合方式分类

1）惯性啮合式起动机

惯性啮合式起动机，起动时依靠离合器旋转的惯性力产生的轴向移动，使驱动齿轮啮入和退出飞轮齿圈。其工作可靠性较差，因此现很少采用。

2）电枢移动式起动机

起动机不工作时，起动机的电枢与磁极错开。接通起动开关起动发动机时，在磁极磁力的作用下，整个电枢连同驱动齿轮移动与磁极对齐的同时，驱动齿轮与飞轮环齿进入啮合。发动机起动后，切断起动开关，磁极退磁，电枢轴连同驱动齿轮退回，脱离与飞轮的啮合。电枢移动式起动机其结构较为复杂，在欧洲国家生产的柴油机上应用较多。

3）齿轮移动式起动机

齿轮移动式起动机，起动时靠电磁开关推动电枢轴孔内的啮合杆，使小齿轮啮入飞轮齿圈。齿轮移动式其结构也比较复杂，一般用于大功率的起动机。

4）强制啮合式起动机

接通起动开关，驱动齿轮靠杠杆机构的作用沿电枢轴移出，与飞轮环齿啮合，使发动机起动；发动机起动后，切断起动开关，驱动齿轮在复位弹簧的作用下退回，脱离与飞轮环齿的啮合。强制啮合式起动机结构简单，工作可靠，操纵方便，应用最为广泛。

2. 按传动机构分类

1）非减速起动机

非减速起动机是在起动机与驱动齿轮之间直接通过单向离合器传动。一直以来，汽车上使用的起动机的传动机构都是这种结构。

2）减速式起动机

这种形式的起动机，在起动机与驱动齿轮之间增设了一组减速齿轮。减速机构具有结构尺寸小、重量轻、起动可靠等优点，在轿车上的应用日渐增多。

3. 按控制装置分类

1）机械控制式起动机

起动时由驾驶员利用脚踏（或手动）直接操纵机械式起动开关接通或切断起动电路，通常称为直接操纵式起动机，现已被淘汰。

2）电磁控制式起动机

在起动时，由驾驶员旋动点火开关或按下起动按钮，通过电磁开关来接通或切断起动电路，也称为电磁操纵式起动机。

三、起动机的型号

根据中华人民共和国行业标准 QC/T73—1993《汽车电气设备产品型号编制方法》规定，起动机型号由五部分组成（图 9-7）。

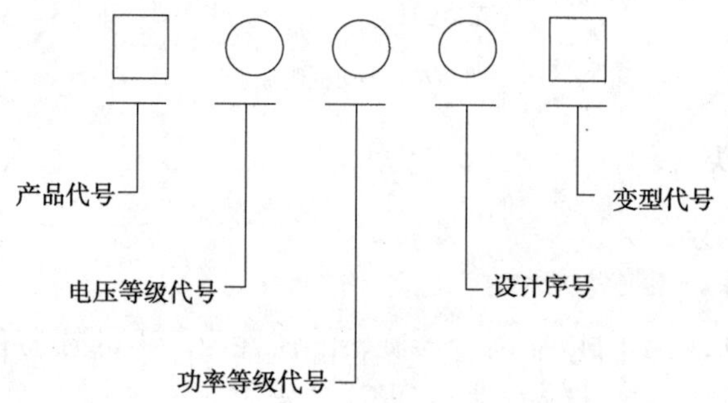

图 9-7　起动机型号

第一位为产品代号：QD—起动机；QDJ—减速起动机；QDY—永磁起动机。第二位为电压等级代号，用一位阿拉伯数字表示：1—12V；2—24V；6—6V。第三位为功率等级代号，用一位阿拉伯数字表示，具体含义见表 9-1。第四位为设计序号，按产品设计先后顺序，用阿拉伯数字表示。最后一位为变形代号。例如：QD124 表示额定电压为 12V，功率为 1 ~ 2kW，第四次设计的起动机。

起动机功率等级代号　　表 9-1

功率等级代号	1	2	3	4	5	6	7	8	9
功率/kW	<1	1 ~ 2	2 ~ 3	3 ~ 4	4 ~ 5	5 ~ 6	6 ~ 7	7 ~ 8	>8

四、直流电动机

起动机的直流电动机主要由转子、定子、换向器、电刷及端盖等组成，如图 9-8 所示。

1. 转子

转子俗称“电枢”，由电枢轴、铁心、电枢绕组和换向器等组成。转子的作用是产生电磁转矩。典型起动机转子结构如图 9-9 所示。转子铁芯由硅钢片叠成后固定在转子轴上，铁芯外围均匀开有线槽，用以镶嵌转子绕组，转子绕组由较大矩形截面的铜带或粗铜线绕制而成。

在铁芯线槽口两侧，用轧线将转子绕组挤紧，以防转子因高速旋转的惯性作用将绕组甩出，转子绕组的端头均匀地焊在换向片上。为防止绕组短路，铜线与铜线及铜线与铁芯之间用性能良好的绝缘纸隔开。换向器由铜片和云母叠压而成，压装于电枢轴前端，铜片之间及铜片与轴之间也有良好的绝缘，换向片与线头采用锡焊连接。转子轴驱动端制有螺旋形花键，用以套装传动机构中的单向离合器。转子与定子铁芯须有一定的间隙(又称气隙)，普通起动机一般为0.5～0.8mm，减速型起动机为0.4～0.5mm。

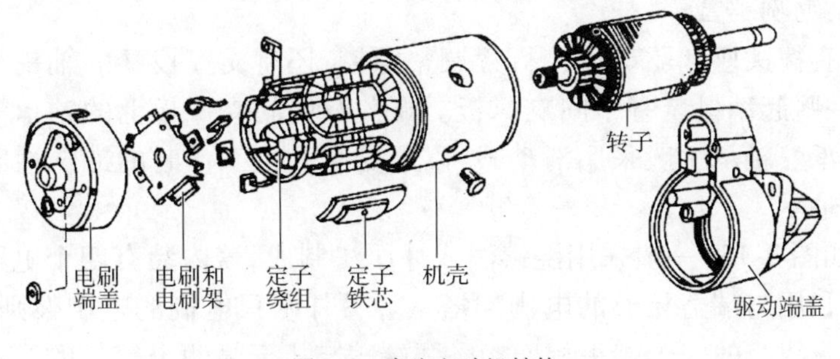

图9-8　直流电动机结构

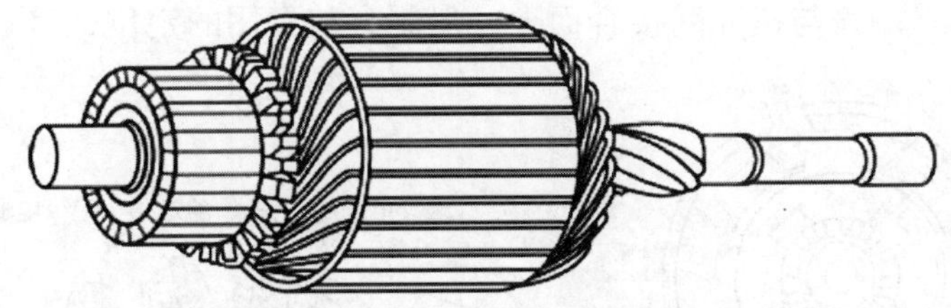

图9-9　直流电动机转子

2. 定子

定子俗称“磁极”，其作用是产生磁场，分励磁式和永磁式两类。增大转矩，汽车起动机通常采用四个磁极。两对磁极相对交替安装，为定子与转子铁心形成的磁力线回路如图9-10所示，低碳钢板制成的机壳是磁路的一部分。

1)励磁式定子

励磁式电动机定子的铁芯用低碳钢制成，其结构如图9-11所示，用沉头螺钉紧固在机壳上。励磁绕组由扁铜带或粗铜线绕制而成，每组匝数一般为6～10匝；线间用绝缘纸绝缘，绕组用白布包扎后浸透绝缘，然后刷漆烘干。励磁绕组与转子串联，故称串励式电动机。其串接方法如图9-12所示，先将励磁绕组两两串联后再与电枢(转子)绕组串联。

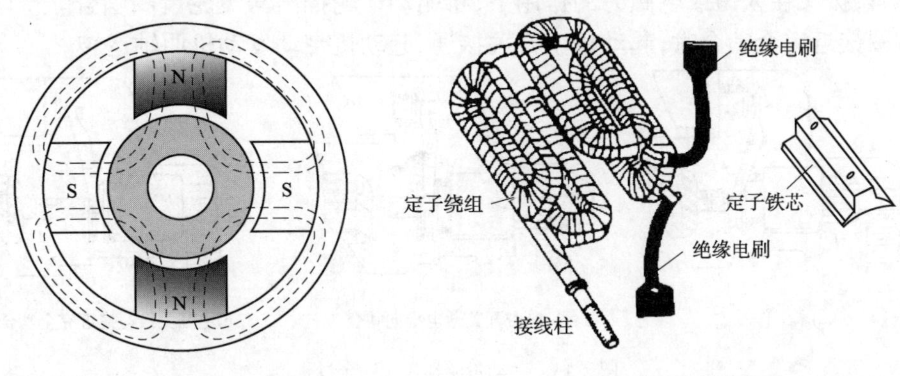

图9-10　定子磁场与回路　　图9-11　励磁式电动机定子

2）永磁式定子

永磁式定子，是在起动机机壳内表面粘接或用片弹簧固装条形永久磁铁，可节省材料，电动机磁极的径向尺寸小，在输出特性相同的情况下，其质量比励磁定子式电动机可减轻30%以上。因永磁材料性能及结构尺寸的限制，永磁式电动机的功率一般不大于2kW。

3. 驱动端盖、电刷端盖

驱动端盖上有拨叉座和驱动齿轮行程调整螺钉，还有支撑拨叉的轴销孔。为了避免电枢轴弯曲变形，一些起动机装有中间支撑板。端盖及中间支撑板上的轴承多用青铜石墨轴承或铁基含油轴承。轴承一般采用滑动式，以承受起动机工作时的冲击性载荷。有些减速型起动机采用球轴承。

电刷端盖（如图9-13）一般采用浇铸法或冲压法制成，盖内装有四个电刷架及电刷。其中两只搭铁电刷利用与端盖相通的电刷架搭铁。另外两只电刷的电刷架则与端盖绝缘，绝缘电刷引线与励磁绕组的一个端头相连接。两端盖与机壳靠两个较长的穿心连接螺栓将起动机组成一个整体。端盖与机壳间接合面上一般制有装配用的定位记号。

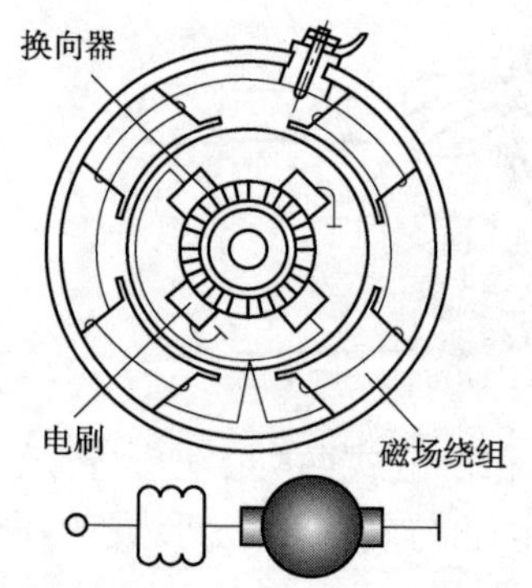

图9-12　串励式电动机内部线路

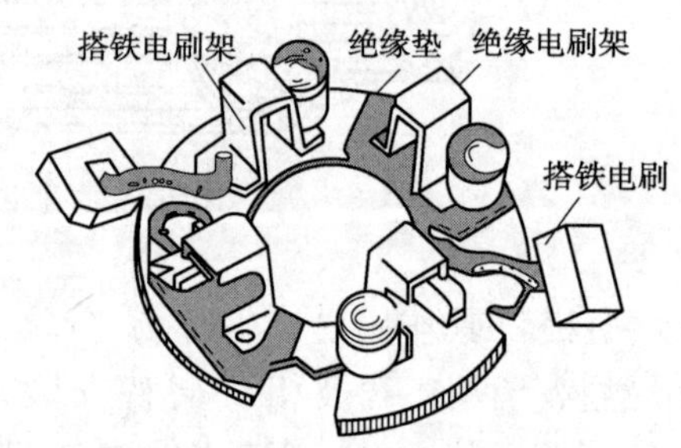

图9-13　电刷端盖

五、起动机的传动机构

起动机的传动机构，包括驱动齿轮的单向离合器和拨叉两部分，减速起动机的传动机构还包括减速装置。驱动齿轮与飞轮的啮合一般是靠拨叉强制拨动完成，如图9-14所示。当需要起动时，拨叉在人力或电磁力的作用下，将驱动齿轮推出与飞轮齿圈啮合。待驱动齿轮与飞轮齿圈接近完全啮合时，起动机主开关接通，起动机带动发动机曲轴运转。

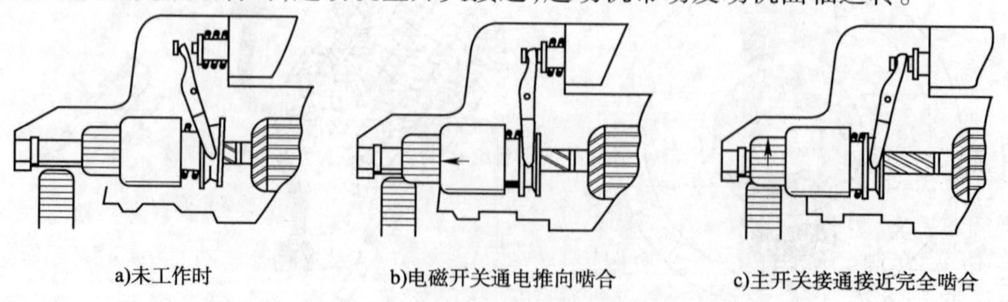

图9-14　起动机驱动齿轮啮合过程

发动机起动后,如果驱动齿轮仍处于啮合状态,则单向离合器打滑,小齿轮在飞轮带动下空转,电动机处于空载下旋转,避免了被飞轮反拖电动机高速旋转的危险。起动完毕后,关闭起动电源,起动机拨叉在复位弹簧的作用下回位,带动驱动小齿轮退出与飞轮齿圈的啮合。起动机传动机构的单向离合器主要有滚柱式、摩擦片式和弹簧式三种结构形式。

1. 滚柱式单向离合器

滚柱式单向离合器是通过改变滚柱在楔形槽中的位置实现接合和分离的。按其结构不同分为十字块式和十字槽式两种。十字块式滚柱式单向离合器的结构如图 9-15 所示。单向离合器外壳与驱动齿轮连为一体,离合器外壳和十字块装配后形成四个楔形槽,槽中有四个滚柱,滚柱的直径大于槽窄端而小于槽的宽端,弹簧将滚柱推向槽的窄端,使得滚柱与十字块及外壳表面有较小的摩擦力。十字块与传动套筒刚性连接,传动套筒安装在电枢轴的花键部位,使单向离合器总成可作轴向移动和随轴转动。

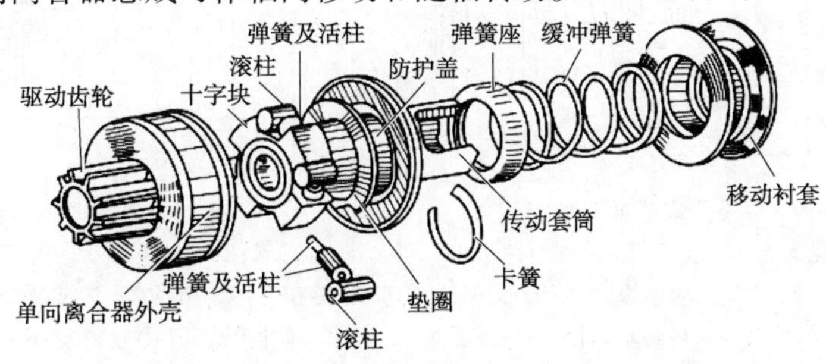

图 9-15　滚柱式单向离合器

起动时,拨叉通过移动衬套推动单向离合器总成作轴向移动,使驱动齿轮啮合飞轮齿圈的同时,电枢轴通过花键带动传动套筒、十字体旋转,滚柱被挤到楔形槽的窄端,并越挤越紧,使十字块与驱动小齿轮形成一体,电动机电磁转矩传给了驱动齿轮,如图 9-16 所示。发动机起动后,发动机飞轮带动驱动齿轮旋转,从而离合器外壳的转速高于十字块,滚柱被推到楔形槽宽端而打滑,防止了发动机飞轮带动起动机电枢高速旋转,避免造成电枢飞散事故。

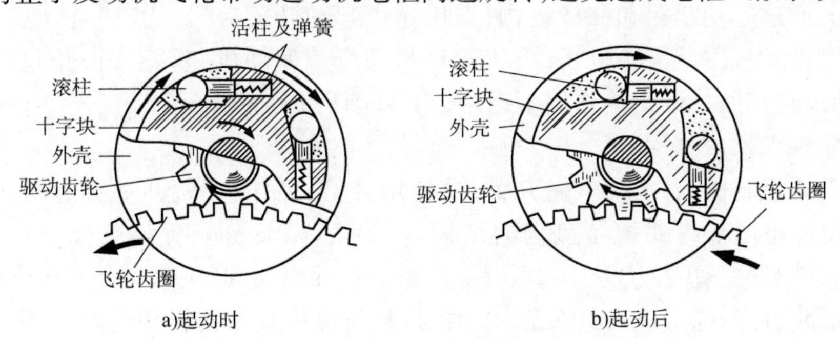

图 9-16　滚柱式单向离合器工作原理

2. 摩擦片式单向离合器

摩擦片式单向离合器的结构如图 9-17 所示。离合器的传动套筒内花键与电枢花键轴相连接,传动套筒外圆与内接合鼓通过花键连接。内接合鼓外圆上有凹槽,与主动摩擦片的内突齿相配合。从动摩擦片有外突齿,插入外接合鼓的槽中,外接合鼓与驱动齿轮连为一体。在传动套筒上自左向右还装有弹性垫圈、卡环和调整垫圈,端部用限位螺母作轴向固定。

3. 弹簧式单向离合器

弹簧式单向离合器的结构如图 9-18 所示。驱动齿轮松套在传动套筒上,月形键限制了驱动齿轮和传动套筒的轴向移动,但不妨碍其相对转动。扭力弹簧包在驱动齿轮轮毂和传动套筒的外圆表面,扭力弹簧两端各有 1/4 圈内径较小,并分别箍紧在齿轮柄和套筒上,扭力弹簧外装有护套。

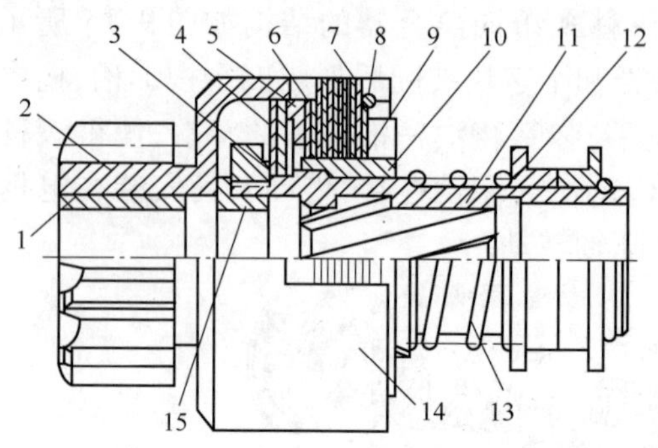

图 9-17 摩擦片式单向离合器

1-衬套;2-驱动齿轮;3-限位螺母;4-弹性垫圈;5-压环;6-调整垫圈;7-从动摩擦片;8-卡环;9-主动摩擦片;10-内接合鼓;11-传动套筒;12-移动衬套;13-缓冲弹簧;14-外接合鼓;15-限位套

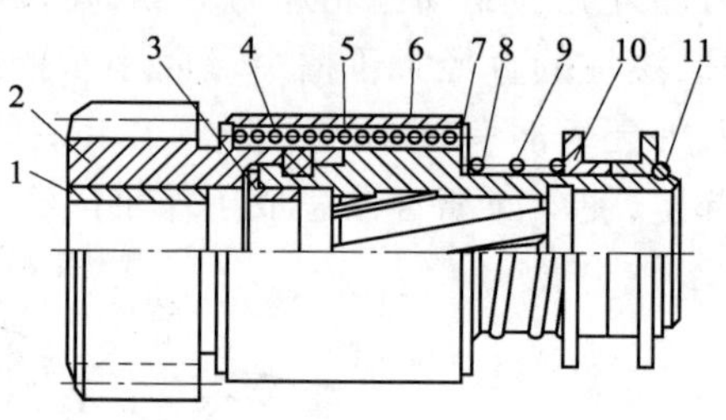

图 9-18 弹簧式单向离合器

1-衬套;2-驱动齿轮;3-挡圈;4-月形圈;5-扭力弹簧;6-护套;7-垫圈;8-传动套筒;9-缓冲弹簧;10-移动衬套;11-卡簧

六、起动机的控制机构

起动机的控制机构也称为操纵机构,其作用是控制起动机主电路的通、断和驱动齿轮的啮合与分离。起动机的控制机构分为直接操纵式和电磁操纵式两种。

1. 直接操纵式控制机构

由驾驶员通过起动踏板和杠杆机构,直接操纵起动开关,接通起动机的主电路,并通过起动机内的传动叉将驱动齿轮推出,与飞轮环齿啮合。发动机起动后,松开起动踏板,起动机断电,驱动齿轮在回位弹簧的作用下退回,与飞轮环齿脱离啮合。

2. 电磁操纵式控制机构

电磁操纵式控制机构,俗称电磁开关,其使用方便,工作可靠,并适合远距离操纵,所以目前应用广泛。电磁操纵式控制机构的结构,主要由吸引线圈、保持线圈、活动铁芯、接触盘、触点(主接线柱)等组成,如图 9-19 所示。对于汽油机用起动机,电磁开关内还有点火线圈附加电阻短路触点,通过电磁开关壳体的接线柱与点火线圈初级相连。

起动发动机时,接通总开关,按下起动按钮,吸拉线圈和保持线圈的电路被接通,其电流通路为:蓄电池正极→主接线柱→电流表→总开关→起动按钮→接线柱→吸拉线圈→主接线柱→电动机保持线圈→搭铁→蓄电池负极。发动机起动后,在松开起动按钮的瞬间,吸拉线圈和保持线圈是串联关系,两线圈所产生的磁通方向相反,互相抵消,于是活动铁心在复位弹簧的作用下迅速回位,使驱动齿轮退出啮合,接触盘在其右端小弹簧的作用下脱离接触,主开关断开,切断了起动机的主电路,起动机停止运转。

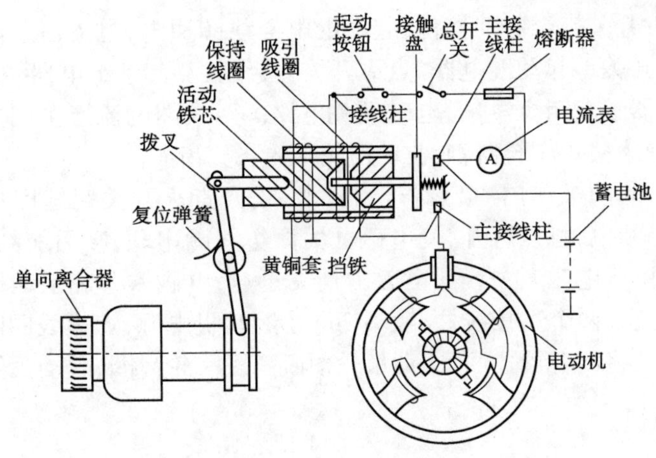

图 9-19 电磁操纵式控制机构

任务三 典型起动机实例

用电力起动机起动发动机几乎是现代汽车唯一的起动方式。下面简单介绍几款典型的起动机。

一、电磁控制强制啮合式起动机

东风 EQ1090 汽车用 QD124 型起动机是一种起动继电器控制的强制啮合式起动机。传动机构采用滚柱式离合器，为提高转子轴的刚度加装了中间轴承支撑板，在控制电路中装有一个起动继电器，起动机由点火开关控制。起动机控制电路如图 9-20 所示。

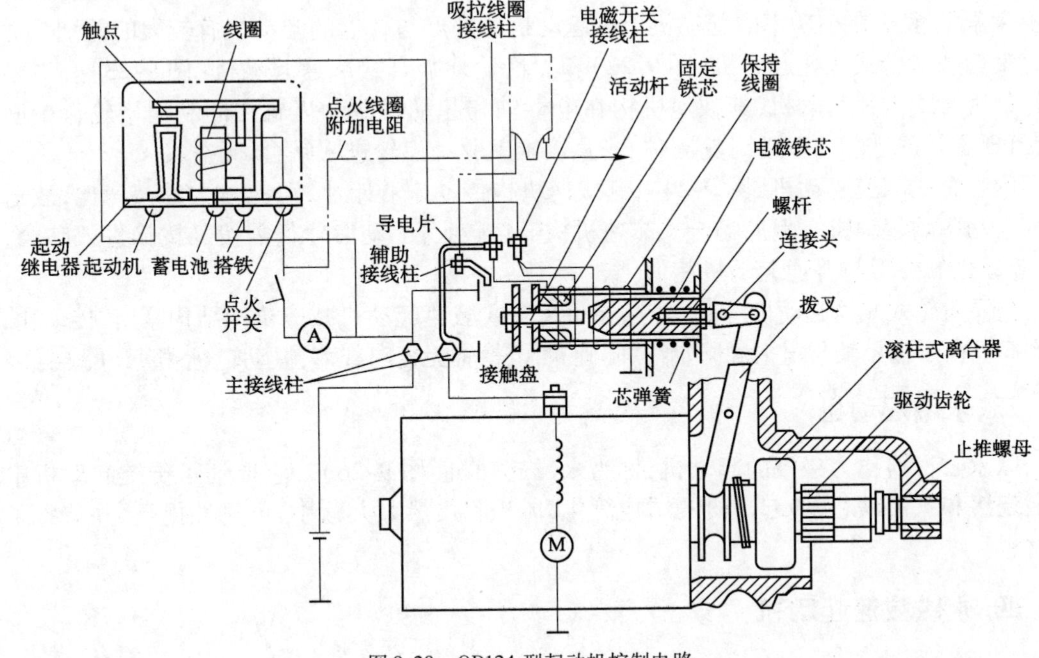

图 9-20 QD124 型起动机控制电路

起动时,将点火开关旋至起动挡位,起动继电器线圈通电,电流由蓄电池正极经主接线柱→电流表→点火开关→起动继电器"点火开关"接线柱→起动继电器线圈→搭铁流回蓄电池负极。起动继电器触点闭合,接通电磁开关电路。两线圈电流产生同方向电磁力将电磁铁芯吸入,拨叉推动滚柱式离合器,使驱动齿轮啮入飞轮齿圈。

发动机起动后,起动机单向离合器开始打滑,松开点火开关钥匙即自动转回到点火挡位,起动继电器线圈断电,触点跳开,使电磁开关两个线圈串联,吸引线圈流过反向电流,加速电磁力的消失。由于电磁开关线圈电磁力消失迅速,电磁铁芯和活动杆在复位弹簧作用下返回。接触盘先离开两个主接线柱,触头切断了起动机电源,点火线圈附加电阻也随即接入点火系。同时拨叉将离合器拨回,驱动齿轮便脱离了飞轮齿圈,起动机停止工作。

二、减速起动机

在起动机的电枢轴与驱动齿轮之间装有齿轮减速器的起动机,称为减速起动机。在起动机中采用高速、低转矩的直流电动机时,在电动机的电枢轴与驱动齿轮之间安装齿轮减速器,可以在降低电动机转速的同时提高其转矩。减速起动机的齿轮减速器主要有外啮合式、内啮合式、行星齿轮式等三种不同形式(图 9-21)。

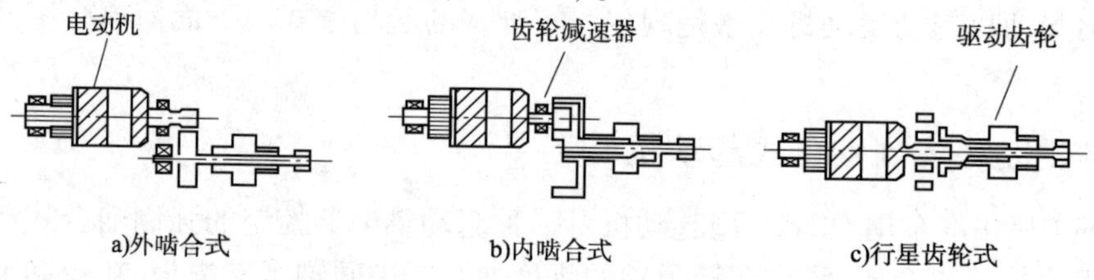

图 9-21 减速起动机的传动方式

外啮合式减速机构的传动中心距较大,因此受起动机构的限制,其减速比不能太大,一般不大于5,多用在小功率的起动机上。起动机的外形与普通的起动机有较大的差别。通常分有惰轮外啮合式减速起动机(图 9-22)和无惰轮外啮合式减速起动机(图 9-23)。对于有惰轮外啮合式减速起动机,其减速机构在电枢轴和起动机驱动齿轮之间利用惰轮作中间传动,且电磁开关铁芯与驱动齿轮同轴心,直接推动驱动齿轮进入啮合,无需拨叉。

内啮合式减速起动机(图 9-24),其减速机构传动中心距小,可有较大的减速比,故适用于较大功率的起动机。但内啮合式减速机构噪声较大,驱动齿轮仍需拨叉拨动进入啮合,因此,起动机的外形与普通起动机相似。

行星齿轮式减速起动机(图 9-25),行星齿轮式减速起动机减速机构结构紧凑、传动比大、效率高。由于输出轴与电枢轴同轴线、同旋向,电枢轴无径向载荷,振动轻,整机尺寸减小。

三、永磁起动机

以永磁材料作为磁极的起动机,称为永磁起动机(图 9-26)。它取消了传统起动机中的励磁绕组和磁极铁芯,使起动机的结构简化,体积和质量大大减小,可靠性提高,并节省了金属材料。

四、永磁减速起动机

采用高速低转矩的永磁电动机,并在驱动齿轮与电枢轴之间安装齿轮减速器的起动机,称为永磁减速起动机(图9-27)。永磁减速起动机的体积和质量可以进一步减小,目前已得到广泛应用。

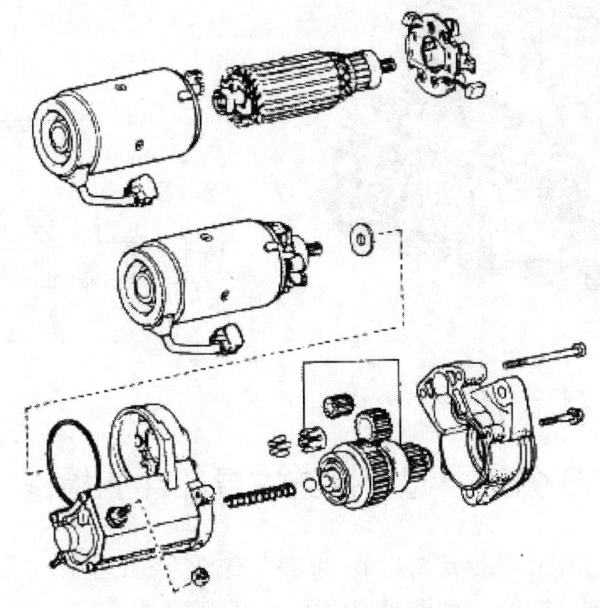

图9-22　有惰轮外啮合式减速起动机

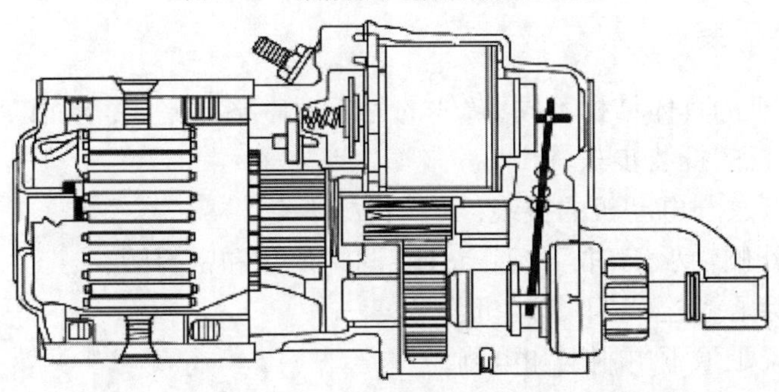

图9-23　无惰轮外啮合式减速起动机

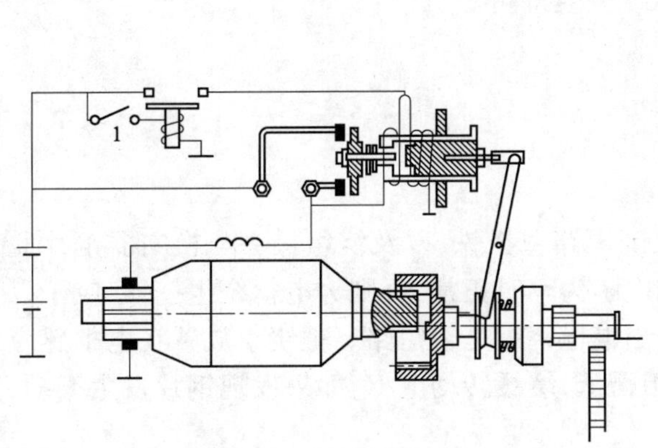

图9-24　内啮合式减速起动机

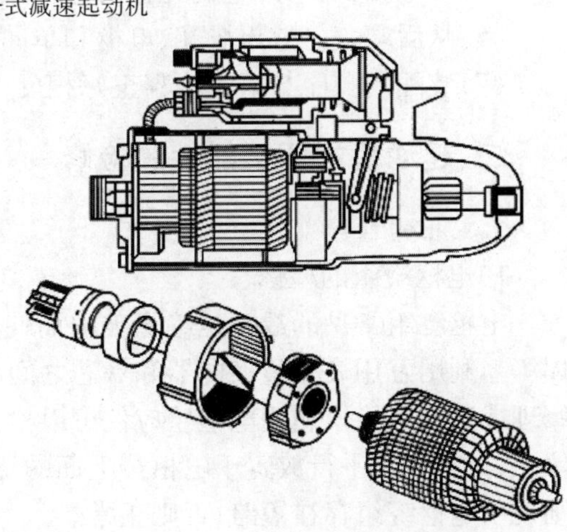

图9-25　行星齿轮式减速起动机

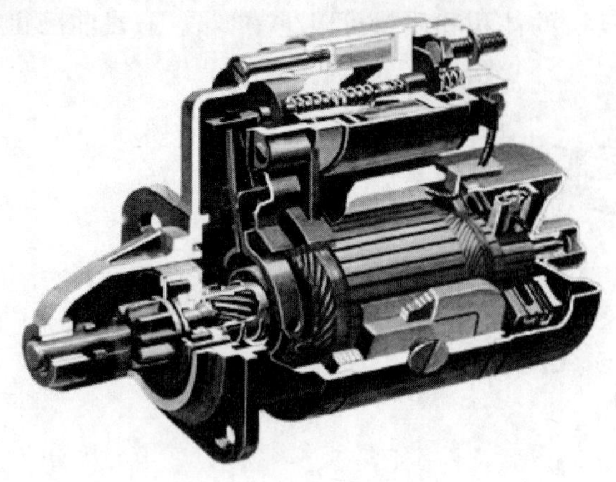

图 9-26　永磁起动机

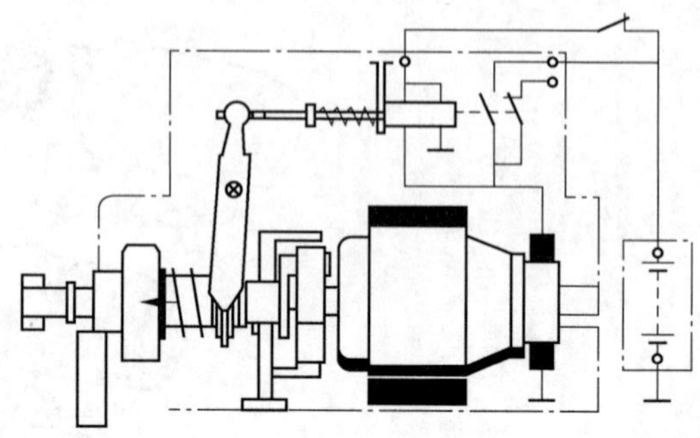
图 9-27　永磁减速起动机

任务四　起动系统主要部件的检修

起动系的性能与使用和维护密切相关，为了提高起动系的工作可靠性，延长起动机的使用寿命，必须严格遵守操作规程，做到正确使用、合理维护。

一、起动机的拆装

由于各种起动机的具体结构不同，解体的先后顺序略有差异，下面以“桑塔纳”轿车起动机为例来说明起动机的拆装步骤。

(1)拆下电磁开关与电动机的接线，取下电磁开关；

(2)拆下前盖外侧轴承盖，取下锁止垫圈、调整垫片和密封圈；

(3)拆下两根穿心螺栓，取下起动机前盖；

(4)从电刷托架上取下电刷架和电刷；

(5)使电动机壳体、电刷托板与电枢及后端盖分离；

(6)从后端盖上取出拨叉、电枢和单向离合器；

(7)装配的顺序与解体步骤正好相反，依次安装即可。

二、起动机主要零部件的检修

1. 电枢的检修

1)电枢绕组的检修

电枢绕组常见的故障是绝缘破损而使匝间短路或搭铁，以及绕组接头与换向器铜片脱焊等。利用万用表测量换向器和铁芯之间的电阻为∞时正常，否则为电枢绕组搭铁，应予以修理或直接更换。利用电枢感应仪可以检查出电枢绕组是否短路。把绕组放置在电枢感应仪上，并将钢片平行放置于电枢最上面的绕组槽上，缓缓转动电枢，如果发现钢片发生振动，则说明电枢绕组存在短路，否则正常。

2)换向器的检修

换向器长期运行后,有可能出现表面烧蚀、脏污、云母片突出等故障。脏污或轻微烧蚀可用砂纸轻轻打磨即可,对于严重烧蚀或失圆情况应精车加工处理,但要保证加工后的换向器铜片厚度不得小于2mm。如果云母片高于换向器铜片,也应该车削修整。

3)电枢轴的检修

弯曲变形是电枢轴最常见的故障。检查电枢轴的径向跳动量,如果小于0.15mm视为正常,否则应予以校正或更换新的。

2.电刷、电刷弹簧和电刷架的检修

检查电刷的高度,一般不应低于标准的2/3,电刷的接触面积不少于75%,否则应修磨或更换。可用弹簧秤测量电刷弹簧的张力,测量值低于标准值的应予更换。电刷架应无松垮和歪斜现象,否则应予更换。同时,用万用表的欧姆挡检查绝缘电刷架的绝缘性。

3.单向离合器的检修

单向离合器驱动齿轮故障可用游标卡尺测量其齿厚和齿长,然后将测量值与标准值相比较,若不符合或者有明显的缺损和裂痕,应立即予以更换。单向离合器打滑故障可用扭力扳手检测其转矩大小,若测量值小于规定值,应予以更换。

4.轴承的检修

测量电枢轴轴颈外径与衬套内径之间的配合间隙,标准值为0.04~0.08mm,允许最大间隙为0.15~0.20mm。如果衬套磨损严重,间隙超过规定值,应更换衬套并重新铰配。

5.电磁开关的检修

对于电磁开关吸引线圈和保持线圈,其断路、短路以及搭铁故障均可利用万用表测量相应的电阻进行检查处理,这些故障也可通过检查其电磁力是否足够进行故障判断。对于接触盘与触点表面烧蚀情况,轻微的可以用锉刀或细砂纸打磨修整,严重时接触盘可更换另外一面使用。

三、发动机起动系统常见故障诊断

1.起动机不转

故障现象:

发动机起动时,接通起动开关,起动机不工作。

故障原因:

(1)电源故障。起动电路线路连接处松动而接触不良;蓄电池严重亏电或极板硫化、短路等。

(2)起动机故障。换向器与电刷接触不良;磁场绕组或电枢绕组有断路或短路;绝缘电刷搭铁;电磁开关线圈断路、短路、搭铁或其触点烧蚀而接触不良。

(3)起动继电器故障。起动继电器线圈断路、短路、搭铁或其触点接触不良。

(4)点火开关。故障点火开关接线松动或内部接触不良。

(5)起动系控制线路故障。线路中有断路;导线接触不良或松动,保险丝烧断。

故障诊断及排除:

(1)检查电源。按扬声器或开前照灯,如果扬声器声音小或嘶哑,灯光比平时暗淡,说明电源有问题。

(2)检查起动机。用螺钉旋具将起动机电磁开关上连接管电池和电动机导电片的接线柱短接,如果起动机不转,则说明是电动机内部有故障,应拆修起动机。

(3)检查电磁开关。用螺钉旋具将电磁开关上连接起动继电器的接线柱与连接管电池的接线柱短接,若起动机不转,则说明起动机电磁开关有故障,应拆修电磁开关。

(4)检查起动继电器。用螺钉旋具将起动继电器上的"电源"和"起动机"两接线柱短接,若起动机转动,则说明起动继电器内部有故障。否则应再作下一步检查。

(5)检查点火开关及线路。将起动继电器的"电源"与"点火开关"用导线直接相连,若起动机能正常运转,则说明故障在起动继电器至点火开关的线路中,可对其进行检修。

2. 起动机运转无力

故障现象:

起动时,驱动齿轮能啮入飞轮齿圈,但起动机转速明显过低,带动发动机困难。

故障原因:

(1)电源故障。蓄电池亏电或极板硫化、短路;起动电路导线连接处松动而接触不良等。

(2)起动机故障:换向器与电刷接触不良;电磁开关接触盘和触点接触不良;电动机磁场绕组或电枢绕组有局部短路等。

故障诊断及排除:

(1)检查蓄电池的容量和电源导线连接情况;

(2)若起动机电源没有故障,则应拆检起动机。

3. 起动机空转

故障现象:

接通起动开关,起动机只是空转,但不能带动发动机。

故障原因:

(1)起动开关接触盘行程过短;

(2)单向离合器打滑;

(3)飞轮齿圈的某一部分损坏。

故障诊断及排除:

(1)起动机空转时有轻微的摩擦声,表明驱动齿轮不能与飞轮齿圈啮合而空转,应拆下起动机,进行起动机接通时刻的调整。

(2)起动机空转时,速度较快,无金属碰撞声,则说明起动机单向离合器打滑。

(3)将发动机飞轮转动一个角度,如果故障暂时性消失,则说明飞轮齿圈有缺损,应焊修或更换飞轮齿圈。

复习思考题

9-1　什么是发动机的起动?起动所必须的条件是什么?车用发动机一般采用哪种起动方式?

9-2　常用起动预热装置有哪些？它们是怎样起预热作用的？

9-3　为什么起动机的轴上都装有单向离合器？说明滚柱式单向离合器的结构和工作原理。

9-4　车用起动机为什么采用串励直流电动机？

9-5　串励直流电动机由哪些基本部分构成？

参 考 文 献

[1] 鲁植雄,何予鹏.汽车常见故障诊断排除图解[M].北京:中国农业出版社,2010.

[2] 吴际璋等.汽车构造(上册)[M].北京:人民交通出版社,2000.

[3] 戴冠军.汽车维修工程[M].北京:人民交通出版社,2000.

[4] 李军.汽车发动机改造与维修[M].重庆:重庆大学出版社,2005.

[5] 蔡兴旺.汽车构造与原理实训[M].北京:机械工业出版社,2006.

[6] 车桐.新编桑塔纳系列轿车结构与使用维修[M].北京:金盾出版社,2006.

[7] 杨桂片.汽车构造[M].北京:机械工业出版社,2006.

[8] 蔡兴旺.汽车构造与原理习题集[M].北京:机械工业出版社,2006.

[9] 陆刚.汽车发动机维护与维修实例[M].北京:电子工业出版社,2006.

[10] 嵇伟.现代汽车故障诊断与维修[M].北京:人民交通出版社,2005.

[11] 蔡兴旺.汽车构造与原理上册发动机[M].北京:机械工业出版社,2004.

[12] 韩同群.汽车发动机原理[M].北京:北京大学出版社,2007.

[13] 陈家瑞.汽车构造[M].北京:人民交通出版社,2004.

[14] 孙军.汽车发动机原理.合肥:安徽科技出版社,2001.

[15] 李朝晖,杨新桦.汽车新技术[M].重庆:重庆大学出版社,2004.

[16] 刘峥,王建昕.汽车发动机原理教程[M].北京:清华大学出版社,2001.

[17] 肖生发,赵树朋.汽车构造[M].北京:北京大学出版社,2006.

[18] 舒华,姚国平.汽车新技术[M].北京:国防工业出版社,2005.

[19] 范迪彬.汽车构造[M].合肥:安徽科技出版社,2001.

[20] 吴社强.汽车构造[M].上海:上海科技出版社,2003.

[21] 吴显强.汽车发动机构造与检修[M].北京:机械工业出版社,2008.

[22] 杨承明.汽车发动机构造与维修[M].浙江:浙江科学技术出版社,2006

[23] 赵振宁.电控发动机原理与检修[M].北京:北京理工大学出版社,2008.

[24] 韦家壮,马立峰.汽车电控发动机检测与维修[M].北京:中国劳动社会保障出版社,2008.

[25] 鲁植雄.汽车发动机故障诊断图解[M].2版.江苏:江苏科学技术出版社,2007.

[26] 汤定国.汽车发动机构造与维修[M].北京:人民交通出版社,2005

[27] 李玉茂.汽车发动机电控系统原理与维修[M].北京:机械工业出版社,2010

[28] 李鲲.电控发动机原理与检修[M].山东:山东科学技术出版社,2010.

[29] 卞良勇.汽车修理工(高级)鉴定培训教材[M].北京:机械工业出版社,2012

[30] 蔡兴旺,胡勇.汽车发动机构造与维修[M].北京:北京大学出版社,2008.

[31] 殷德顺.现代轿车发动机构造与维修[M].北京:中国林业出版社,1998.

[32] 姜大源.工作过程导向的高职课程开发探索与实践——国家示范性高等职业院校开发案例汇编[M].北京:高等教育出版社,2008.

[33] 姜大源.当代世界职业教育发展趋势研究[M].电子工业出版社,2012.